留日見聞。

聖嚴法師　著

目錄

上篇 留學見聞

下篇 日本佛教評介

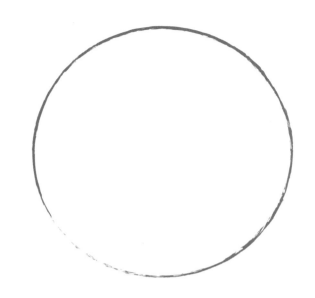

上篇

留學見聞

初到東京所見的日本佛教

初到異國，由於所見所聞不廣不深，對於異國佛教的置評，可能有失公允。但對一個突然置身於另一國土中的僧人而言，以自己的立場，將所見的片段向關心的祖國師友們，做一點介紹，那是無可厚非的。

實則，當我未來日本之前，對於日本佛教的趨勢及其現狀，已由友人的口頭和日文書刊的報導中，大致已有一個印象，此在三月十二日（一九六九年）晚上，善導寺召開的惜別會上，我已做了分析，那就是：

（一）上層建構的佛教學術研究化：由於一百年前明治天皇維新運動之時，實行「神佛分離」政策，此與中國史上的「尊王攘夷」運動相似，目的在於排斥佛教，消滅佛教的僧人，迫使僧人變為神道教的教士。因此而激起日本佛教的革新機運，各宗，尤其是淨土真宗，派遣優秀青年至歐洲留學，學習佛典的古文字——梵文和巴利文，學習西洋的治學方法和治學工具（語文），這些知識分子返日後，即為日本佛教帶來了新的命運。各宗紛紛創辦大學，培養後繼的人才，因此而出了不少知名於國際的佛教博士，佛教學術化，也就受到學術界的重視。日本佛教徒之不致流於盲從的迷信，此乃原因之一；日本佛教之不受基督教的侵蝕，此亦因素之一。凡是佛教徒，多少均能知道他們所信這一宗派佛教的若干教義。我來東京之後，最先接觸的是書店，使我驚奇的是每家普通書店，幾乎均特別為佛書闢出一個陳列的部門，在火車上也可經常看到日本人士捧著一冊佛書在看（日人的讀書風氣極盛，在車上，即使是短程乘客，看書看報不算稀奇）。當我去神田的神保町，書店書籍之多，若以臺北市的重慶南路來比，是無法相比的；再去東京大學的赤門前，參觀山喜房佛書林，它的門面雖不大，店中的新舊版佛書，多得使我欣喜不已。日本的佛書，大致可分兩大類別：一類是通俗化的勸信的佛書，每版可以銷售數十萬冊的也有，所以很便宜；一類是專門化的研究性的佛書，僅為學者提供參考和研究的，所以銷數很少，往往一版僅出五百部或一千部，因此非常昂貴。

不過，佛教走上純學術化的路子，雖能為時代的知識分子所喜，卻也未必就是佛教的佳音，因為一般佛教學者，既重於文字的考證比觀推理，不免對宗教信仰的虔敬和佛法的親自實踐實證，就要大打折扣。但此也不能一概而論，比如有一位教授，他在學校的講台上，是研究性的、純客觀的，一回到他所住持的寺院，他也誦經禮拜，對自宗的信徒講道，又放棄客觀而站到他這一宗的立場了。這在我看來，他是過著矛盾的雙重人格的生活，然他已習以為常，此亦正是我所尚未理解的日本佛教問題之一。

（二）一般建構的佛教信仰世俗化：如眾所周知的，今日的日本，已少有男青年走上純出家的比丘之路；在幾年以前曾因少女出家太多而加限制，今後的日本少女出家，可能也像臺灣一樣，愈來愈少。有些尼寺的老尼，正為找不到後繼尼弟子而焦心。因為這種趨勢，雖然由來已久，自淨土真宗的親鸞和日蓮宗的日蓮以後，日本僧人漸漸走上蓄妻生子之途，明治以來，此一傾向更盛，其他舊宗派的僧人生活也被世俗同化。僧人住持寺院，即以寺院為家，並以長子為住持寺院的繼承人，其餘子女則另向寺外的事業發展。僧人住寺，仍須另謀兼職，住持成為累贅，致有以生為僧人的長子而覺得不幸。因為，近數十年來，日本佛教變化太大，蓄妻生子的寺院僧人，在我中國人看來已是新得離了譜，然而其他新興佛教教派如創價學會、立正佼成會、孝道教團等看他們，又覺得太過落伍陳舊了。例如創價學會攻擊舊宗各派的寺院僧人，為只知要錢不行正法的分子，信仰僧人毫無意義。新宗派大多是由日蓮宗分化而出現，看他們的作風，無疑是以佛教的教綱為中心，卻以基督教及天主教的方法為手段。主張他力得救的信仰，崇拜《法華經》，持誦「南無妙法蓮華經」的經題，就是得救之道，他們鼓動狂熱的信力，並發動所有的信徒，在大眾之前，說出信仰之後所得的經驗，此與基督教的所謂「見證」，如出一轍，但此功效極大。

我到東京之後，參觀了幾所舊宗寺院，這些寺院，大多已成遊覽區，靠收取遊客的門票來維持，有些小寺院，看來衰象畢露，了無生氣，大殿的門戶緊閉，殿旁住著寺僧的妻兒，除了一年幾度的法會，平常很少有信徒上寺敬香。但此並不表示這些寺院沒有信徒，也不表示他們的信徒信仰不夠虔誠，乃是工商業社會的生活，使得所有的人們不容易抽出時間來上寺院禮拜。平日忙於工作，假日則做郊遊，或上百貨公司購物，或有私人應酬。因此，舊派各宗，已在式微之中，然其潛力的雄厚，仍非新興教派所能於短時期內代替的，至少舊派各宗，特別是淨土真宗，在今天的日本佛教界仍是站在主流的地位。

正由於日本的觀光事業發達，許多歷史性的寺院，均成了遊覽中心，我因初到東京，無心以觀光的身分去探訪名勝古蹟，同時人地生疏，無人導遊，所以在三個星期之內，僅到了淺草的金龍山觀音寺，以及鎌倉的八幡宮、建長寺、長谷寺、高德院。此均由王心明居士導遊，我和淨海法師及慧定師，不負此行。我在臺灣時，即已聞名淺草及鎌倉兩處名勝，但對淺草的印象很不理想，據說那裡的情景，類似臺北市的龍山寺，香火迷信的色彩較濃，商業攤販的陳設也很複雜。

可是，當我遊過淺草之後，感觸略有不同，至少，在淺草附近，有許多家大小不等的佛具店，規模最大的一家叫作翠雲堂，那是一家資本雄厚的大公司，是一座大廈，所陳列的金漆雕花的華蓋、長幡、金幢，琳瑯滿目，金碧輝煌，各式古銅色及金色、銀色的供燈、香爐、燭台、供器、佛像，水晶、真珠、化學的大小念珠，大小不等的銅磬和木魚等等，由這家佛具公司，便可體會出佛教在日本的前途了。此在一九四九年以前的中國大陸，不易見到，在今日的臺灣，也要待之於大家的努力，始可與日本相比。

再說金龍山的觀音寺，初看確有點像龍山寺，但也頗有不同之處，至少龍山寺的氣派小得很多，而且神像太雜，三教九流的神像，幾乎均可在龍山寺內見到，致有使外人的印象生起一種「佛教就是這些神像崇拜」的錯覺。淺草觀音寺則不同，一到該地，遠遠地就見到巍峨的兩道大門之下，懸著兩對直徑數丈大的大燈籠，使你走到下面就覺得佛力的偉大，對照著自我的渺小。走上佛殿之前，有一個大香爐，專供香客敬香之用，敬完香再登上台階，進入大殿禮佛，殿內空曠寬大，香客無不虔敬肅穆，默默祈禱，未見喧譁嘻笑、人聲嘈雜的現象，他們進了佛殿，就像是面見了佛菩薩。這種情形也使我深受感動，當然，日本的佛教，本與日本的神道教，有著密切的因果關係，所以佛寺中兼售護身符咒及護身的小像，也很普遍，信徒到佛寺中請僧人做消災降福的儀式，也很尋常，我在淺草及鎌倉都見到了這種純信仰的宗教儀式，尚有在鎌倉的鎌倉宮，見到了由僧人主持的日本舊式的結婚典禮，可見日本佛教世俗化的程度，也說明了他們的信仰是與人民的生活打成一片的。不過由於時代的進步，社會生活的變遷，舊宗的若干形式已和時代生活出現了脫節的現象，致使信徒與寺院之間日漸疏遠，唯有利用郊遊覽勝的機會，到各處佛寺致敬了。

說到日本的佛教古蹟，頗使我感慨，記得我在上海靜安寺求學時，明知該寺有千年以上的歷史，卻無歷史的遺痕可見，日本人對於古蹟古物的保存保護，則是如此地用心。

例如建長寺建於建長五年（西元一二五三年）的北條時賴之世，一口梵鐘，雖經過足利時代（西元一四一五年）的戰火而燒毀了寺舍，梵鐘卻歷七百一十六年而迄今無恙，掛在那裡成了導遊小姐向遊客津津樂道的國寶。寺舍於元和元年（西元一六一五年）的德川時代重建，如今的那座古殿，以及殿內的佛像不加修飾，仍以古老的姿態聳立在那裡，殿內不准遊客進入，僅能站在殿門外瞻仰。

另有長谷寺的十一面觀音像，高達九公尺，是與奈良的長谷觀音用同一株楠木雕成於西元第八世紀的行基大師時代，此像含有高度的密教藝術的色彩，莊嚴雄偉，殊為珍貴。

鎌倉的大佛，已是聞名世界的日本國寶，是以重達九十四公噸的青銅鑄造，高達十一點四公尺，這尊阿彌陀佛的坐像，雖不及臺灣彰化的八卦山大佛高大，其藝術價值則遠超過彰化大佛。此尊銅佛造於建長四年，相當中國南宋時代，當時供於殿中，後來殿舍毀於天災，佛像便露座迄今。

自鎌倉返回東京市區的途中，經過橫濱，菲律賓的劉梅生居士，主張順便參觀一下天台宗的新教派「孝道教團」的本山——孝道山，這個教派與臺灣佛教界頗有聯繫，一九六五年曾經由其正副統理率領訪問團到過臺灣，所以我們一去，說是來自臺灣，他們表示非常歡迎。由正副事務長至正副統理（教宗）均來接待我們，最難得的那天是四月五日，他們為了迎接四月八日的「花祭」——即是浴佛節，正忙於一連三天的慶祝節目的準備及安排，他們在忙得團團轉的情形下，竟能把禮服穿得整整齊齊地陪我們談上一個多小時，並且堅持要留我們吃了晚餐再走，結果由於橫濱的幾家料理店（菜館），來不及臨時做素菜而作罷，我們辭別之時，每一個人都得到一份禮物和一些書刊。看樣子，孝道山也學會了我國的人情味了。

孝道山是受天台宗本山比叡山傳承的新宗，它的統理大僧正也是出身於天台宗，但它自昭和二十七年（西元一九五二年）創立以在家佛教為主旨的孝道教團以來，已有四十萬信徒，分支教會一百四十所。其組織龐大，人才很多，自己辦有幼稚園、小學、中學好幾所，信徒的活動，設有壯年會、婦人會、青年會、健兒隊。這個教派的實力，在四月六日的花車遊行之中，充分地表現出來，那天上午特地趕到橫濱市櫻木町，看孝道山為慶祝佛誕而預先舉辦的花車表演，由橫濱公園行至蒔田公園，全部隊伍表演通過長達兩小時，共分鼓笛隊、青年男女菩薩隊、大鼓及小鼓隊、幼兒隊、外國的錫蘭人隊、中國的龍隊，其次才是二十八輛花車，每一輛花車便是一個佛教故事的表演，由花車的故事可以明白：他們的中心信仰是釋迦世尊，崇拜的日本高僧是傳教大師。他們在這遊行隊伍中，顯示出了物力和人力，服裝、道具均是特製的，尤其是青年男女菩薩隊的女青年和男青年，那樣地多而整齊虔敬，最使我欣喜。

這是一個名副其實的在家佛教教派，岡野正道及岡野貴美子是一對夫婦，但也就是孝道教團的正、副兩統理，他們的兒子岡野正貫、兒媳岡野貴子，便是孝道教團的法嗣，少夫婦兩人均是得有美國學位的中年人。這是日本在家佛教世俗化且世襲化的特色，也許他們另有一套完美的制度，否則我想，假如法嗣（子孫）之中出了一個敗家子，這個家族化的教團，豈不也會因此結束了嗎？但是，淨土真宗的家族化，已有數百年，仍能維繫發展，可見他們的家族世襲，並不就是私情的授受了。

四月六日，正是星期天，王心明居士約我和淨海、慧定二師，還有劉梅生居士，去參觀位於中野區的「立正佼成會」聖堂，這是一個日蓮宗的新教派，成立迄今（西元一九六九年）不過三十一年，但是它的本會會所的「聖堂」，乃是目前世界上最大的佛教教堂，建坪九千多坪，分為上、下七樓，可容三萬五千人同時參加誦經或聽經，平日每天上午均有五、六百人前往參加誦經，星期天則有一、兩萬人。在日本的分支會所有一百六十座，會員已超過三百萬，在美國的洛杉磯和夏威夷，均已設立分會。可惜那天的聖堂負責人不在，僅由一位會員招待我們，做了簡單的介紹和說明。我問他，佼成會有沒有向臺灣發展？臺灣是否有了他們的會員或分支會所？他則笑稱尚不明白。

佼成會的聖堂，耗資四十億的日圓建成，相當新臺幣四億四千萬元，所以建築得極為富麗宏偉，初看類似伊斯蘭教寺院，又像天主教的聖彼得大教堂，仔細研究，卻又處處含蓄著佛教的意識，正門上楣的三座聖像浮雕，是文殊、普賢、彌勒，殿中所供是釋尊立像，那位會員特別向我解釋那尊立像是丈六金身，身長一丈，頭長六寸。佛前的供具，無一不是經過特別設計的。聖堂的牆壁，我以為是大理石，但他告訴我那不是大理石，是在九州新開採成功的一種寶石。

佼成會雖與創價學會同為日蓮宗的新教，但它不做政治活動，不介政治紛爭，至少在目前尚未見到它的政治色彩。他們的每日集會儀式，類似天主教，殿內不設拜具，信徒到時，僅合掌向上問訊，不燒香。台上由一人主壇，四人陪同，主壇者舉腔，其餘隨同誦念，只用磬做起結訊號，不敲木魚。大家坐在椅子上，像是大戲院的排椅。佛事的開始和結束時，由一隊唱詩班的青年男女合唱讚歌，大家隨聲同唱。念經時，人手一部《法華經》的節本，跟著主壇者同誦，不快不慢，和和平平，千人一聲，萬人一聲。有些信徒已能背誦，合掌端坐，朗朗虔誦。他們平日至聖堂的目的，便是參加集體誦經。

誦經完畢，男女會員分開，大家分組上樓，席地而坐，十數人一組，每組有一位指導人或召集人，由大家提出在生活上與信仰有關的問題，懇切地互相討論。此外尚有特定的各種活動組織。但我所見他們的會員，也是婦女多於男士，據稱星期天到的男士已比平日為多了，可見不論中外，男人的宗教生活的機會，遠不如女人為多。

最後我願敬告國內的同道：日本佛教走向通俗化及世俗化，確有其可取之處，但在我們中國，這個現象還不適宜來得如此之早，中國的社會環境與歷史淵源，均不同於日本，所以若要振興中國佛教，仍宜於比丘中心的出世化。我們今天所要向日本學習的，主要倒不是學術化，而是如何地激起民眾信仰的熱忱，如何地使得佛教的信仰與現實的民眾生活配合起來。其次才可談到學理的研究，當然，若無學理的高層教育，一般的信仰也是無法可大可久的。

（一九六九年六月一日《佛教文化》季刊十二號）

留學日本一週年

一、留學的因緣

我在許多的阻難之中，離開了臺灣。如今已是一年了，尚未把我來日的經過，以及在日本的生活，向國內做略為詳細的報告。原因是既然有好多師友道侶，對於我的留學日本不以為然，多餘的解釋，也就不必要了。

首先，我要感謝家師東初老人的啟示，那是在一九六五年，我正在高雄的深山中，第一度掩關自修，忽而接到東初老人的快函，要我提前出關，東初老人說在此日新月異的時代之中，如果沒有國際性的知識學問，勢難立足於時代潮流的尖端，所以他願全力支持我到日本留學。

當時，我雖為了編寫宗教學及佛教史的資料利用，正在自習日文，但對留學日本，了無興趣。我固佩服近百年來的日本佛教界，由於西洋科學方法和時代精神的灌輸，利用考古學、語言學的知識，將佛教的梵文、巴利文、漢文、藏文等各種語文的經典，以科學的態度，做比較、整理、分析的研究，並且已由偏重於歷史事蹟的考察，進入了偏重教理思想的申論。然而，所謂時代的精神，縱然用之於佛教，也不能脫掉西洋哲學和宗教的臭味。所以，我雖喜歡見到日本學者整理出來的資料，卻又厭惡日本學者將佛教的義理用西洋哲學來對比，尤其不喜歡他們把佛教的信仰也和西洋的宗教來對論。這當然是我的一種民族自尊及信仰自尊的意識，未必是對的，但也未必不對。因此，東初老人的快函，在我的心緒上，雖然起了一波漣漪，很快就平靜下來。

次一原因，我也看不起日本的留學生，我不敢說日本的佛教大學，都是一些只收學費而無學問可授的野雞大學，但有一個事實，近五十年來，凡是留學日本回國的僧俗佛子，在佛教的弘化事業方面，能有正面建樹的人，又有幾人？甚至我曾說了這樣的話：「日本的佛教大學中，尚沒有製造出一種知識學術的濃縮丸藥，可供我們進去一吃，就成了大學問家。」

可是，當時正在日本留學的張曼濤先生，經常與我書信往返，他也勸我，不管日本的佛教大學如何，日本佛教界自明治三〇年代以迄現在，培養了許多世界性的佛學人才，總是真的。至少，目前的中國佛教界，尚無一所屬於自己創辦的佛教大學，如想自家創辦，也該看看人家辦得如何。不論如何，觀摩的價值總是有的。

這一下，真的被他說動了心，便託他代辦入學許可的申請手續，不巧地是，婉謝了東初老人的愛意，我又為著東渡之後的費用擔心，即使曼濤先生鼓勵著我，要我不用怕，像他就是並無經費卻能留學且已在日本結婚成家的人。這在於我是不敢希望的事。出家衣服，脫下極易，再想穿上，那就難了，我已經過行伍十年，好不容易達成恢復僧相的目的，如再脫下僧服，於心實在不願。縱然暫時換上俗服，未必即是返俗，但在我的本願，絕對不忍如此。結果，留學手續又告中止。

到了一九六七年，我第二次入山掩關期間，正在泰國留學的淨海法師，由於志願相近，經常以書信討論如何重振中國佛教的問題。有一次，突然他在信中透露，他在泰國佛教大學雖已八年，由於泰國語文及巴利文的學習占去了時間，致在一般學科上，無法趕上，而且泰國佛教大學的大小考試，不論你是否來自外國，評卷給分完全一律平等，所以他不能全部接受。他僅參加聽課而不考試，最後也無法獲得大學的學位證明。此事我轉告了曼濤先生，曼濤立即回信，要我勸請淨海法師轉學到日本去，他說讀書雖不是為文憑，要為佛教做教育文化事業，文憑卻極有必要。

作者與淨海法師（右）合影

淨海法師為教的熱心，要超過為學的精神，為了佛教前途，決定轉學日本，並且慰勉我說，不必掛心經費，只要真心為了佛法，定有善緣護持。

此時，臺北首刹善導寺，新聘悟一法師擔任住持，悟一法師頗有一番弘願，願藉該寺的地利人和，為佛教貢獻出最大的力量，所以不棄下愚，特來我關前三訪，請我出山為善導寺的講座效力。該寺歷屆講主，均為名極一時的長老耆宿，現在請我擔任，無疑是最大的殊榮，但我仍以德學淺薄，不敢報命。到了一九六八年春天，禁不起悟一法師的一再函促，終於出關，到了臺北。

在臺北期間，張曼濤已經回國，受聘

於中國文化學院執教，與我接觸機會增多。尤其是剛剛接掌慈航中學的慧嶽法師與我之間，可謂一見如故。他們兩人一致主張我應去日本跑一趟。終於在慧嶽法師的全力促成之下，並得到正在東京留學的吳老擇先生奔走接洽，為淨師及我，辦妥了赴日留學的手續。

二、遭遇的困難

漸漸地，許多道友均知道了我即將東遊的消息，所得的反應，很不樂觀，甚至有位南洋的老法師，以往他曾對我愛護有加，這次我給他寫信，也不願回覆了。但是，如果得不到經費的支持，我的留日夢就會瓦解。任憑我說我有信心，此去絕不至於易裝返俗，可是，許多既成的先例，影響著我。我不反對正當的還俗，還俗後仍做三寶的外護，未嘗不善，而我自身，自知宜以比丘的身分來住持佛法，當然不會還俗。這一點，我很感激東初老人的，可謂知子莫若父，也唯他一人堅決地放心我東渡，他曾對人說：「聖嚴即使去了日本，也不怕他會還俗。」然而，時隔兩年之後，當我自願留日之際，東初老人又不太贊成了，但他依舊感到滿意地說：「雖然現在我並不贊成你去日本，如今你自動想去，足證我以前命你留日的動機是正確的。」

距離出國的日期，愈來愈近，我的留學經費尚不知在哪裡，因此給淨海法師寫信，希望他一人轉學日本，我則打算放棄了。淨師回信，為我鼓勵，他說，這可能是我們出國深造的最後一個機會，假如錯過，永不再有，不論有多大的困難，均應克服它。經費不足，求三寶加持，萬一真的無人支持，到了那時再做計畫。

困擾仍在繼續地向我襲擊。有人故意在交談之中說給我聽：「中國佛教真是悲哀，又要損失一位法師了！」有人問我：「你可要帶些在家衣物在日本備用？」有人給我寫信責問：「你是否討厭你現在的法師身分？假如你不想還俗的話，勸你留在臺灣。」有人的信中更加激烈：「想不到我所敬仰的法師，曾經掩關修行的人，竟也會走上還俗的路！你知道日本是個什麼樣的地方嗎？望你懸崖勒馬，否則你便失去我們的敬仰，也失去了你的一切。」有一位居士竟聯絡了好多位道友向我勸阻，後來又給我寫信說：「留日三年，不如在臺灣面壁三天。」有一位愛護我的法師也向我的在家弟子們勸說：「你們如果真的敬愛你們的師父，那就不要供養他經費，否則等於幫助你們的師父還俗。」

有些同道居士，雖在嘴上不說，卻在行動上對我開始冷淡。有一位居士，原先表示願意全力支持的，後來竟受另一位居士唱反調的影響，轉過來對我採取不信任的態度。

面對著這些來自各方面的困擾和批評，我的內心感到極度地悲痛，但我依然感謝這些人的關心。我想：他們對於佛教、對我個人，均係熱血赤忱之士，假如不關心佛教的興衰問題，他們不會為了比丘人才的還俗與否而費唇舌；假如我在他們的心目之中，根本不足輕重，我的舉止動靜，自也不致引起他們的反響。所以我敢斷定，他們都是佛教的中堅分子，均是可敬可愛的護法之士，我不能埋怨他們，甚至應當鼓勵他們，雖與我的志趣相反，然在愛護佛教、重視僧才的用心方面，卻是和我一致的。

不過，他們何以對我如此地不信任，照理說，從我歷年來的著作文字，以及行止言語中，應該對我有點認識才是，怎麼也把我看同一般呢？但當我向人解說之際，強而有力的證據又被他們搬了出來：「某某法師在臺灣時，誰都會讚他的道心高、有修持、有理想，大家對他的期望也極高，結果呢？去了日本，現在已是兩個孩子的爸爸了。總之，人是會隨著環境而變的嘛！」

對的，人是會因環境而變的，所以才有求生西方淨土的必要，到了西方淨土，日與諸上善人為伍，耳濡目染，無非念佛、念法、念僧的修行方法的啟導，所以到了西方，決定可以達到不再退墮三塗的目的，若在娑婆世界，就很難確保不入牛胎馬腹了。凡夫，哪裡敢和地藏菩薩去比較，地藏大士誓要度盡地獄眾生，然後方自成佛，我則縱有自信也不敢自吹，因為我尚未能自主生死，豈能奢言。所以也難怪他們的不信任了。

有人安慰我說：「這不怪你，壞的是以往的留日學僧，使得教界的有心之士，大大地灰心，萬一你真的去了日本，無論如何也要為我中國的比丘，爭一口氣。」這種安慰話，無疑一箭雙鵰，既罵了以前的留日學僧，也警告了我。

我的觀念，與一般人略有不同，我自己絕不改變出家的初衷，但也不反對僧尼還俗。曾在《覺世》旬刊一八一期寫過〈論捨戒與還俗〉的文字中說：「正因僧尼的還俗，不受尊重，不得諒解，致使一些雖不能守持僧戒，甚至已經破了淫、盜、殺、妄——特別是犯了淫戒的出家人，仍然覆藏遮掩，不願還俗；即使因為知恥而偷偷地還了俗，還俗之後，便不敢在佛教界中露面了。」（此文收錄在《律制生活》）

因此，我對敢於光明正大的還俗之士，雖表惋惜，尤感可佩。何況出家生活，並不能適合於所有的人，出家之後，一旦發現這種生活方式與自己的個性或意趣相衝突時，最好就是設法還俗，還俗之後，仍是一個堂堂正正的人，甚至能為三寶盡到更多的外護之責。從各大乘經中探求，多數的大菩薩，均現在家身，觀世音菩薩有三十三種身分的化現，我們發了菩薩心的人，為適應需要而變更身分，有何可恥？

誠然，教界有心人士之不喜僧人還俗，原因不在不許還俗，而在鑑於僧才培育之不易，加上青少年出家的人數，急速減少，為恐僧種將滅，所以不忍見到已有一些成就的比丘還俗。這些還俗比丘，大多是童年出家，曾受了十幾、二十年的佛教教育，結果竟不能為佛法獻力，而去成了妻兒的債務人，實在也是佛教的損失！

一種風氣，也是主要因素，比如在泰國的佛教大學，學生是清一色的出家人，但其畢業之後，僅有極少的幾人願做終身的比丘之外，其餘的均會還俗，乃至正在求學中的比丘大學生，已經公開地物色結婚的伴侶，唯其做一天比丘，必持一天比丘戒，還俗結婚則已首先捨了比丘戒。泰國佛教界，絕不因為受了大學教育的比丘，多數必將還俗而為之惋惜，因其儘管有許多人還俗，仍有許多人來出家。有些人明明知道他們一定會還俗，泰國的佛教僧團及佛教大學也同樣歡迎，有些人是特為要受佛教大學的比丘教育而出家，大學畢業，還俗進入社會，更受社會的歡迎。他們同樣做著佛教的外護工作，並且成為居士的核心。可敬的是泰國的還俗比丘，知道以優婆塞的身分供僧敬僧，中國則頗有不同。當然，若依佛陀的本旨，出家乃是盡形壽的終身大事，如果像泰國那樣，出家之時便存了還俗的心念，根本就不許出家的，那也僅是一種隨方的方便而已。

至於風氣，乃是正確的看法，例如越南也派有好多比丘在日本留學，他們在日本，仍著北傳的僧裝，看來與我國的僧尼相似，以致我與淨海法師，曾被好幾位初見面的教授，誤認為是越南比丘，真使我們難堪！他們之中，大多是由寺院、信徒或俗家供給經費，也有申請日本的獎學金或越南佛教會的資助，因此，有一點，他們是把握得住的，就是絕不以工作來賺取生活費。所以他們不用改裝，也想不到要還俗。我曾問過一位越南比丘：「日本和尚結婚、吃肉，你們越南比丘覺得如何？」他答得很妙：「我們是來學日本人研究佛學的工具和方法，不是來學結婚與吃肉。想要結婚、吃肉，何苦花了錢來日本，就在越南不是更加容易？」這倒是真的，日本姑娘可以嫁給和尚，在日本結婚的中國比丘，似乎尚沒有一位曾經娶到日本太太。

自然，我很羨慕越南比丘不用以勞力在日本賺取生活費，可是，他們未開留日結婚的風氣，更足敬佩。我國比丘可不同了，首先有第一人開了風氣，此後的便會失去國人的信任，國人既不信任，便失去經費的支援，便得易裝工作，由於易裝，更加得不到國內教界的諒解，甚至產生誤解以及流言，留學比丘在得不到同情和遭受批評之下，便把自己的初衷一拋，心想：中國僧界既然不接受我，乾脆去走還俗的路吧！如此地互為因果而造成每況愈下的趨勢，真是可惜之極！其中當然也有由於個人特殊因緣而離僧還俗的，那自另作別論。

在臺灣佛教界，不知是哪一位大德，發現了一個事實，那就是：自己有了寺院的比丘，留學日本之後，大致仍可保持比丘的身分，沒有寺院住持的比丘，留日之後，多半成分是會還俗的，並且舉出好多實例。其實，這個癥結，不在於有沒有寺院的住持職務，而在於有沒有經濟的後援，有寺院的人，經濟比較有把握，不必事事仰助於他人，故可不受客觀之毀譽的影響，在主觀的情緒上自較穩定得多，也沒有為了蠅頭小利而去和俗人一樣地打散工的必要，所以他們不易走上還俗的路。當然，既有寺院的職責在身，一則不怕回國無處容身，二則他們也不忍拋下已得的成就，而去另謀一種迥然不同的生活方式而重起爐灶。至於沒有寺院職責在身的人，情形便不同了，他們了無牽掛，若無後援的憑藉，或受客觀批評的刺激，加上意志不能堅定，便會隨著環境而變了。可是，也有例外的，因為，確實有人於來日之時，即已有了改變身分的動機，有一位比丘，當我送他上飛機時，他就說出了：「願以另一種身分謀求中國佛教的新出路」的豪語，現在這位比丘，已成了某學府的副教授。此與太虛大師在建僧工作未能實現之時，也曾有過以在家菩薩身來挽救中國佛教的情形相似，未嘗不使我人敬佩。另一位比丘，本有自己的小精舍，故意轉讓之後赴日留學，他是準備到日本變更身分的，他未公開說明還俗的原因，但他結婚的事實，可以說明比丘生活對他而言，並不適合。像這兩位，與寺院之有無及毀譽之相加，似乎沒有必然的因果關係了。

我與淨海法師，不論怎樣，均是處於不利的地位。縱然我們來日已近一年，有一位來日本觀光的同道，竟還當著我們兩人的面說：「現在你們雖然尚未變更身分，但是誰能保證絕對不變呢？時間還早，有的到日本兩、三年後，才突然變了的。」真是啞巴吃黃蓮，有苦難言，這位同道到我們兩人同住的一間斗室，明明親眼見到我們的生活型態，完全和在國內的一樣，僧服、素食，並且設有備做朝暮禮誦的佛壇，如此的情景，尚不能取信於人，我們還有何話可說！不說也罷，且讓我們咬緊牙關，堅定意志，用事實來向國人解釋吧！

三、溫暖的心

一旦下定決心之後，外在的影響是不易阻止的。菩薩道中，分有順、逆兩種助緣：大抵，福大障輕者，多有順緣的鼓勵和協助；反之者，則多逆緣的激勵和歷練，所謂久鍊成鋼。許多的不順意事，對我而言，未嘗不是推我向上的增上助緣，那些給我阻攔困擾的人，誰說不是我的大善知識呢？故而決定衝破一切難關，踏上留學之途。

但是，人心相同，我既是人，而且是人中之凡人，怎不希望萬事如意、少惱少難呢？所以每每自念福薄障重而暗暗地飲泣，回憶我自出生以來，總是在苦難之中不斷地搏鬥。然而眾生之在生死之中，要想逆流而上，游出生死的苦海，豈有毫不費力的便宜事呢？只要前程的好景在望，再大再多的苦難，也該甘之如飴，直下承當。因此，在我的人生歷程上，往往會發現「山窮水盡疑無路，柳暗花明又一村」的境遇。

當我幾乎要陷於完全失望的情勢下，我仍抱定決心並在佛前祈願：「弟子聖嚴，此番為求中國佛教文化及教育的重振，而去日本留學，去後絕不改裝，絕不放棄素食，絕不以做散工來換取生活費用。若我佛教尚有前途可為，敬乞三寶加被，助弟子完成學業。倘以弟子無福無德而非其選者，則在糧盡援絕之時，使之立即返回祖國，再度入山，閉門思過，絕不因此灰心而變志還俗。」此願一發，內心平靜了許多，似乎已將留學經費的問題，完全解決了。

果然，當我買了機票，宣布了出國的日期之後，部分原持反對態度的師長道友，自動地贈我行儀，有些人士雖未即時拿出錢來幫助，在觀念上也頗有轉變的跡象，尤其幾位長老及熱心的居士，在金錢上及精神上，均給了我莫大的鼓舞和勉勵。

最感人的，是在一九六九年三月十三日的晚上，我借善導寺的彌陀殿，向臺北的相識諸道友做臨別贈言，到了一百數十人，大多是我講經時的知名聽眾以及由我接引皈依了三寶的在家弟子，他們之中，雖有一、兩位是抱著憂戚的心緒，似乎是為我比丘的身分送終而來，大多數的人，即是真正為我東渡而來歡送與話別的。那天晚上，我準備了茶水及糖果，是以茶話會的方式進行。大家聽完我一小時左右的報告東渡的目的之後，都很高興，我要他們發問，並囑居士們之間互相認識，共同勉勵。他們之中，凡是發問的，倒不是關於日本佛教的，乃是修持方面以及佛法義理方面的。我真對他們感到抱歉，我雖經常主張學佛應以行持為重，卻未能有機會領導他們修行，我雖主張度眾應先學法，我在臺北，卻僅講了兩座經（《八識規矩頌》及《大乘起信論》）。散會之際，我的戒兄淨空法師，特地為大家攝了幾張團體照，雖因光線不足，畫面不夠理想，我仍把它珍藏起來，因在那個場面之中，聚集著一百多位居士及法師們的熱忱，將會永遠地溫暖著我的為法為教的心。散會之後，大家還是依依不捨地圍繞著我，有好多位一直跟隨我到客廳裡，他們好像能夠多看我一眼或多跟我說一句話，都有莫大的安慰，我想，假如不是我要遠離，當不致有這樣感人的場面出現罷！同時，因我已經宣布，第二天不希望任何人到機場送行，否則，我不安心，甚至會罵他們，為此，有幾位居士的眼角，依然掛下了離別的淚珠。

但是，第二天到機場一看，仍有數十位師長道友，趕來送行，有幾位年輕的居士，見我沒有真的罵他們，好像得了特獎似地歡天喜地，可是一轉眼間，我在人叢之中，揮手向他們互道珍重之時，竟又轉喜成戚了。本來嘛，世事無常，送君千里，終須一別，能夠勘破幻相的聖者，永遠不落悲喜的泥沼，通常的凡夫，喜樂憂苦，便互相交替而糾結不已了。

我獨自一人，滿載著祖國師友送給的溫暖和期望，踏上了東征的旅程。

坐在中華航空公司的班機上，心中不知是苦是樂，是憂是喜，自隋、唐以後，日本為了欽慕中國的政教文化之輝煌，不斷地派遣使臣及學僧來我國訪問學習，以致日本在文化及宗教方面均成了中國文明的開發世界。同時，我國自唐朝開始，即有鑑真律師冒死東渡，隨行弟子二十三人，攜去大批的經像法物，受到聖武天皇的皈敬，並為聖武、皇后、皇太子等四百餘人授菩薩戒，同時設立戒壇，奠定了日本比丘戒之授法的基礎，到了一九六三年五月，日本佛教界為了追懷這位偉大的唐僧，還特別隆重地舉辦了鑑真大師圓寂千二百年紀念大會。他對日本文化影響之深遠，也就可見一斑了。

到了日本的鎌倉時代（西元一一九二—一三三三年），相當中國的宋、元之世，由於中國禪師的相繼東渡，為鎌倉文化及政治、軍事，貢獻尤多，其中以蘭溪道隆、兀庵普寧、無學祖元、大休正念、西澗子曇、一山一寧等人，最為有名，迄今猶被日本政府視為國寶的鎌倉建長禪寺，便是道隆禪師開創的，該地的圓覺寺則為祖元禪師所建。

另有一位中國禪師之名，在日本的民間更為響亮，那便是我國明末清初之間的隱元隆琦。他本為中國臨濟宗的法系，因為曾補黃檗山的法席，故於順治十一年（西元一六五四年）率弟子二十餘人東渡之後，受到江戶幕府禮敬，開創禪寺，仍以中國黃檗山萬福寺為其寺名，所以成了與榮西的臨濟宗、道元的曹洞宗，鼎足而三的日本第三禪系的黃檗宗。隱元東渡，也像其他華僧一樣，除了攜帶經像法物，也帶來工藝技術的傳授和中國土產的傳播，比如豆腐的製作法，便是受隱元之賜，另如豇豆、菜豆、扁豆，日本的命名，迄今仍叫作隱元豆或簡稱隱元。

如今，在日本民間的新年裡，尚盛行著一種叫作「達摩」的開運風俗，即是為達摩像點眼開目，同時發一個善願，據說相當靈驗，此一風俗，也是創自隱元派下的另一坐落於高琦地方的達摩寺。所以，今日的日本黃檗宗，雖僅有四百七十八座寺院，教師男女相加只有三百九十人，信徒十八萬人，是現在日本各宗派間勢孤力弱的一個小團體，但其卻為唯一由中國比丘所創的日本宗派。

當我想到此處，臉上不禁感到一陣熱氣上湧，我想我的面色一定紅得相當難看了。試想：我國的古德東渡，為的是什麼？在日本已做了些什麼？我呢？此去竟是為了向日本學習一點什麼回來滋養祖國的佛教，那麼，我在日本將會產生一些什麼作用，回國之後又能貢獻出一些什麼力量？我感到責任重大，但又自知福德淺薄，不足負起這樣重大的使命！唯有退一步想，在這聖僧不出世的環境之中，能有我們這些凡庸之輩，竭力以赴，總比大家袖手不管要勝一籌了。如此一想，心中又安慰了好多。

我到東京，正好是戰後最大一次降雪之後的第二天，放眼望去，一片銀色世界，這使我引起了二十多年以前的回憶，這樣的景色，已有二、三十多年未曾見過了。那時我還只有十多歲，長江南北岸的風雪，雖使家境貧苦的我感到寒冷，然而童年的回憶以及出生地的故土風物，總是溫慰難忘的。可是，當我聽到周遭的人們，都在用著日語交談之際，又將我從夢境般的回憶中喚醒，發覺自己不但不在故鄉，且已離開了祖國，做著異國之客了！

四、師友的期望

來日之前，在臺北的一年期間，我受著善導寺住持及監院的優遇，日常生活，已有養尊處優之感，所謂飯來伸手，茶來張口。另外還有水果，隨叫隨有；衣服換下，有人拿去洗了再送回來；房間髒了，有人進來掃除擦拭。因此，有一位居士怕我到了日本，也許不能適應。

事實上，我是農家子弟出身，曾經在最困苦的環境中長大成人，又在軍中待了十年，尚有什麼苦不能忍受的呢？為自己料理日常生活中的衣食瑣事，總比專為他人的生活瑣事而做幫傭的人好得多了。假如真有一天，必須要我為人燒飯打雜的話，我也能夠自信絕不喊苦。因我經常勉勵自己：做為一個出家人，雖與君王並坐不以為貴，縱與乞丐同行也不算為賤，真大丈夫，能屈能伸；也唯真大丈夫，始能入道出家。

當然，初到日本，蝸居斗室，除了忙生活雜事，最重要的是忙應付語文的障礙，以及功課的接受和消化，故在時間的支配上，感到非常緊張。由於親身體驗之後，對於先我而來留學的僧尼同道，不禁油然起敬，不論他們的成就如何，僅在對於留學環境的適應而言，已足令人感佩。

因此，有一位大正大學的安居香山副教授，曾在訪問臺灣時於善導寺見過一面，對我這樣在國內已有成就的中年法師，能放下名利，來日本做老學僧的精神，表示讚佩。另一位在臺灣詩文書畫界頗有聲望的吳萬谷居士，也給我來信說：「御願東渡，志昌佛教，以上人學行，必底於成，名相早空，知不執於主講（案：係善導寺所請之虛名）與負笈也。」

到了東京，給我寫信最多的人是恩師東初老人，他老本來不贊成我這出於自發的留學之行，我既來了，則「望子成龍」，乃為人之常情，故在第一封信中，對我期勉有加，情意殷重，現敬錄數段如下：

在此時期，能有暇讀書，固屬幸福，況出國讀書，更是幸福中之大幸福。近世留日青年同道者雖多，然有大成就者實寥寥無幾人。反觀入元日僧雖多達數百人，固多屬凡庸之徒，他們在禪學成就雖不大，然能把握時機，把禪學以外的中國文化輸入日本，照大體說，也不負此行。以現在而論，短時間內在日本能學得多少東西，當然要看人的天資，以爾之天資，或較其他者有較大之成就。但我不作此種想法。

經數年來徹底考慮，深覺宗教存在的價值（佛教在內），只是精神熱忱（意志，願心在內），不在學術文化。宗教要是走上學術化，是走下坡，趨向滅亡。儘管釋尊說了三藏十二部經典，但其重心仍然在道——精神。老實說：今日吾人捨道而不談，而談學術文化者，只是標榜他是時代人物而非落伍者。要是宗教超過時代，則永遠落於時代的後面，代表女子最進步的迷你裙，宗教能與它比罷？

（一九六九年四月一日函）

東初老人由大陸遷居臺灣之後，對佛教文化事業，不遺餘力，且將他所創建的道場，命名為「中華佛教文化館」，最近數年之中，亦在埋頭於書案的著作生涯，但他所重的宗教價值「只是精神熱忱（意志、願心在內）」，不在學術文化」。這與所有歷代的高僧大德的觀念，是脈絡一貫的，古來高僧，無一不博覽群書，甚至著作等身，像印度的龍樹、無著、世親，中國的智者、賢首、玄奘、窺基、道宣、道世，都是學冠當世的大學問家，但是，他們之為佛教的祖師而非學問家者，原因即在於他們所重的不是學問，而在宗教的精神。乃至近代的印光大師，尤其以著作豐富見長的太虛大師，他之反對以歷史進化論來考證佛典，即是最明顯的宗教精神而非學術的態度。今天的日本佛教，就是走上了學術化的「末路」，學術化未嘗不善，但它能夠破壞宗教的情操，乃為可能的事，宗教家與學術家之間的同異點，也是極易判明的事。東初老人深恐我會受了日本佛教環境的影響，變為本末倒置，背棄宗教精神而言學術文化，可謂用心至善。

至於我一向的態度，以及個人的願望，從未想到要使自己成為一名學問家，尤其不喜把我稱作「作家」。因我明白自己的身分和性格，假如做為一個比丘的我，走向了純學術的路，至少，也為自己所不歡迎。但是，佛教之做為宗教，絕不如其他神教之為了宗教的理由應當放棄學術，或違背學術，乃至反對學術。所以我是宗教師，卻不排斥他人保持學術文化的態度。我來日本，是為了宗教精神的實踐而求知識學術的輔佐，並非僅以學術的追求為目的，不過是以學術做為通往宗教領域的橋樑。

和我通信的法師和居士，當然不少，給我提供意見的也很多，現在再錄兩段比較扼要的師友的書信如下，以明他們對於我的期望，是多麼地殷切：

吾兄赴日深造，弟意不欲斤斤計較學位之獲得，最好還是認真從事某些工作之研究，如日人治學之方法；教會（各宗）之制度；出家僧眾之教育與管理；對在家信眾弘法及聯繫之內容與方法；僧教育及社會教育（如小、中、大學等）如何組織及辦理；寺院經濟之來源與運用；住持僧眾及職事為薪給制抑如我們寺院與個人不分？日人寺院（指各宗）為私人募建抑由各宗管長統籌興建？住持僧犯戒，管長是否有權力制裁或撤職或更換；日人信徒是歸各宗所有抑是屬於出家者私人所有（如我們中國一樣）？關於這些問題，希望吾兄加意研究，取人之長，補己之短，做為將來改革中國佛教之藍本。學位獲得與否，弟以為那是虛名，真正的還是在「真才實學」，吾兄為一有心人，對此當早存於心也。

（臺灣幻生法師一九六九年四月八日來函）

希望座下在留日期間，多注意：1.日本佛教的組織層次，2.寺院與信徒之關係，3.僧眾與寺院之關係，4.經濟之來源，5.僧伽制度，6.教育制度，7.如何接引青年，8.怎樣適應日新月異的新潮流？若能在這些問題得到答案，我們加以取捨，以定我國佛教今後應走的路線，給中國暮氣沉沉的佛教輸血，給它打強心劑，讓它從沉睡中醒過來。

（美國祖印法師一九六九年五月十日來函）

以上兩位法師的年齡與我不相上下，所見也大致相近。幻生法師是我在上海就讀靜安佛學院時的老同學，來臺之後，雖經常與病為伍，卻未嘗稍離修學崗位，可以算得同輩之中潔身自好且有真才實學的法師，在我出國之前，曾做竟夕長談，語多慷慨，見解不落先人的老調，給我頗多鼓勵。祖印法師與我相識，乃在三年以前，他參加海外僑教會議而回臺灣，多謝他慕我之名，特別請星雲及煮雲兩位法師陪同到我山中的關房相看，談起中國佛教的復興大業，彼此意見極為契合。但是，如何著手進行復興的工作，可謂千頭萬緒。上面他們兩位所提各點，不過是舉其大要而已，要我在日本研究這一些問題，實是輕而易舉之事，我也會做成報告向國內公布，但是，要我回國之後如何從事這些問題的取捨和實現，那就要看因緣的安排了。

當然，期待於我的，不限於中年法師，長老之中也不乏其人，甚至更為關切，例如白聖老法師來信說：「仁者已到日本就讀，甚喜！盼達成願望，載譽歸來。淨海法師處，代我致意，並祝學成早歸，為無量頌。」白公老人是我求學時的副院長，又是求戒時的教授阿闍黎兼開堂大師父，與我關係極深，但他仍對我說了這樣的話：「你與淨海法師，此去只許成功不許失敗，如果你們兩位也一去不回（僧團）的話，大家都說，中國佛教會決定從此停止辦理留日手續的批准及轉呈了。」在其語氣之中，還是有些不放心，但其殷望尤重。

另有南亭老法師也有這樣的盼望：「來信說日本佛教有其短處，亦有其長處，我望你去短取長帶回來一套復興計畫。惟我國人，不論在家出家，有同一『不爭氣』的毛病，等於痲木，思之令人浩嘆。忍勞耐苦，你一定能守。」（一九六九年三月二十四日函）南老人在同函中甚至表示，由於小笠原宣秀（龍谷大學教授）及牧田諦亮（京都大學教授）訪問他的華嚴蓮社，加上我的赴日留學，頓然忘了過去對於日本人的民族仇恨，而增加了一分親切。

此在我的一位皈依弟子林正慈居士，也是相同，其為軍人家庭，愛國意識特別強烈，過去對於凡是日本的事物，無不憎惡，但在來信中說：「我們全家，由於師父在日本，不知怎的，偶爾也看日片電影，也聽日本音樂了，甚至有人在夢中去遊鎌倉的『江之島』了，因為我們的師父在日本，忘記了日本曾使我國的國體破碎，也使我們從大陸逃亡到了臺灣！」

在過去，在日本人心目中的中國，不過是一個地名而非一個國家或民族，認為中國人的愛國意識很弱，只要給他一點利益，他便會幫著日本人對付自己中國人。至於日本人，他們的民族意識極強，尤其是遠征的軍人和外派的使節以及工作人員，人人均以國士忠臣相許，人人可為國家而死，絕對不為賣國而生。事實上，日本就在於這樣的估計錯誤上發動侵略戰爭，也因如此的自信而招致無條件的投降。

我說這一段話，並非題外插曲，而是有慨於一些同道，擔心我們一到外國，就會變成日本型的和尚了。其實假如真的如此，雖受日本人的歡迎，卻斷不為日本人所尊敬。日本人很不喜歡你說他「不像日本人」而像「中國人」或「外國人」，那等於是罵他的祖宗，他們當然也不希望說我們中國人不像中國人而像日本人。假如你是卑躬曲膝，口口聲聲地說：「日本的至上」、「中國的不行」，他們哪能看得起你？

前幾天，我由牛場真玄先生，介紹去見大正大學的關口真大博士，他是當代研究達摩禪、達摩大師、天台止觀的第一位權威學者，去（一九六九）年到歐美講學，歸途中曾經過臺灣，但我當時已到了日本。他見我去，非常高興，忙著找書籍和資料給我看。我稱他先生，他也稱我先生，以中國觀念，他和我都不是先生，他是日本天台宗的和尚，是一寺之主，又是該宗的權僧正（大法師），我也是法師，至少是比丘而非先生。不過，「先生」一詞之在日本，乃係「指導者」，是對教員、醫師、律師、學者、專家的敬稱，也用之於師父或老師或長輩的敬稱。對普通人的敬稱是「樣」，對普通僧人的敬稱是「御坊樣」。日本教授對於其本國學生，絕少敬稱先生的，除非已在擔任教員之職者。但以關口博士的看法，我們是以中國佛教學者的身分在日本留學，我也老實說明，非來學日本的佛學，而是來學日本佛教學者所利用的工具。

可見，我們既不會被日本的現狀所同化，日本的佛教學者，也無意要我們變為日本化。甚至有一位我們的日本好友叫作三友苔雄，我們送他東西，他必還送一份禮物，我們去他寺院拜訪兩次，每次都使他的全家動員，為我與淨海法師準備茶點和食物，特別是「精進料理」（素食），忙得他的母親、弟弟、妹妹在「台所」（廚房）裡團團轉。我們說過意不去，他卻說：「你們是真比丘，我們只是名字比丘而不持比丘戒，相當中國的居士，所以應當請你們來供養。」另一位駒澤大學的副教授佐藤達

喜歡把舊有的記憶或曾經經驗過的印象，拿出來做一番對照和比較，然後加以分析和判斷，構成我的另一個新觀念和新印象。

因此，到了日本，事事愛發問，有時問人，有時問自己。初到日本的當晚，被計程車載著，走完了高速高架公路，就進入我現在住的地方。短短一小時左右，我的頭腦連續發現了好幾個問題。

（一）海關人員對我這個出家人，頗友善，問了幾句就通過了，可見他們對宗教師尚有敬意。

（二）計程車司機，板著面孔，不肯把車後的藏貨室開啟，只好和迎接我的淨海法師、慧定尼師，與我的幾件行李擠在一起，幾乎要把骨頭擠斷。要他走普通道，他卻硬起頸項直往高速公路上疾駛，這要使我們多花一倍的車資，另加通路費。足見日本計程車極不禮貌，後來才知道，對日本人自己也是如此，所以報上常有抨擊的文字。

（三）高速公路，雖不挺直，但均高架，都在三、四層高的樓房上空經過，這種工程的浩大，絕非新開發的國家所能辦到的，日本經濟成長之快速，可見一斑。果然，去年年底公布，日本已成為世界第三位的經濟大國，超過了西德而僅次於美國及蘇聯。去年完成的由東京直通名古屋的「東名高速公路」，工程更加偉大，每寸的費用為二十七元美金。目前東京的地下道的總長度，也僅次於紐約及巴黎而為世界第三位，原因是日本的鋼鐵重工業發達，所以公共的建築事業，突飛猛進。在東京街上走的有軌電車，已在有計畫地拆除淘汰，改向高架及地下發展。身為同是黃種的亞洲人，日本何以能夠如此，我們卻未能？無他，是在戰後受到美國的全力扶助，以及韓戰、越戰的經濟挹注之故。

（四）當我下了計程車，發現鴿子籠式的民家住宅區，一片都是木造的兩層樓平房，後來知道其建築費相當低廉，但卻經常拆了再建，為怕地震，所以不建太高的。奇怪的是在東京鐵塔附近，竟又正在起著四十一層的大廈，在板橋區正計議要起八十層的大廈，普通民房卻相當簡陋。我當時猜想一般平民的生活不會太好。現在證實，政府的中級公務員，大概是兩百元美金上下，百貨公司的店員，大多僅有八、九十美元的月薪，不過，日本盛行三班制，假如你的精力充沛，一天可在三處工作十八個小時，至少每月可以賺到二百五十美元了，不過，這樣拚命的人不會太多。有一次我問一個計程車司機，他為公司每天開十六小時車子，月薪八萬日圓（相當新臺幣八千八百元），除了房租、稅金、生活費之外，能存進銀行的已沒有了，可見，一般家庭並無積蓄。事實上一般家庭，都在寅吃卯糧，欠著大公司的分期付款的債。

為什麼？這在我到了東京第二天，就明白了。淨海法師先到東京一個月，已經將我們兩人的住所及炊具、食物、應用家具全都準備妥了，真是難為了他，所以慧定尼師一再說我有福報，淨師為找房子，跑了多天，碰了好多壁，我卻完全坐享其成。當我們談起物價時，始知我們的房租每月一萬六千日圓（與新臺幣九比一），水、電、瓦斯、保安燈、清潔費等尚不在內。配給食米每五公斤七百六十日圓，一小把青菜五十日圓，一根紅蘿蔔三十日圓，一塊豆腐三十日圓。算起來比臺灣貴得多了。過了二十多天，菲律賓的劉梅生居士遊美回來道經東京，住了兩週，據他說東京生活費用甚至高過紐約。被他一說，心中不禁為之著急：一則我來日本之前，僅有每月百元美金的預算；再則拿了這麼多臺灣佛教界的淨財，花在日本，若不能夠真為中國佛教帶回一些什麼營養，責任如何交代？不過，對於素食者而言，一如在國內同樣地便利，不像耳聞那樣，日本沒有素油也買不到蔬菜，倒使我安心不少。

首先接觸到的友善的日本人，是我們的房東夫婦，在臺灣時曾聽到說，日本的房東極可惡，他拿了你訂約時的禮金，就希望你能趕快搬掉，然後再租出，再收禮金，因為房東在許多地方不給你便利時，你就非搬不可了。然而，我們的確有福，房東

景中為作者寓居的小木樓

叫著和知虎喜，老夫婦倆，一見我能說幾句日本話，高興得什麼似地。他是淨土宗的信徒，對於普通佛法及中日文化的歷史淵源，也能懂得不少，他說能有中國法師住在他家，是他的福氣。直到現在，對我們兩人的照顧，要比對其他的房客更多。最感人的是，日本華僑不知供僧功德，我們的房東卻告訴我們：以前日本人大多供養僧寶的，現在日本和尚都結婚了，所以也不願去供養了，你們是真和尚，我們應當供養。除了常常送些食物給我們，淨海法師去夏返臺之時，房東供養一千日圓的香儀，家師東初老人去冬來訪，房東供養二千日圓的香儀，聞我即將返臺，也送了我一千日圓。日本的物價，去年平均漲了百分之十五至三十，房租自不例外，可是，到去年年底，房東太太竟在我們的租約上把一萬六千日圓改成一萬五千，自此每月減收一千日圓，表示敬僧。並已答應我們，住滿兩年後，如果尚需多住數月，不必續約，可以照現約付錢。而且我們隔壁的房間，已從去年初的一萬八千日圓增加到了兩萬六千日圓。

以前，僅是耳聞，日本人的刻苦勤勉和學習精神，要超過其他國家的亞洲人，雖其智慧並不是亞洲人中的最優秀者，然其努力的結果，要比聰明自負的更有良好的表現。我到日本之後，便發現日人的讀書風氣之盛，絕非現在的臺灣同胞可比，他們上下班時，上車之前及下車之後，趕路的步伐，像是軍中的緊急行軍，或趕去緊急集合，但在車內，大多慢條斯理，悠閒自得，有的看報，有的看書，好像要去趕考似的在臨陣磨槍。實則，他們已養成了利用空閒看書的習慣，在家中也是一樣。所以我與日人交談的最大感觸是他們的平均知識水準，要超過我國，一般人的知識領域也比較廣。日本的翻譯事業也為我國所不及，不論哪一國家出了一本世界性的新書，在三個月內，就會有日文的譯本出現，而且譯得相當地好。普通的佛書可銷十萬冊以上，這些新知的譯著銷數，不言可知了。日本人既是如此勤奮地讀書，我們是為讀書而來日本的人，更加應該讀書了。要讀日本書，首先要學日本文，我雖自修過，也在臺北補習過，但要運用自如，豈有那樣便利。因此，除了大學院的功課，必須另請日文老師。一般留日學生，大多先進「國際學友會日本語學校」，一年之後，再進日本的大學。我們大學的教授，也教我們跟越南比丘一樣，先去學日語，或者進日語學校的夜間班。我們卻做了另外的決定。

首先由吳老擇先生介紹了牛場先生。牛場原係大正大學的講師，能看懂語體中文，也能說幾句中國話，現因年老退休在家著作，他對中國留學生，相當友善，我在臺北時，就由楊白衣居士處得悉牛場之名，且願指導我們。本來家庭教師均要報酬，而且相當地貴，牛場則不談這個，甚至拒絕接受我們送他的水果及點心，他說：「你們應多用功少用錢，有錢應多購書帶回去，不要花錢送我的禮。」他已鬚髮皆白，但在學問的追求上，仍如青年，經常去古書會館購舊書，也告訴我們應去何處，可以最少的代價，買到很好的舊書，現代日本學者的新書，大多是採自明治、大正及昭和十多年間整理完成的資料，所以不要專購新書。在日本一年以來，他待我們最關心，也使我們最感激，他懂得中國現代佛教徒的苦悶，也感念日本佛教的主要源頭是發自中國，見到我們，像是見到了落難中的故鄉親屬的遺族子弟，頗有不勝吁噓之感。

最初是我與淨海法師，每週同去一次，後來由於我曾有些基礎，淨師則必須從

作者與李添春居士的兒子李俊生先生合影

字母學起，所以每隔一週，兩人分別各去一次。我在牛場先生處獲益很多，先教我把日文譯中文，後教我用日文來將中文譯出，前者較易而後者頗難。他又說：「學一種新的語文工具，好像重新生長一次，痛苦是必然的，但在學會之後，快樂也是必然的。何況你們的碩士論文，必須要用日文撰寫，否則，你們來日本做什麼呢？」

另一位日文老師是我們的同學三友苔雄，在前面已有介紹，他每週教我們九十分鐘的日語會話。

去年夏天，淨海法師返臺度假，我則另請一位立大的三年級同學古河俊一，教了兩個月日文。現在仍是淨海法師的老師。

從去年十月份起，牛場因為研究工作較忙，不能繼續再教我們，我們改請李添春居士的二公子李俊生先生教讀日文的佛教書籍，方式和牛場那邊相同，我與淨海法師分別隔週上課九十分鐘。俊生先生原讀駒澤大學，後轉讀立正大學碩士班，現在正讀博士班，經常也和我們同堂聽課。他為人非常和氣而樂於助人，我們在許多方面，都得到他的照顧。畢竟他是出身於佛化家庭的子弟，我們有時送他一點小禮品表示謝意，他必送還更多的東西，我們不好意思，他卻說未能多做供養，對於法師應該供養。其實他也是自食其力，維持夫婦兩口的生活，除了讀書，尚得每日趕在兩處工作，時間相當寶貴，金錢也很寶貴。

還有一位駒大的副教授佐藤達玄，由駒大的空雲尼法師介紹認識，他是研究中國佛教史的，見我寫的《世界佛教通史》上冊，他把大拇指一豎：「如果是我寫的，可得博士學位了，你把它譯成日文吧，在日本尚未見到如此的好書哩！」的確，日本的好書很多，以《世界佛教通史》的氣派寫成的，還未見到，因此他極願和我互相研究。因他是日本曹洞宗的和尚，去年到臺灣訪問時，有一家寺院送他的一本書上，簽稱他為「佐藤居士」，使他有點難為情。實際上我的補充意見，以為他是「住寺的居士」或「攜眷的僧人」。在中國立場，稱他居士並未錯；在日本立場，居士並不住持寺院，如此差別而已。我看，日本的佛教教師有點像西洋的基督教教士，如果你把基督教的傳教士或牧師，稱呼為平常信徒，他們也是不甘願的，因為牧師雖然也是在家人，他們的職務卻是做著傳道的工作。因此，日本僧人，可以不稱他們為比丘，不可不承認他們是和尚。請勿誤以和尚即是比丘，和尚在印度的梵話為「鄔波馱耶」（upādhyāya），譯意為親教師，不限於佛教的比丘所用，外道的在家教師也有採用的。

我們到了日本，既是比丘，又是學生，在華僑及日本人看來，也是和尚。既是宗教師，就有宗教生活及宗教的儀節，除了我們自身的，尚有關於他人的。因此，也有華僑因喪事而請我們誦經超度，聽說以往的留日僧尼也做這種工作。我呢？並不反對比丘為信徒誦經，若以替人誦經做為謀求生活的方式，我就不贊成了。俗人以請比丘誦經做為喪葬的排場而將比丘視同鼓號樂隊，佛法的尊嚴也就因此掃地。因此，當第一次有人請我們誦經時，由於喪家曾給我們在留日人事及手續上的協助，不忍峻拒，但我要求死者的遺屬們，敬僧、禮僧，來去迎送，並對他們開示，要他們先拜佛，次拜僧，再拜亡靈的遺像。可是，喪家不知曾聽哪一位留日的「先輩」法師說過，臺北誦經通常是每一個和尚一百元新臺幣，因此，也就照例給我們每次一千圓日幣（相當一百一十元新臺幣）。本來，僧人誦經，不得計較供養之多少，可是，施主若以工資比率，那就失之於不敬了。這是中國的習俗難改。當然，這家華僑並無輕慢僧尼之意，甚至由於我的開示，更加敬信僧尼。到了去年新曆年底，有一位曾皈依倓虛、定西、樂果等東北三老的修昆璞居士去世，他是在東京華僑之中，我所知道的兩、三位正式皈依了三寶的正信居士之一。當他病逝醫院之後，清度法師即打電話給我們，要我們誦經，為了鼓勵更多的人信佛，對於一位正信的居士，我們應該答應。一到修家，未亡人見到我時，如見到父母似地向我的腳下撲倒，投地不起，我就立即以人生的無常苦空及因緣的虛幻聚散，善巧地開示修太太，經過十分鐘左右，始把她安慰著坐起身來。修氏老夫婦兩人，雖不是我的皈依弟子，但已久慕我的虛名，所以，我的開示，對修太太十分受用，並說，像我那樣懇切真誠的開示，還是三十年前在東北聽定西老法師講過。其實，我們哪敢和定西長老相比，那是佛法的加被和她本人的善根之力使然。

但是，除了三、兩位正信居士，我們仍不希望為華僑誦經。

不過也有例外，比如今年元月中旬，有一位原來曾做駐滿洲國大臣的張先生，病逝東京寓所，他在晚年念佛精進，禮佛不間，但他僅是隻身在日本，喪事由其生前的友好料理，因其信佛甚篤，所以想為他請到有道的高僧前去超度，日本卻沒有高僧，正巧遇到皈依不久的鈕正慧，談起此事，就把我和淨海法師用包車接了去。起初，我仍有顧慮，不知那位張先生的政治背景如何，鈕居士則一口為我擔保：「師父請放心，弟子在東京已數十年，知之甚詳，再說，我怎麼也不會使得師父吃虧的。」結果，我見到日本前首相岸信介，也是張氏治喪會的友人總代，才放了心。曾經做過駐日公使的陳先生，見我們兩人在張氏靈前，上了香，誦了一卷《心經》和三遍〈往生咒〉，為亡者迴向超度，感到滿心歡喜。他是張氏葬儀委員會的主委，特以主人身分，請我們到東京華僑經營最大的一家觀光旅社「山王飯店」吃晚飯，叫了滿桌的「精進料理」，那也是我們在日本第一次吃到最豐盛的並且是中國風味的素席。席間交談很多，陳氏雖未皈依三寶，因其常與日本佛教人士往還，故對佛教常識懂得很多，並有心願，協助真言宗智山派大本山成田山的圖書館之整理和擴建。

談起佛教關係的圖書館，我的興味最濃，我在來日之初，即有將中國佛教之佚書而仍存於日本的文物，集資價購或影印了帶回去的願望，並在《香港佛教》一一二號提及此事。要想達成影印的願望，第一條件是經費，第二條件是和日本幾家大圖書館的關係之建立。如今，經費已有一位居士極願助成，正在思考如何去向有關的日本圖書館接洽，若無相當人事關係，想要達成此一目的，頗為不易。真是因緣巧合，陳先生，不但熟識成田山圖書館負責人，也熟識東京兩大圖書館之一的東洋文庫的負責人，另一個國會圖書館，他說也能轉託友人達到目的。由於這一巧遇，雖然此一大業尚未開始，已使我欣喜不已。但此巧遇是由禮請我們去誦經而來的，可知，誦經豈非好事。這次誦經，又是從接受華僑的皈依而來。

在我們未到東京之前的現代日本，是否有過皈依三寶的佛事舉行，我不知道，日本信徒是生來的、世襲的、屬於那一宗派的，故也無所謂接受三皈與否。

至於我們，雖然來做學生，卻未放棄做為一個比丘的責任，所以，凡有和人接觸的機會，總以佛法做為交談的主題。因為我們是比丘，說話不離佛教，不會有人取笑。相反地，如果比丘不談佛法而光談世俗之事，人家倒會譏嫌我們為世俗和尚或光頭俗漢了。

但是要在一個新環境中，首創風氣，頗不容易，所以，我來東京已近一年，在此期間，求說三皈的正信居士，僅得四人而已。追溯一千二百一十七年前（唐玄宗天寶十二年），鑑真律師以六十六歲高齡到達日本之後的一年之間，受到日本宰相、右大臣、大納言以下高位百官的禮拜問訊，並為聖武上皇、皇后、皇太子等四百四十餘人授菩薩戒。比起渡日先賢如此的盛德宏業，我真要慚愧得無地自容了！

說起三皈依，也是菩薩們的安排，不是個人的力量。第一次是因劉梅生居士訪問東京，他對我們很有敬意，對於接引社會青年的進入三寶，也極具熱心，故由於他的關係，把一位大學剛畢業的日本青年，叫作本保正長，勸了來接受三皈，另一位由馬來西亞來日本留學的華僑青年陳亞榮，同時參加。這次可以說，我是做的現成佛事，一切功德，均出於梅生居士的成就。

六、華僑皈依

再說另外兩位華僑居士的皈依因緣。與其說是我的接引，不如說是他們自己的佛緣成熟。當我尚未來日之前，毛正智居士就已看了多年的佛書，也是臺灣出版的《海潮音》及《菩提樹》兩種佛刊的長期讀者，所以當他從《菩提樹》的消息中，知我到了日本，立即寫信到立正大學佛教學研究室，把我找到，他在信中對我推崇備至，一則使我汗顏，同時也使我有「吾道不孤」之慰。他要我邀同在東京的留學僧尼，到他的鎌倉寓所應供，於是，我和淨海法師商妥，決定去鎌倉一行，並且約了慧定、空雲、妙智等三位尼法師，順道參拜了建長寺、圓覺寺和以大佛聞名的高德院、新建的大船觀音等佛教名勝之後，去到毛居士山間的寓所，他連忙打開久封的鐵柵正門，把我們讓進客廳奉茶。經過交談，始知他雖看佛書，也知供養僧人，但尚不是三寶弟子。問他曾經親近過哪幾位高僧大德，他說：「正在等著大法師親近。」並且又說了一些似道非道、似佛非佛、亦道亦佛的道理，請我印證。他的書架上既有佛書也有道書，他信佛也信道，談起靜坐修持，便是大周天和小周天的觀念。同時告訴我，他在近幾年前曾以二千萬圓日幣，為他做牧師的小姐建了一座基督教堂。我將這些印象綜合起來，發覺他是一位宗教大同盟主義的信仰者了。所以，除了適可而止地談幾句佛法，不便和他辯論。由於我研究過比較宗教學，是以發覺我既懂佛也懂道，甚至還懂基督教，既知中國佛教，也知日本的佛教，故被認為是難得遇到的僧人了。因此，見了一面之後，對我更加敬仰，在他的信仰上也更進一步地接近了正信的佛教。

接著一連兩次，給我寫信，請我為他誦經錄音，他要隨著我的聲音學著誦經，第一次錄〈普門品〉及〈大悲咒〉、十小咒，第二次錄〈楞嚴咒〉。東京到鎌倉往回一趟，如果稍事逗留，即需半天的時間，我仍有求必應，或懇請淨海法師同往，或在我們的住處，請了五、六位留學的同道，錄音之後，由我送去。致有一位尼法師笑我：「毛居士又不是法師的弟子，他也不是真正的居士，怎麼如此熱心？這麼遠的路，這麼麻煩的事？」

其實，我有我的想法，人家既願接近我們，並且願學誦經，正是傳播佛種的好機會。何況毛居士每次問我，要他來或者我願去時，都是我願前往的。但不久之後畢竟成了三寶弟子。

毛居士曾任浙江上虞縣長及駐日本長崎總領事，當他皈依之前，約同他昔年的同僚鈕先生到我的住處相探，並決定皈依的日期之際，我便希望鈕先生也能到場觀禮。舉行儀式那天，請了淨海法師及另兩位尼法師同往鎌倉。儀式開始之前，鈕先生如約趕到，我便寫了兩份皈依詞，也取了正智及正慧兩個法名，鈕氏本係被邀觀禮，我也未說請他一同受皈依，但是，當我穿袍披衣，正襟端坐著把三皈的意義講解完了，他也自願跪下地去，誠懇地接受了皈依。

皈依儀式，極其簡單，不用引禮，不用唱誦，僅在正授三皈之前，念了三遍〈懺悔偈〉：「往昔所造諸惡業，皆由無始貪瞋癡，從身語意之所生，今對佛前皆懺悔。」接著正授三皈之時，一邊念誦三皈依文：「我某某，盡形壽皈依佛、法、僧，不再皈依天神外教、外教教義、外教教師。」一連三遍，做三次接受三皈戒體的觀想。再念：「皈依佛、法、僧竟。」最後誦三遍〈四弘誓願〉：「眾生無邊誓願度，煩惱無盡誓願斷，法門無量誓願學，佛道無上誓願成。」先後不到十分鐘，就將這場佛事做完；但在這十分鐘的時間之內，由於參加者的注意力（心念），完全受佛事的威儀及懇切的語意所融攝，見他們那種恭敬虔誠的情形，絕非集體數十人皈依時所可相比。所以皈依完了，觀禮的淨海法師第一句便說：「簡單、莊嚴、隆重。」隨往的兩位尼法師也均有同感，甚至其中的一位，由於我這一皈依開示及儀式的感動而對我說：「今天我也不由自主地在內心重受了一次的皈依，感到遍體清涼。」

其實，我哪有這樣大的感化力，這完全是由於毛、鈕兩位居士的善根所感，也是由於同往幾位出家同道的德力加持。不過其中的主因是在毛正智居士。

同時，唯恐他們誤會，僅我一人是他們的皈依對象，所以一再強調，他們是皈依一切的三寶，一切僧尼都是他們的師父。故在皈依儀式終了，我未教他們頂禮我個人，而是請淨海法師等一同站到中間，接受他們平等的禮謝和供養。

（佛曆二五一四年二月十五日寫於東京立正大學，刊於《菩提樹》月刊二〇八、二〇九期）

我的留學生活

一、我的生活

我在留日剛滿一年時，曾於一九七〇年的三、四兩月的《菩提樹》雜誌（第二〇八及二〇九號），寫了一篇〈留學日本一週年〉。此後雖然經常於臺灣的《海潮音》、《獅子吼》、《菩提樹》，香港的《香港佛教》、《佛學雙週刊》、《內明》，南洋的《無盡燈》、《慈航》，日本的《天聲》等雜誌及報刊之中，發表了長篇的著作、譯作和單篇的論文，但卻很少提及我自己的生活情形。因此，有些關心我的師友，盼我再寫一篇關於自己的文章，免得讓人亂猜，我在東京，除了寫稿著作之外，還做些什麼活動。

正如我已在數篇報導文字之中所說的那樣，近代的日本佛教，是在世俗化和學術化的環境之中，向前推展，尤其在已成為世界最大都市的東京這個地方，世界各地所發生的新花樣，都可很快地在東京找到它們的樣品。因此，若依比丘的律制，住必蘭若和行必頭陀的尺度來衡量，可以說，我是沒有一天不在破戒犯戒！

正因為我想保持中國沙門的本色，所以無法住進日本的寺院。目前住在一個四個半疊榻榻米的亭子間裡，與俗人僅隔一層板壁而居，雖然已是比丘生活之所不許，但卻比起住進日本寺院更清淨些，至少，尚能有我自己的行持原則。好幾位初到日本的人，到我住處訪問之時，總有一些覺得意外，他們以為我已換了西裝，蓄了長髮，不喝酒，也該會抽菸，不吃大魚大肉，總也不致仍和國內時那樣地謹嚴。其實，我是讓他們失望了。

有一些人士，對於出家人的要求是相當矛盾的：一方面希望出家人的生活，依舊保持常住山林的禪修標準；另一方面又希望出家人深入社會，普濟人間的疾苦。當出家人與普通的社會接觸之際，覺得出家人的生活習慣，不能適應現代化的生活環境；如果出家人也和俗人打成一片之時，又認為失去了出家人的本分！這是比丘的律制和現代社會的牴觸之處。正因如此，就有部分人士主張：出家人的責任，在以精勤的修持，住持僧團的寺院佛教；至於隨俗的宣化和接引初機的工作，應由居士們來承擔。

其實，這是一種似是而非的看法。居士承擔接引工作的要求，今後當愈來愈感迫切，但在出家人方面，除了修持，同樣要負教化的責任。因在釋尊的當時，遊化人間、接引初機的工作，是由比丘、比丘尼僧承擔起來的。所不同的是，釋尊依據當時印度的社會背景，為比丘、比丘尼僧所制的戒律條文，用之於今日的社會環境，自有其不能融通之處而已。以至到了明末的蕅益大師和民國初期的弘一大師，便覺得比丘戒是無有一人可以持得完整清淨的了。事實上，在佛世的印度社會中，要把現傳的比丘戒持好，並非一件困難的事。若以原始佛教的比丘律制，行之於二千五百多年以後的今日社會，怎麼能夠沒有問題？由於今日的中國僧制已經名存實亡，所以我也不想在此加以深論，唯願一般人士不要用其一己之見，來衡斷

作者初抵日時攝於宿舍佛堂前

出家人的生活標準就好了。

二、可貴的出家相

當然，我是主張學佛應以持戒為基礎的人，這也是佛教的根本精神，佛教徒如果不持佛戒，他和普通的人，就沒有二致了。佛戒的基本是從五戒十善推廣而成的。做為一個中國的僧人，對比丘、比丘尼戒，雖然無法如文受持，至少也和俗人所持的五戒十善，在深度和幅度方面，有所不同：例如堅守男女之間的一定距離，保持出家人的形相，不與俗人共同生活，不去歌舞等的娛樂場所，不做有失威儀的運動和遊戲。若從這樣的角度，做為衡量比丘生活的最低標準，我來日本之後的這段期間，也當獲得六十分以上的最低成績了。這是值得告慰於自己的事，但我不敢直下自稱是清淨的比丘，乃是毫無疑問的事。如要標榜持律，也就不該跑到日本這個不談戒律的國度裡來了。

在東京，乃至日本的鄉村，除了各宗大本山之外，平日很少能夠見到以僧裝出現的僧侶，唯有春天的「彼岸」及秋天的「御盆」，在這一年兩度的日本民間祭祀祖先的季節中，可以看到許多穿起了僧服的僧侶，在大街小巷的人叢之間穿來插去，趕著為信徒家去誦經應酬。如在平時，那只有誰家死了人，僧人才會以僧裝去信徒的家裡。因此，有一次我去訪問一位朋友，找不到門牌號碼，問了路旁小店的店員，他竟以為我是找喪家念經去的，回說：「最近好像沒有聽說附近有誰去世了呢！」經我說明之後，始向我道歉，並且告訴了我所要找的門牌位置。由此可見，日本自己把他們的寺院佛教，稱為「葬式佛教」，固是諷刺，也是事實了。

但是，大多數的青年人，對於佛教，既不積極地追求其信仰，也不反對和歧視。他們從教科書以及各種的大眾傳播工具，如報紙、雜誌，尤其是電視和電台之中，知道日本的文化和佛教的關係是不可分割的，從事佛教文化之研究和傳播者，又幾乎是清一色的佛教的僧侶學者，雖然佛教的教化工作，在此工商業時代的物質文明之中，所起的功績，無法用電子計算機求出它的體積和數量，佛教的崇高偉大，乃是誰也不敢否定的。所以，像我這個終年穿著僧服的人，雖有可能被人誤作去為亡靈超度的「坊樣」（出家人），但也從未遇到過鄙視厭惡的情形，有些老年人，還會合十問訊。自然，如果對我的服裝略加注意，就可知道我不是他們日本的僧侶了。

相反地，由於我的僧相，倒使幾位日本的青年產生了信佛學佛的興趣。有一個立正大學法學部的學生，經常見我在校內進出，始終不敢向我打招呼，後來我在圖書館裡一連坐了好幾個星期，幾乎每天都會見他在我桌前走兩趟，結果我向他笑笑，他才說：「對不起，我可以打擾你的用功嗎？」我說：「我太累了，正想有一個人來談談，輕鬆一下。」接著他告訴我，他對於高僧們的事蹟，都很崇仰，從今以後，如有高僧出現的話，一定不是日本人，縱然是日本人，也不會在日本國內成為高僧，因為，例如立正大學佛教學部的學生，大半是僧侶，但在平時除了我是僧侶之外，要想指出誰是僧侶、誰是俗人，就太難了。所以，他想信仰佛教，現在這樣的日本佛教，卻不能引起他深切的信心。後來我勸告他，佛教在衰微的時代中，只要有乃至一人警覺起來，不論他是出家人或在家人，以身自許，為了挽救佛教精神生命的危亡，來做全力的自我實踐，那麼，此人即可成為一代的高僧，整個佛教的慧命，也會由於通過此人的宗教生命，而為人類帶來無限的希望和溫暖。我又進一步地告訴他，佛教的本質，不是批判主義的，乃是實踐主義的。能夠具有批評現實的知識，是好的，假如具有批評的能力而放棄批評的行為，直接以自我的實踐，來求證其所持立場之是否正確，那才是最好的。

這位青年聽了我這番話，他的眼睛似乎亮了很多，並說：「原來是這樣的，今後我要多看一些佛書了，至少我要認真地把它當作自己的信仰了。」

上一個月，我到東洋大學的圖書館，一連查了一個星期的資料，其間，也遇到了兩位日本青年，他們拿了一部《碧巖錄》的日文講義，跑到我的位置來，開口就說：「好不容易，有機會見到一位以和尚的姿態來研究學問的人。」

我告訴他們：「你們看錯了吧，我是中國人唷！」

「對了，我們就是要請教像你這樣的中國僧人。」

結果我把這兩個青年，約到外面的休息室中，展開了半個小時的宣化工作。其中一個告訴我，他在高中二年級的時候，曾經有一次搭乘公共汽車去學校的途中，一落座位之後，便把自己忘掉了，既不是睡著了，也不是昏迷了，乃是清清楚楚地、痛痛快快地，把空間和時間的存在忘記了，也把主觀的身心和客觀的景物忘記了，直到汽車過了他的學校，到了終點時，才被司機將他叫醒了。從此之後，連續又有好幾次，發現他自己站在他的面前，因此而使他開始了宗教信仰的追求。當他進了東洋大學，便從一位教授處，得到了要他去讀禪宗公案語錄的指示，他也的確已從禪宗公案之中，似乎理解到了一些什麼，又覺得什麼也沒有理解到。他很希望在高中時代把自己忘掉的境界再度出現，等了幾年也沒有等到。因此，我告訴他，忘我的境界，不是靠盼望和等待所能得到，高中時代的那種經驗，是在無心思的情形下出現的，那僅證明他具有修行的宿根，如要求得隨心所欲地隨時出現那種狀態，那就非靠修持禪定來達成其目的不可了。至於近人的《碧巖錄》講義，那是從文字的表面而給語錄所做的解釋，並不能夠深徹祖師們的悟境，悟境卻在表面的文字之後和之外。不但後人無從解釋，縱係語錄的說出者，也從來用不著另加解釋，因為，語錄本身並無特定的意義，祖師們只是用來點破當機者之疑情的工具而已。

於是，那個青年硬要我教授他們參禪的方法。苦以我不是禪師，同時也沒有參禪的道場，無法滿其所願，只好勸他們利用暑假，去禪宗的大本山，跟名師學習。雖然我也知道，今天日本的臨濟宗和曹洞宗之參禪行事，不過是例行的佛事，由禪開悟的，尚未見聞過哩！據我所知，修大乘禪不得效果，轉而去錫蘭、泰國、緬甸等地，修習小乘禪觀的日本僧，倒是有過幾位了。

那個青年又告訴我，他雖未斷肉食，但在吃到肉類之時，總覺得是吃著自己的肉一樣，很不是味道。聽說我是素食者，而且知道素食是中國佛教的基本要求之後，這使他對於中國的僧團生活嚮往起來。可惜，當大陸佛教滅亡之後，希望僅存的臺灣佛教，尚無一處可以供人集體參禪的道場哩！

另外一位，因為家庭是佛教的，所以生來就是佛教徒，但對佛教的看法，和他所了解的佛教，可說尚在佛教的門外，唯其由於種種人生的煩惱，使他追求信仰，而又不得其門，同時也對信仰的功效有著很多的疑問。例如信佛之後，僅對信仰者個人有益，還是對於信仰者所處環境中的他人也有益？信仰是精神作用的安定力，是否也能解決物質文明帶來的種種危害人類身心的難題？假如信仰無法解決物質文明給人類造成的災禍，那麼這種信仰，至少在今天的人類，便當暫時放棄宗教的努力，而將全部的智慧和能力，都放到物質環境的改造上去。可是，事實證明，信仰不能主宰一切，物質文明的改造，也絕不能解決人類的煩惱。所以他很覺得困惱！

後來我告訴他，致力於物質環境的改造，只能解決問題於一時，所以，永遠無法一勞永逸，永遠都是做著頭痛醫頭、足痛醫足的治標工作。至於佛教的信仰，是教我們以釜底抽薪的辦法，逐漸減少欲望之火的火勢，直到欲望之火完全熄滅之時，他雖依然處身於物質世間的人群之中，人我之間與物我之間的種種身心的活動，所謂喜怒哀樂、利害得失等的感受情緒，便會逐漸地平靜而達於澄澈的智慧境界，那便是轉煩惱而成菩提的工夫。因此，信佛學佛的動機，就一般而言，應該是為了自身，信佛學佛的目的，則當兼為他人了。所以，信了佛教的人，他當為了他人的幸福而鼓勵物質環境的改善，同時為了達成改善環境的目的，除了物質的，更當著重於精神的安定，唯有安定了現實環境中所有人群的精神生活，才能真正促成環境的改善。因此，凡是信仰佛教的人，如果他是信得虔誠懇切的話，除了做為一個正常而積極的普通人，也必然是一個熱心於佛教信仰之傳播和佛教教義之宣揚的人。

那個青年，很顯然地是初次聽到這樣的道理，所以感到很高興地和另一個和我談話的青年約定，要去認真地信佛學佛了。

這是我的僧相所發生的一點作用。可是在日本的現實社會中，經常穿著僧服，也確有許多的不便。

三、僧裝與素食

此間，常有各種集會、聚餐、研究旅行等的團體活動，往往由於僧裝和素食，只好不去參加。有時非得出席不可的場合，縱然主辦者設想周到，也得要放棄一些應享的權利。

比如中華民國留日學生的同學會，以及華僑界為了慶祝國家的重要紀念日，舉辦的酒會、舞會、歌唱會、電影欣賞會等，每次接到了招待通知，照例要大家攜同眷屬或好友前往。我卻照例向字紙簍裡一丟了事。否則，如我應邀屆時前往，恐怕就要被人當作「欣賞」的對象了，尤其是酒會與舞會的場面。

可是，在這種場面中，可以結識很多新的朋友，能使一個人的生活面向外延伸，擴大互助合作的範圍，這就是現代人所不可缺少的社交活動，從佛教的立場而言，亦即是「同事攝」的一種方式。然在比丘律的原則上，這是無能為力的事，否則他便脫離了出家人的立場，而流於俗化了。別說比丘律制，即使在現代人的角度看來，僧人穿插於男男女女之間，也是一種刺人眼目的怪現象，更不用說相擁而舞了！

因此，當在必須出席的會議之中，盡可能地開完了會我就離開會場，不參加餘興的活動。然在各種學術性的論文發表大會之後，無一不舉行聯歡性質的「懇親」餐會，與會的會員們，便在餐會之間，進行私人的個別接觸和懇談，能使年輕的新會員們，有機會直接認識許多大學者和名學者，並且在這樣的餐會中，使得大家融融洽洽地打成一片，除了是友誼的，也是提高集體研究精神的一種方法。可惜，因我無法和他們舉杯相碰，也不能和他們進用同樣的食物，故也放棄了這樣性質的所有機會。

去（一九七一）年冬天，横濱有座高野山派的寺院興建落成，請去了旅居東京的好幾個國家的比丘，不限於留學生，包括了中國、韓國、越南、泰國、尼泊爾的比丘，參加典禮。事先早已說好，為中、韓、越三國的比丘，特備一桌素菜。結果搬上桌來的，竟然沒有一樣是真正的素菜，原因是一般日本人所說的「精進料理」，除了家畜、野獸及禽類之外，水中的魚類及貝類均可列於素食之內。縱然是由寺院經營的素食之中，雖不吃魚、貝，仍把鱆魚放在精進料理的食譜之中。這是什麼原因，我尚沒有弄清。因而，不用說，我在那天只好空著肚子回到了住處。

另在我們的學校裡，每年有一次新生歡迎會、一次畢業生的送別會，又有論文指導會和旅行研究會。負責主辦的人，固然希望每一個在學中的大學院同學都能參加，負責指導的教授們，也無不盼望大家盡可能地參加。可是每次都會影響他們的情緒：第一，我要吃素。第二，我既不能喝酒也不能向教授和同學們敬酒。第三，日本人無論男女老少，幾乎人人都會隨口唱出好幾首歌來，在這種場合，就像自我介紹似地，每人至少均得唱出一首歌來。如我不是比丘，倒很可以唱一、兩首中國民謠來應景的，晚近的中國比丘之中，雖然也有不拘這種小節的人，可是，比丘歌唱俗曲，畢竟有失大雅，所以使得他們掃興。

有一次參加研究旅行，主辦人在列車上為每人買了一盒午餐便當，不用說，列車上不會有素食便當的，鄰座的同學對我說：「你不吃肉，飯總可以吃的吧？」我說：「飯當然是能吃的，只可惜一塊豬排和一塊鯨魚肉的味道，已和米飯混成一片了。」自從軍中退役，再度出家以來，又有十多年和葷腥絕緣了，不說要我吃，嗅到魚肉等葷腥的氣味，也會噁心反胃。所謂但吃肉邊菜不吃菜邊肉的方便，對我而言是行不通的。

因為在日本國內，除了少數幾家寺院，以「精進料理」做為吸引遊客的號召之外，根本沒有一家素食館，素食的人在外面的飲食問題也就相當地困難，除了牛奶和麵包之外，大概僅有紫菜飯卷和放在竹籠上的冷蕎麥麵，是純粹的素食了。因此，我無法去小館子裡吃包飯，唯一的辦法就是自己料理。

自炊固然是很自由而且也很乾淨，但亦不是沒有困難，那就是上菜市買菜的工作。東京市內，雖然到處都有稱為「八百屋」的蔬果店，為了便宜一些，還是去菜市場的好。東京的菜市是下午四點到六點之間營業，星期例假休息。一到營業時間，菜市裡擠滿了家庭主婦，尤其是廉價品的攤位之前。我這個光頭的和尚，提著菜籃，夾在大群的婦女之間，已不像話，怎麼好意思再去爭和搶呢！最初三天去買一次菜，現在已改為十天去一趟了，而且都是選在快要下市的時候去，買它一大堆。平常如需什麼，只好多花點錢，在就近的「八百屋」購買了。

四、飲食問題

說起自炊，最初我的居亭主人，還以為中國比丘，都是自炊自食的哩！其實，我在出生以來，到了日本，才學會了炊事。故在出國之前，還有一個年輕的居士，擔心我到日本，天天要吃生飯。結果，這種日常生活的基本技能，終究不像學佛成佛那樣地艱難，短短幾天之後，便讓我克服了，甚至有幾位日本同學和外國比丘，嘗了我的「廚藝」，竟說相當不錯。

當然，他們只是在新鮮花樣的初接觸時，覺得「相當不錯」而已，現在，他們再也不說這句話了，並且批評我說：「每次來看你，你怎麼總是煮這幾樣東西？」有什麼辦法？我不能把青菜、蘿蔔變出其他的名堂來呀！

好在我自己，由於出身寒微，對於飲食的好壞，從來不加挑剔。在臺灣曾有一段時期，每天以蕃薯葉佐餐，連續達數月之久，也未覺得什麼可口與不可口。

不過，炊事確實是樁討厭的工作，也是一件浪費時間的事。因此，我曾試著，僅

作者在東京寓所，三個房客共用的廚房。

以牛奶、麵包來充飢果腹，結果由於我的胃腸機能較弱，多喝了牛奶便會瀉肚，不吃菜蔬，牙齒也會出血不止。

從去年年底起，改為一天煮一次飯菜，早中兩餐，仍吃牛奶、麵包，直到現在，依然如此。可是，因我的胃機能特別，十多年來，很少有過餓的感覺，所以，往往會把午餐忘掉，起初我還以為這是在臺灣山中，數年不過中食的習慣所造成的能耐。但到今（一九七二）年春天，我卻第一次進了日本的醫院，醫生驗血之後告訴我，說是營養不良所導致的貧血。同時也告訴了我，經常頭痛和感冒的原因。

做為一個出家人的我，以往不願接受營養的觀念和理論，因在高僧傳記之中所見，殊少沒有經過苦修的歷程，在他們的苦修期間，斷飲斷食不足為奇，哪裡還談什麼營養問題。現在臨到我自己自身，竟然無法衝破此一關卡！若要追究其中原因，可能因我目前的生活方式，除了沒有家室或眷屬之外，讀書、受業、跑圖書館查資料、坐在書架旁邊寫文章等，已和一般人的生活無異。同時，專心於禪修的人和用思考做學問的人比較起來，在體能的儲蓄與消耗方面，也是大不相同。

當然，若以心力能轉萬物的觀點而言，像這樣的隨俗知見是無法成立的。

五、讀書與寫作

說到讀書和寫作，如果依照部分禪者的看法，這也無非是生死的葛藤！不過，其中也有問題，假如一味高調無言之教，佛教的傳承，固然可藉以心傳心的方法來維持，但其能夠維持多久？能於多少人之間維持？其所傳承的純度和尺度，又將以什麼來做準繩？事實上，除了極少數非正統的禪者之外，真正不立文字的禪宗祖師是少而又少的，所謂以指標月、藉筌得魚的方便善巧，依然是用著形象化的語文，來指點學者的迷津。否則，禪宗的公案和語錄，也就不會產生了。再從禪宗諸祖的思想上考察，亦無不有其經典的教理，做為他們的背景。

有些不學之輩，任意主張，一旦開悟，便可洞悉三藏十二部的所有佛法。這種見解是相當危險的，晚近中國僧尼教育水準的普遍低落，與此不無關聯！實際上，以修觀行或參禪所得的悟境，是悟理性而非悟事相，開悟可能斷除生死煩惱，但並不即能宣說經教，三藏十二部經教所指的理性，自可依開悟而洞貫；洞貫其理性，並不即能如其教相。何況，悟境也有大小深淺的不同，正確地由禪觀開悟，亦須根據經教原則的指示，否則便會落於類同的外道的所謂野狐禪了——沒有開悟，反而歧入魔境，以少許的神異當作了佛的知見！

自然，禪觀的工夫，能夠助於智慧的開發，從禪觀的修持而有若干成效的人，再來研習經教，便有「似曾相識」的感覺了。悟境如光明，世間如暗室，經教如暗室之門，持了悟的光明，從經教之門，進入世間的暗室，由於光明的察照，對於室內的景物，自可一目瞭然。故在正統的佛教，主張行解並重和定慧雙修。

又有人說，佛教的經論已經夠多，再加上歷代高僧大德的著述，已使佛教的典籍，多得使初學的人無所適從，何必還要為之繼續增加呢？難道說，今人的見解，比起佛陀以及歷代的祖師們，更加高明不成？

這樣的論調，聽來似有道理，實則毫無道理；假如他對人類的歷史文化，稍具一點常識，他就不會發出如此的謬論了。由於時代不同，環境不同，佛教必須要對處身於不同時空之間的廣大群眾，做適應性的宣化，因此，只要歷史向前延伸一天，便有繼續寫出一天新書的要求。所以，凡是新書產生得愈多的時代，也是愈有希望的時代。近數十年來，中國佛教界，既在努力於古典的開版和影印，也出版了不少的新書，這正表明著中國佛教的前途，尚有希望可觀。唯其從質量的分類比例上看，新書尚嫌不足，在此尚嫌不足的新書之中，通俗化及講解式的，又占了絕大的比例，真正夠得上「學術性」三字的新書，實在太少，縱然是以現代化的方式，做條理系統的編述之作，也不多見。以致在一九六二年，有位天主教的神父杜而未，特別於《恆毅》雜誌上叫陣說：「佛教徒們寫寫吧！」

我是一個沒有受過現代制度基礎教育的人，但也始終沒有放下閱讀和寫作的努力。初期，是在求知欲的驅使下讀書，又在發表欲的鞭策下寫作。二十八歲之後，即轉為求法、護法、弘法的熱忱所動，從事於佛典的鑽究和寫作了。要寫作，必須勤讀書，讀的書多了，必定又有另一部新書要寫。於是，我在山中閉關期間，寫了不少，來到日本留學之後，又寫了好多。當時我在關中，不斷有文章發表，有書出版，便有人批評我是「光寫文章不修持」的人。假如那個批評可以成立，那麼，也可接著批評我在日本是「光寫文章不求學」的人了。這真是相當可笑的事！

我的寫作，已如前述，是出於不能自已的為法的熱忱；能和許多的讀者們見面，那要歸功於各家刊物的主持人了，如非他們的索稿乃至逼稿，可能不會寫出這麼多來。但我從未希望用我的文章，換取一點什麼，甚至它的效果如何，因我無力過問，故也不去想它。我除了盡心盡力地為佛法獻身，至於客觀影響的功過得失、利害是非，實在不是我的智慧與福德所能決定的事了！

當然，三寶是不會辜負努力之人的，佛陀明示的因果律則，也是絲毫不錯的。只要發心為道，存心為法，想做的事一定得以成就，想去的地方也必得以成行。十一年前，我在沒有金錢也沒有信徒支持的情形下，竟然達成了入山閉關的願望，在山中住了五年多，卻未拖累他人。三年半前，我在連飛機票也不知如何著落的情形之下，又在國內一片反對聲潮的衝擊之中，竟然辦妥了留日手續，到了日本。來了之後，又以堅持不變僧侶的原則，隨時準備於後援斷絕之際買了船票回臺灣的情形之下，竟然獲得了瑞士某一大心善士的慨然自動資助。類此的際遇，固然不能說是由於我的文章，至少是因我表現了求法與弘法的努力，而由護法龍天，使得有心的僧俗大德們，向我伸出了溫暖的加護之手。

六、有了獎助金

我的指導教授坂本幸男博士，曾經勸慰我說：「道心之中有衣食，衣食之中無道心。」意思是說，但為求道發真心，但能耐得起清苦和寂寞，不用擔心衣食住行的生活問題。

此後不久，臺灣的幻生法師，看了我的〈留學日本一週年〉，他便以「寄向東瀛」為題，在《菩提樹》二一一期上，給我寫了一封公開信。幻師是我少年時代的同學，以後雖少有同住的機會，彼此常能以自我修學及為法珍惜相互勉勵。他經常為病魔所苦，卻從未被病痛所屈服。比起他來，我雖較幸運，但亦不是一個健壯多福的人，所以他在那封信中，對我的留日意志，深表同情。到了一九七〇年六月十九日，便接到了《菩提樹》主編——朱斐居士的來信，為我帶來了意想不到的佳音。謂有一位正信佛教徒，願助我學費及生活費，沒有任何條件，但盼我能為佛法的修學而努力就好，問我一年的全部費用，需要美金多少？他將從瑞士匯錢來。

當時，中央研究院派來的留日學生，每月發給二百美元；日本文部省給外國學生的獎學金，每月八萬日圓，而且那是依照就讀國立大學的標準，每年學費僅繳一萬日圓上下。但是，我是出家人，記得智光老和尚曾經告誡我說：「出家人，切勿倒果為因。受人布施是因不是果，造了受施的因，必將要付出報答的果。」所以我根據當時的最低標準估計，回了一信，以致後來由於物價及學費上漲，不得已又勞朱斐居士代我向美國一位居士募來了五百美元。

這在自有臺灣的佛教留日僧尼以來，我是第一個幸運者，所以立即寫信報告了我的剃度師東初老人，以及幾位經常關心我的師友。不久，《菩提樹》雜誌也為我刊出了這則喜訊，我也收到了好多來自各處的賀函。

然而，世間事總是利害互見的，有了可喜可賀的事，它的背後可能便有可憂可惱的事，跟蹤而至。到了一九七一年初，有關我在日本的種種謠言，迅速地在臺灣流傳開來。臺北、臺中、高雄，都有人在議論著我。而我本人，卻無所知。結果弄到我的恩師東初老人，寫來一信，問我在日本的生活情形，究竟改變到了什麼程度，因為有人傳說我已有了洗衣、煮飯等照顧日常生活的（女）人。東初老人要我據實回報，如係謠傳，也囑我刊登啟事澄清。這使我煩惱得真是不知如何是好！

於是，我給善導寺的寬裕法師去信，問他謠言的情況和原因。寬裕法師的回信很快，他說他在臺北沒有聽到任何人傳說我的謠言，希望我安心求學，不用為了此事煩惱，謠言止於智者，縱然有了謠言，也用不著刊登啟事澄清，要不然倒成了「此地無銀三百兩」了。寬師是我住在善導寺期間，結識的一位善友，他是一位很重道念的人，在這關頭得到他的這番慰勉，無異醍醐灌頂，通身清涼。這樁謠言困擾，也就不了了之。尤其當我於去年暑假，回國走了一趟，大家見我廬山依舊，那些為我擔心甚至捏了冷汗的朋友，相見之下，只好哈哈一笑。

人是需要順緣協助的，偶爾間，逆緣的打擊也未必不佳。當在一帆風順的時候，往往會有得意忘形的情態出現，在這當口，如果有人給他潑上一頭冷水，豈不正是使他回到本來的崗位，繼續向前邁進的助緣嗎？所以，我在受到打擊之時，心裡雖感委屈，事後想想，那些打擊的結果，竟又助長了我的意志。由這觀點上看，我當感激他們了。至於那些擔心我返俗，甚至傳說我已和女人同居的人，存心也有不同。有的是為佛教的損失而著急，有的則是出於相當明顯的嫉妒意識。為教著急的人是可敬的，出於嫉妒意識的人是值得同情的。因此，也就沒有什麼可資氣憤的事了。

在此，我想順便一提。當白聖老法師於去年九月，往返美國，道經日本兩次，體念到留日的佛教關係學生，所以向橫濱的孝道教團，請了每人每月五千日圓的助學金。去年年底，孝道教團的統理夫婦訪問臺灣，道安老法師也為我們請得五個名額。這對留日的僧尼居士而言，是從未有過的佳音，為使留日的僧尼居士們，欣喜地受到祖國佛教界的照顧，我便聯絡在學中的同學，填寫調查表格，呈寄中國佛教會。受惠的數目雖不多，被照顧的意義卻很大。可是，我們高興了一番，竟被中國佛教會的公事「拖」下了大海。從去年年底，一直等到今年五月初，才把全部的「推薦書」寄到我處，再由同學們寄去孝道教團，已經是五月中旬，各學校早已開學，所以了無反應。我去該教團查詢，始知我們申請太遲，預定的一百名，早已額滿。據說今年的百名之中，中國文化學院來的學生，即占了五十多名，我們真正研究佛學的人，反而吃了閉門羹！我將此事告訴了正在南洋弘化的白老和臺灣的道老，他們也都為之嘆了兩口冷氣。若要找其原因，只有一個：那就是我們福薄的緣故。好像《有部毘奈耶》卷四十二所記的薄福善來一樣，佛陀要阿難尊者為善來留飯，由於善來福薄，竟使多聞第一的阿難尊者，把佛陀囑咐留飯的事忘了。

七、學成之後做什麼

我國的佛教環境，不能和日本比較，日本在明治末期，即已使佛教的教育制度，跟上了現代化的環境，所以，能夠培育人才，也能安置人才。我國的佛教，在現代化的教育制度方面，可說尚未起步，也就是說，比起日本，我們落後了將近一百年。所以，自己無法培育出人才。我們的人才，若不是靠自修成功的，便是從一般大學畢業之後再進佛教的。假如由僧侶身分，去受一般大學的高等教育之後，便會因其所學，並非佛教之所需用，往往會因投閒置散，終於返俗而去的。

另有來到日本留學的人，雖然學的是佛法，卻與中國環境所要的講經方式不同，乃是分析考證及組織條理之學，縱然學成，回國之後，亦無用武之地。何況留學數年，在佛教語言學和各種基礎學科的學習之餘，能夠真有成就可觀的，就不多了。於是，有一些人學至中途，便改變了努力的方向。有一些人回國後所做的工作，亦非他們留學期中所學的專長。也可以說，今日中國的佛教環境，既沒培育高級人才的能力，更沒有容納高級人才的位置。正由於此，大家很為出國留學的僧青年擔憂，唯恐變成投出去的梨子，一去不再回頭。故我對於教界給我的反對和阻撓之苦心，是很能夠理解的。

當我出國之前，已經有人問我：留學回國之後將做什麼？很顯然地，就目前的環境而言，僅有兩項事業可做：一是興辦私塾式的佛學院，一是接下一座寺院或另建一座寺院。如果就這兩項事業的需要條件而論，何必要來日本留學呢？

來日之後，經常也有人問起我同樣的問題，我除了感謝他們的關心，實在無從答覆，因為連我自己也不知道何去何從。我只能向自己保證，我將沿著已走的路線，毫不猶豫地繼續向前走下去，至於能夠走出多寬多遠的一條路來，那是要待因緣來做決定的事了。做為一個出家人，最低限度尚有一條自甘寂寞的路可走。日本在明治末期，佛教界保送優秀青年出國深造，是為配合其國內佛教教育文化走向現代化的要求，各宗派在培植人才的同時，也為這批人才的事業做了安排。我們是不同的，我們出國是出於個人的志願，我們的事業是要靠個人的努力來實現的。因為今日的中國佛教，事實上僅有個別的寺院，尚沒有組織化與系統性的教團。因此，凡是有所抱負的人，要想發展事業，必須先從創建寺院著手。因為沒有寺院做基礎，便不易得到信徒和經濟的來源，有了寺院之後，又被行政事務占去了他的時間。

（一九七二年七月二十三日寫於日本東京，刊於《菩提樹》月刊二三七期）

留日的見聞和觀感

我們這一代的中國青年，比起三十年前的中國青年，要老成持重得多，以這一代的中國青年，和其他國家的青年比較，無疑地，在思想方面要成熟深沉得多。所以國內的青年一到外國，就會覺得外國青年相當淺薄。但是，正由於老成持重的緣故，在朝氣的程度上，便及不上外國青年了。

以我在日本所見，外國學生，包括日本以及其他國家的留日學生，大多喜歡參加群體活動的組織，如果沒有適合自己興趣的群體組織，也會號召志趣相投者，創立一個新組織。因此，他們在把各自的功課忙完之餘，便是忙著各種的群體活動。

在每一個大學裡，均有許多的學生活動的組織，每當學期開始，各個組織均在校園裡的人行道旁，設一個席位，懸起大幅的標誌和標語，從事招兵買馬的所謂「社員募集」的活動。

我是中國人，且為大學院的學生，初到日本時又由於語言及年齡等的關係，對於這些組織從未予以關心，因此，他們究竟在玩些什麼名堂，也不得而知。直到去年的十月，我的日語已能應付，立正大學及駒澤大學，均在這個月份，舉行「大學祭」——校慶節。在中國的校慶紀念日，是請校長以及名學者或大人物向全校師生訓話演說。日本似乎不同，校慶連續達一個星期，全校教室均被布置得喜氣洋洋，是什麼人布置的？告訴你吧！正是各個學生活動的組織，每一個單位，把一年以來的活動成果，利用這個機會，全部展示出來，有的用模型，有的用圖表，有的用實物，有的用幻燈，有的用電影放映。我參觀了他們的大學祭之後，使我深受感觸，我看日本學生在個人的智能上，並不如何優秀，但由他們各種組織集體所完成的成果展示上，就不能不使我覺得日本是個優秀的群體民族了。他們群策群力，幾乎像螞蟻似地為團體的光榮和成績而努力。因此，日本雖沒有偉大的思想家，卻能以其全民族的力量完成現代化的建設。

在他們的學生組織之中，有做學術研究的，有做體能運動的，有做機械訓練的，有做專為同學服務的，有做社會調查或社會服務的，有做信仰化導的，我雖沒有得到詳細的統計數字資料，就我參觀的項目所見，立正大學的類似組織就有四、五十種。其中有一組是海外旅行考察隊，目的地是臺灣的阿里山及玉山，因此在其室內，陳列

立正大學雪景

了不少來自臺灣山地的用品及飾物，掛著臺灣的風景圖片，室中擺著一盤臺灣地形地圖的模型，最妙的，也在播放著臺灣高山族唱的民謠唱片，所以進入該室，感到非常親切。

除此之外，他們參加國際青年活動的例如童子軍和登山隊等，都把他們當時所用的工具、服裝以及所得的紀念品和採集物展覽出來，並對到過的國家和地方的概況，用文字或圖表表示出來。

不僅如此，他們同樣也有好多青年，居然有興趣學著做小吃點心的買賣，和街頭一般的吃食店或攤販一樣，向會場中的參觀者兜攬生意。但卻不要誤會這些青年，將來一定有志開吃食店。我問過一位青年，他說這既是人間生活活動的重要的一環，用來充實生活的經驗，固然應該，縱然真的從事吃食的買賣，又有什麼不好呢？以此可見他們的想法了。

總之，整個校慶的活動，並非學校當局，而是全體學生，這是學生自己的慶典。

至於中國留日學生，目前也有各種各樣的組織活動，例如臺灣大學、中興大學、成功大學等各校畢業後留日的同學們，均有各校的「校友會」的組織。另有臺灣籍留日同學會，最大的是「中華民國留日學生同學會」。但我前面說過，這一代的中國青年，比較老成持重，所以雖有組織，活動不多，成果的展示更少。但再說到佛教關係的留日僧尼，又比普通中國留日學生的活動更少了，甚至彼此之間，不相聞問，說是大家都在忙於讀書和研究，

作者與藍吉富先生合影於立正大學校門口

固然是事實，中國僧尼之不喜群體活動，可能也是原因之一。但我一想到日本民族由群體活動所產生的力量，又覺得我們也該有所警策。

因為，這個毛病不僅在國外的僧尼如此，在國內的大勢也是如此，佛教內欠缺教會的群體力量，而有寺院的個體力量，寺院中也似乎沒有僧團的（大眾）力量，而有個人的影響力量。這是由來已久的問題，也是相當嚴重的問題，彼此之間，缺乏守望相助的照顧，凡事未臨自己的頭上之時，不覺有何痛癢，臨到自身之際，又有無助之憾！這種缺少群體反應的狀態，最易遭受外力的破壞了！日本的佛教，我們姑且不論它的生活方式如何，但在其各宗之內的團結是沒有問題的，縱在宗內的大小寺院或門派之間，也有意見存在，但當某一寺院發生危機之時，宗內便會一致予以扶助支援。事實上，各宗寺院之中，除了本山或大本山的大寺院，係由宗內公選產生的管長、座主、貫首等名目的領袖來擔任住持之外，各中小寺院均為寺主私有及世襲的，然其對於宗團之內的互相協助與督促，即是整體的。這種型態，在我中國，是否也有效法的必要和可能呢？當然也有很多問題，但其比較強韌有力，卻為事實。

在日本留學的外國僧尼之中，以越南比丘的活動興趣最濃，他們雖在日本，卻和越南國內的佛教全體，保持著極密切的依存關係，並且與越南駐日本大使館之間，建立起相當靈活的從屬關係，因此，日本宗教界或佛教界凡有活動並且招待外國宗教人士的場合，使館必有通知給他們的留日學僧；凡有國際性的宗教活動，越南國內派出代表之外，也必帶同留日學僧的代表參加，甚至即以留日學僧為正式代表。越南留日比丘的國際語文，並不如何高明，但他們個個勇氣十足，用其並不高明的英語、法語、日語到處活動，身分雖然是留學僧，名片上卻印著越南佛教會任命他們的職稱，因此，越南比丘所認識和交接的日本佛教界的名人和名學者，要比我多得多了。憑事實而論，日本佛教的名人學者，並不如何地高興他們，但卻無不重視他們的力量，因為這些越南比丘，都是在越南國內的大學畢業後，由佛教會派遣出來，他們受到自己國內的重視，國際上也就重視他們。因為他們返國之後，便是第二代的越南佛教的領袖人物，國內國外的人士，以此重視他們，他們也以此而努力奮鬥。因此，如果擺開了越南佛教徒之是否過問政治問題的一點之外，我很感佩他們這種上下一體、一心一德的活力和朝氣。例如他們的明珠上座（萬行大學的校長），一心一意為越南比丘人才的國際交流而向各國政府要求獎學金，學僧出國之後，依舊給予各種方式的鼓勵和慰勉。因此，在日留學的越南比丘之中，雖也有一、兩位改了俗裝，但他們表示是由於接受俗家的經費而暫時改裝，一旦學成返國，依然再度出家、再度受戒，因為越南佛教需要他們。萬一真的結婚成家，越南佛教還是需要他們貢獻出所學與所能。從越南留日學僧的口中，可以聽出充滿了愛教、護法及弘揚正法的信心和責任感。好像也使我見到了越南佛教的希望。

其次是韓國比丘，不過，在我們的立正大學並沒有韓國比丘，他們共有十多人，分別就讀於東京的東大、駒澤和東洋文化大學，也有部分就讀於京都。因為韓國佛教已有自己的三所大學，其中的東國大學，已有六十多年的歷史，所以都是先在國內大學畢業後，再到日本就讀大學院的碩士學位及博士課程。但在目前的韓國比丘之中，真的有了博士學位的，僅有一位，那便是曾經到過臺灣，並且由白聖老法師頒贈了「三藏法師」尊銜的徐京保法師。他的博士學位是在美國得到的。因此，韓國和越南比較，尚差一個博士比丘，越南已有從印度那爛陀大學獲取博士學位的釋明珠（即是前面已提到的現任萬行大學校長），另有一位是從日本早稻田大學得到博士學位的釋天恩。在同為中國大乘佛教系統的國家之中，除了日本，也僅越南及韓國有了博士比丘。博士並非真的比所有沒有博士頭銜的比丘更有修持或更有學問，但卻代表了接受近代化教育的最高標誌。因此，韓國對於日本，由於曾被奴役統治過三十多年，在觀念上始終抱著國仇的態度，但仍運用各種關係，使得優秀的韓國比丘們來日本留學。

因為他們雖有大學，尚無大學院，尚無國際性的佛教學者，尤其對梵文及巴利文，學的人沒有，教的人更沒有。

韓國在日本，是所有外國旅日僑民最多的一個國家，總數達六十萬，來自北韓及南韓，各占一半，由於只有南韓政府與日本有邦交，致使來自北韓的人，大多也受南韓駐日使館的照顧，甚至把北韓所稱的朝鮮籍改為韓國籍。正由於旅日的韓僑人數眾多，也就顯出了其力量之強大，據說在關西地區，屬於韓國佛教的寺院有一百多所，大多是日本型態的在家佛教道場，他們的主要對象，仍是韓國僑民。但在韓國國內，南北韓相加不過三千多萬的人口之中，出家人即有一萬二千人左右；其中在南韓二千多萬人口之中，就有八千左右的男僧和四千上下的尼僧，已經不算太少了。

據韓國比丘告訴我，在數十年前，一般的韓國民眾，對於僧尼的觀念並不好，以為凡做僧尼的人，便是沒有知識、不事生產、遊手好閒的人，當時韓國的僧尼素質的確也不夠理想，佛教的教化力自亦相當薄弱。但在近數十年來，已漸漸地將僧尼的教育水準，提昇到中學程度的水平線，同時在出家人之中的學者，也漸漸多了起來，社會上對佛教的觀念，也就轉變了，例如今日的韓國總統朴正熙便是佛教徒，尤其是朴總統的夫人不僅信佛，且有修持。所謂上行下效，朴正熙總統的政治功績為全體韓國人民所讚揚，他既奉佛，韓國政府也授權給佛教行政機構，加強對於教團的整頓與革新，例如在日治時代遺下的蓄妻僧侶住持的寺院，韓國佛教會就有權力予以抵制，使其轉變。教團之內發生了問題，教會也有力予以適當的處置。因此，他們確能做到教內統一步伐的程度，比如對於僧尼所用袈裟的顏色問題，曾做了三次統一性的變更：本來使用紫灰色，後見南方佛教均用黃色，便一律改為黃色；接著由於部分持律比丘之律師們提出理由反對，便一律改為紅色；又有律師們據律典說比丘不得持用五種正色，結果再恢復為紫灰色。這個統一袈裟顏色的問題，在臺灣也曾發動過，後來由於涉及階級性的製造而遭反對，同時也由於佛教會不能硬性規定而作罷！但是，由韓國的服式及衣色的統一，可以看出教會的權力，又可從其接受律師們的反對意見而知韓國佛教會的主宰力，仍操之於教團的律制和教徒的民意。

說到僧尼的階級，在日本是老早就有的，但其並非依據律制而來，乃是日本的政治封建制度下的產物。日本民族的封建意識，也可謂已到根深柢固的程度，目前的日本，所謂將軍和大名等的封建制度，早已不存在，但是新的財閥如三菱、三井、住友等，新的政黨，乃至新興的宗教集團，也成了新的封建制度，日本人民也以有此型態之存在而得到安全感，所以，除了新起的政黨是由選舉產生其黨魁之外，所有的財閥乃至新興的宗教集團的主腦者，均係採用家傳的世襲制，日本人卻很少對此提出異議的。

因此，日本佛教的僧官僧階制度，始於孝德天皇的大化元年（西元六四五年），到了明治五年（西元一八七二年），政令廢止僧官，明治六年又令廢止僧位，但在各宗之內，建立了管長制度之後，依舊採用大僧正、權大僧正、僧正、大僧都、權大僧都、僧都等共計十三個等級的僧階稱號。他們在大法會場合，僧階及儀服的層次分明，色彩判然，仍如封建時代的官場威儀，井然有序，說它不好也未必，說它是依佛的律制則更未必。

除了日本，今天的越南比丘，也分有稱謂的等級，戒臘未滿二十夏的稱為大德，二十夏以上的稱為上座，四十夏以上的稱為長老。這倒是合乎比丘律制的規定的。韓國比丘則以僧臘為基礎，再予以考試分為八個僧階，但此屬於德學的尊銜，在生活及服式上則一律平等。

在韓國的比丘，對德號的尊稱，也有一定的限制，我有一位韓國同學，到我住處拜訪，見到我的書架上擺有我自己寫的幾本書，印著「聖嚴法師著」的字樣，他便對我肅然起敬，他說我被稱為法師，一定是中國很有地位的比丘了。我正想解釋說，在臺灣的佛教界，法師兩字已是對於所有僧尼的通稱之時，他卻先我做了補充說明，他說他們韓國的比丘，有了相當程度的專研修習之後，始被分別尊稱為法師、禪師、論師、律師等，一般的出家人是不能用這些頭銜的。這也與律制的規定相符合。因此，有位韓國曹溪宗駐在東京弘法院的院長行願禪師，當他要贈送我一部被視為韓國國寶的海印寺藏版《楞嚴經》的影印本時，不知對我用怎麼樣的尊稱做簽贈。

前面說到越南的留日比丘們，受其國內的重視，也受日本佛教界重視，倒不是重視他們的智能和已有的地位，而是重視他們對於以後的越南佛教所具有未來性的期望。因為他們在其本國或在國外，均在同一個組織系統下受保護和受鼓勵。雖然，以我看來，乃至以我國青年們的角度看來，他們的心理年齡尚很稚氣，甚至有點像意氣用事的出鋒頭主義，但也正由於有點稚氣，才有青春的活力，推動他們做種種的努力。

至於韓國比丘在日本，也比我們中國僧尼有福報得多，至少，他們有其本國的寺院可住，不用為房租及生活費擔憂，也不用自己炊煮。更可羨慕的是他們仍能和在其國內一樣地過著僧團生活，每天朝晚參加例行的殿堂課誦。因此，韓國比丘留學日本之後，雖然也有一個還了俗，但在比率上是很少了，原因是他們不必改了服裝去打散工找生活。住在寺院中未必沒有是非，但在許多可能的問題方面總比較單純得多。因此，當我和兩位越南比丘被韓國的東京弘法院邀宴了一次之後，越南比丘便想也在東京籌建一所越南的寺院，縱然小一點，也比租住普通的民房要理想。但當他想到旅日的越南僑民，除了留學生，僅有外交官，力量太單薄，因此轉而為我加油，說是中國的旅日僑民也有六萬以上，若能登臨一呼，必可水到渠成。其實，我真做過這個美夢，我也說過：「雖然來做學生，卻未放棄做為一個比丘的責任。」（《菩提樹》二〇九期三十二頁）並且在毛正智居士的熱心推動下，真的努力了幾個月，但是後來為了趕寫碩士論文，不能天天為了此事奔波，同時發覺東京的華僑社會，對於一個正在留學中的出家人，不可能馬上給予大量經費的支持。假如能夠假以時日，和華僑界接觸與結緣的機會較多之後，我仍有信心可在東京籌建一座中國的寺院。然而經過考慮再三，覺得我不能為在東京建寺而花費十來年的時間，因為發展中國佛教的基礎應在國內而不在國外，我來日本的目的，也非為了建寺，而是為了求學。學取日本之長以補救中國之短的方法，當然是把重心置於學問，而非其他了。

我在初到日本的第一年中，除了主動地去訪問有關的佛教道場、學校、學者、名僧之外，很少受到國際性的宗教團體的邀請，原因是我們自己沒有團體，也沒有組織。我們中國的留日僧尼仍如在國內時一樣地過著閉門讀書的生活，最初我曾發起在東京的中國系僧尼（包括香港、馬來西亞、新加坡），每三個月聚會一次，結果舉行了三次之後，便被一位來自臺灣而非常用功的比丘尼因故推辭而告壽終正寢。原因是大家太忙，忙得在三個月之中也抽不出半天的時間來聚會。本想運用這個集會推動一些集體性的工作，比如計畫性的共同寫作或共同翻譯，都是值得做的，做了交給臺灣出版，也是不太困難的。可是我們雖尚未能做到，我仍希望留日中的同道們犧牲一些時間，試著共同來做。從這一點，也可發現中國民族性異於日本之處。日本人拙於做個人的特長發揮，巧於群體的分工合作。我國人的個人智力，平均高於日本人，也往往能以個人的努力在日本人群之中出人頭地，但卻不善於從事群體性的共同性的工作之努力。也許我這觀點是錯誤的，甚至我也希望這是錯誤的。

可是就我現在所知，越南在日本留學的僧尼十多位，在家佛教青年一百多人，每月均有集會，僧尼則另有集會，會中有佛教儀式、有佛法演講、有提案討論、有餘興節目，每月也有他們所做的工作。韓國比丘，因有他們自己的寺院在東京和關西各地，所以，不但每月集會，並且有各種性質的集會。

在目前，世界各國之間的距離，由於交通工具的發達，人員來往的便利，所以距離愈來愈近。凡是有眼光的佛教徒，也無不把視線放遠到國際上去。但在我們國內，大多仍以各自的寺院為中心，寺院當然是我們的立足點，不能不顧各自的寺院而談佛教的全體性，然而過分地做著各自寺院的保守者，往往便會忽略了全面的佛教大局。可是，處身於教團組織力量相當薄弱的狀態下的寺院住持們，又能如何地為全面的佛教大局而做具體的努力呢？這實在是值得我們深思再三的問題。就以我們留學的僧尼而言，除了個人的關係以及個人和其寺院之間的關係之外，就像是被教團放逐出境了的一樣，沒有教團交下的訓令和任務，也沒有教團給予的國際關係上的便利和照顧。結果留學的僧尼們，你要他不以各自的寺院為主，要他以全面的佛教大局為著眼，也就很不容易了。因我沒有屬於自己的寺院，也可以說國內每一座寺院都是我自己的，所以想法與作法比較有點不同，我和各國的留學僧接觸多了，並也經常交換彼此的意見之後，頗受他們的重視，故也經常被邀請參加他們的活動。現在也正在和他們共同發起一個「在日佛教留學生親善會」的組織，包括佛教關係的世界各國的留日學生，以比丘為中心，以僧俗四眾為成員，以期協力推動佛陀的法輪，運轉於未來的世界之中。

參加國際性的活動時，不但可以增長見聞，更可以增長對於中國佛教的自尊心和自信心。比如今年正月，我被邀請和韓國、越南的比丘代表們去參加日本一個新興佛教教團「國柱會」中央級幹部的新年會餐，先用汽車來迎接，到達會場前，即見到中華民國的國旗，心中不禁為之欣喜不已。進入會場時，在場大眾二百多人，全體起立，鼓掌歡迎。就席之時，又發現我的席位上插著小型的中華民國國旗，而且特為備妥了素食。餐會之先，國柱會教團的主幹（會長）田中香浦，特別再把我們的國籍、法名、稱呼，向大眾介紹。並說佛教由印度至中國，由中國至韓國，由韓國至日本，韓國是印度佛教之孫，日本是中國佛教之孫。韓、日兩國的佛教，有著父子關係，所以該教團正在籌建一座紀念碑，以紀念韓國佛教之流傳到日本。目前的日本新興教團之中，頗願與我中華民國來往的，除了孝道教團，恐怕要數國柱會了，否則不會請我，也不會因中國的比丘代表之到場而插青天白日滿地紅的我國國旗了。

然而，當我每次講這話時，就怕對方問起：「你們準備如何著手去復興中國大陸的佛教，原則如何？方法如何？人員如何？」去年年底，我的指導教授坂本博士就曾如此地說到：「我希望你們中國的佛教早日復興，……但是，在此時機未來之前的現在，希望中國佛教界多培植人才，更希望像你這樣的人，留在日本，好好地多讀幾年書。」

說到培育佛教人才，近二十年來的臺灣佛教界，已經盡了最大的努力。但是，凡到臺灣訪問過的國際佛教友人，均對臺灣女尼多於男僧的現象，感到驚奇。不是說女眾出家多了不好，而是說何以男眾出家的太少？此在越南、在韓國，他們的青年男子出家，還是壓倒性地多過女子。可見，這是臺灣佛教的個別問題。那麼，究竟僅是佛教內部的問題？抑係整個國家社會的問題？或著兩者兼而有之呢？但願我們關心中國佛教前途的人共同研究；也許他山之石可以攻錯，多多留心國際佛教，考察國際佛教國家之優長得失，再對我們的現狀加以審察，予以興革。否則，任其照著現狀發展下去，當然在一時間尚無危機，危機卻會有一天要來臨的。

留學僧・文學博士・佛教教育

立正大學校長菅谷正貫頒授博士學位

在留學日本六年以來最足以自慰的事，並不是取得了最高的學位的榮譽，乃是我以一位已經受到若干尊敬的講經法師身分，又以不惑之年的歲數，甘心並且安心地做了一個平凡的留學僧。我既有此經驗，未來的境遇如何，也就可以隨遇而安，不必多費心思去考慮了。但在目前，畢竟在三寶的加護之下，在護法大德的資助之下，在同道師友的勉勵和關注之下，先修到了碩士；本（一九七五）年的二月十二日，又以立正大學大學院二十四位教授不記名投票全數通過了博士論文，三月十七日，正式在立大校長的辦公室內，舉行了極為簡單但卻十分隆重的「學位記」的頒授典禮。（這項學位的頒授典禮，和想像中的完全不同，若以學士及碩士的畢業典禮那樣盛大的場面而言，實在無法相比。那天上午十一點正，校長室僅到了兩位教務、總務關係的職員和三位主任教授，加上校長及副校長等一共不到十人而已。原則上不接受任何觀禮的來賓，我因為《菩提樹》的朱斐居士希望能取得博士鏡頭的照片，得到特別許可，請了出身立大博士班現任駒澤大學講師的李俊生先生，進入室內，為我拍了幾張照片。這是破例的我的唯一的貴賓。但是，除了學位證書的授受鏡頭，

頒授博士學位後的茶會上，作者與諸教授合影，包括金倉圓照（左三）、立大校長菅谷正貫（左五）。

誰也未穿博士服，誰也未戴博士帽，這是日本的制度，和西洋不同，在日本唯一有方帽可戴的是早稻田大學而已。所以我是以純粹中國比丘的僧相——披了七條衣，接受了這項學位。）

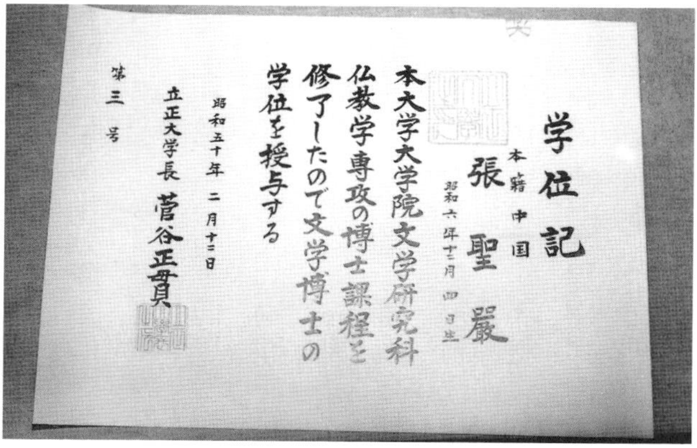

作者的博士學位證書

此項學位的取得，當然是我在未來日本之前，未曾夢想到過的奇遇，即使來了日本，因為它的不容易是為國際所聞名的，以我一個並未受過制度化的大學乃至高中教育的人，更不敢自信來求取這項最高的學位了。所以雖當我完成碩士學程時，已故的坂本幸男博士勸我繼續攻讀，同時也得到了瑞士來的善款資助了我的留學費用，但我仍和臺灣的幻生法師在信中提到，只為求法求學，不為求取學位。結果，我卻由於為了求法求學而真的得到了此項學位的虛名。

正由於在接受了善款資助之後，便增加了我的責任感，使我認真切實地在東京做了六年的老學生，也使我讀了相當數量的三藏教典，同時也學會了治學的方法，以及成熟了我對於中國佛教和佛教思想的認識，此一所謂成熟，與信仰行為自內證的經驗，並無關聯，這是把握了歷史演進的原則及其所殘存的資料，從實際的學術考察中，理解了佛教。此對於個人的生死問題，或者無關緊要，對於將佛法做合理化及現代化的展望而言，毋寧說要比信仰行為的傳播，更為切要。換句話說，學術的佛教，是信仰的佛教的外圍體系，以學術為接引的方便，始不被視為迷信。以信仰為核心的目標，庶幾不致流為世間的學問。我們姑且不必追問誰與誰是學術的佛教者，誰和誰又是信仰的佛教者，大致上說，以歷史的方法論來治佛學的，便是學術的佛教者，以純信仰的傳統方式及其觀念來註釋並理解經論的，便是信仰的佛教者。其實以信仰為入門的經論的註釋工作，未必不好，而且這種工作已經延續了頭兩千年，甚至從今以後，仍然有其必要。但是，這樣的工作者的對象，他必須先已有了相當程度的宗教經驗的自內證的工夫，方夠資格，正如天台宗的智者大師和華嚴宗的賢首大師等，絕非等於說食數寶的拾人牙慧之流。所以，純信仰的自內證的佛教者，才是第一義，學術的佛教乃是第二義。可是，我們在對第一義的宗教經驗毫不知情之際，徒自盲目地高唱第一義的口號而忽略了第二義的闡明，對於自我的修證無益，對於化導的功能，也要大打折扣了。

因此，我雖抱著和在臺灣南部深山中掩關時的同樣心境來到了日本，在這六年之中的修學的重心，卻不在禪誦禮拜，而是在於學校課程的攻讀以及論文的準備和撰寫了。在課程方面，幾乎立大為專攻佛教學博士班所開的，我都設法去聽，而我所要的學分，僅選其最有把握的。依照要求，在三個學年中，修完五門即夠，我卻修了六門，並且六門皆「優」，故當我讀到博士二年級時，坂本教授便在給立大出身的學長，臺灣的慧嶽法師寫的信中，預言我有獲得最高學位的希望。當坂本教授於前（一九七三）年春間去世之前，尚在表示著未能見到我的論文完成而感到無限的遺憾。後來我曾一度因為失去了指導的老師而準備放棄撰寫論文的努力。幸而又在野村耀昌博士的勸慰和勉勵下，繼續整理資料和加緊閱讀了必須閱讀的書。到了去（一九七四）年新年，向野村先生拜了年，決定依照原定計畫，在去年年底以前，完成論文的撰寫和提出。所以由高我一年的三友健容先生開著他的車子，陪我拜訪了主任教授金倉圓照博士，同時說明了請他擔任我的論文指導。以往，我經常去坂本教授的府上，從未拜訪過金倉教授，雖從碩士時代我便選修了金倉先生的梵文課，但因我對梵文未從初級打基礎，雖學也是半路出家，加上金倉先生沉默寡言，除了上課，絕少見他和學生言談，所以我也從未單獨向他請教過什麼。可是意外得很，同學們人人都不敢到他府上打擾的金倉先生，對於我的請求，居然一口答應了，並且給予不止兩、三點的親切的指示。於是，從此之後的我，便把自己每天每天地，從朝晨至深夜，緊緊地關在一間四個半榻榻米的木造的小樓的斗室中了，不再到學校上課，也不再帶了冷飯和鹹蘿蔔的便當盒，穿梭在東京的幾家佛教關係大學的圖書館之間了。每月寫一章，初稿送請野村先生過目，二稿則呈金倉先生指正。也就是說我不去學校上課，卻每月必定要去金倉及野村兩位教授的府上至少各跑一趟。當去年四月間，臺灣的道安、星雲、煮雲、慧嶽、寬裕等法師一共四十多人訪問東京之時，正是我忙著的階段，所以也未能陪他們去遊歷日本的各佛教聖地。至於兩位教授見我如此地勤奮而努力，又怕我累壞了身體，特別是金倉博士，當時已七十七歲的高齡，當我每次打擾了他半天的光陰而收起文稿向他告別之際，總是再三叮嚀地說，論文要緊，身體健康更要緊。他原來是國立宮城教育大學的校長，是宇井伯壽的高足，早年留學德國，專攻梵文，他的專長是印度哲學，尤其是外道哲學，但他的著作及譯作中，卻有不少是中國佛教的文獻。現在是佛教學者中僅有的三位日本學士院會員之一（另兩位是干潟龍祥與山口益），所以他是日本佛教學界的長老，也是日本國家的文化財寶。我能受到他的如此器重，也是沒有夢想到的事。比如我的論文審查報告書的初稿，是由中國佛教的專門教授野村博士起的草，那份草稿已經給了我的論文相當高的評價，而在金倉博士看過之後，佳評之處完全不動之外，又加上了更多更強調的佳評。此在野村先生看來，也不禁覺得意外的難得，因為金倉先生的治學態度之謹嚴，是眾所周知的，能夠對我如此，實是我的殊榮。所以野村先生特將那份審查報告書的底稿（保留了金倉及野村兩位教授筆跡的）原本送給了我，做為紀念。

說到野村博士，他是我碩士課程時代的立大佛教學部部長，曾為我在臺灣商務印書館出版的《中國佛教史概說》寫過一篇序，他的博士論文是〈周武法難之研究〉。他不像坂本先生或已故的布施浩岳

作者憑弔指導教授坂本幸男，與其夫人（左一）、小姐（左二）合影。

博士那樣地遇到中國古典佛書難解或有疑問之處，就來徵求中國留學生的意見。事實上他對他所講授的《唐高僧傳》，幾乎已熟到能夠倒背的程度，他不會遇到疑問，同時可能也不以為中國留學生能知道甚至連他也不太清楚的問題。然在經過不斷接觸之後，他雖列名為我的論文的副審之一，實際上他在對於我的這項學位的完成而言，乃是助力最大、費心最多的一位恩師了。日本的大學院，也就是碩士及博士班的學生與教授之間的真正被承認有師生或師弟關係者，僅為論文的指導者和被指導者的關係，所以，我和坂本、金倉、野村三位博士的師生關係，至少是同樣的了。我之得到這三位先生的愛護與照顧，以客觀的立場而言，是當然之事，以我受恩的立場而言，則不能不說是由於中國僧侶這個身分的福被，也是由於他們三位先生的慈悲所致了。

再如我在人前絕少歌頌他們的，他們卻只要有機會，必定會把我的名字乃至把我拉了去，向學界的前輩介紹，說我如何地在研究某某問題，並且已推展到了某種程度。倒像他們久已成了名的大學者，反而因了有我這樣一個在日本尚名不見經傳的外國學生為光榮哩！已故的坂本先生是如此，現在的金倉先生則主動地向我說，盼我的論文早日出版，他除了為我寫序之外，並將為我以他的全力向學術界推介。在學位頒授典禮後的懇談會上，他也特別將我向校長做了介紹。野村先生則不但見了認識我的熟人一再地介紹我的如何如何，在我以教授會議的全票通過了論文審查的決議案後，他見了凡是佛教學界的朋友，便將我的論文通過的消息以及論文的特點，廣為宣揚，好像比他自己得到這項學位更值得慶幸一樣。像這樣的師生之間的恩義和情誼，既有親情之愛的流露，也有慈悲之心的感受，佛教思想和儒家的精神，似已兼而有之了。

我在留學日本以來的六年之中，除了應該感謝如上的三位教授，另一值得慶幸的是得到了立大年輕一代學者們的誠摯的友誼，比如桐谷征一、坂輪宣敬、三友健容、仲澤浩祐、北川前肇、庵谷行亨等人，都是在學術界極有前途的青年，他們在文字的潤色方面，都從百忙中給我幫了不少的忙，當我通過審查之後，又高興得什麼似地為我設素宴慶祝，送我鋼筆紀念。這也是我永遠難忘的事了。

說到設宴為我祝賀的，尚有旅日的華僑，也是我來到日本之後最初說了三皈依的毛慶藩居士和鈕南雷居士，共同為了祝賀我而代我設了一桌謝師的素席。這在日本而言，也是破例的，因為金倉圓照博士夫婦、野村耀昌博士夫婦，都是雙雙到場，茂田井教亨教授的夫人因已去世，否則當可見到三位從未見過面的教授夫人，一起在那次的素席上會面了。在通常的社交場合，尤其老一輩的知識分子把他們的太太帶著參加的事，是很難的，這一次在我心意上是為感謝三位老師和兩位夫人的多年來的照顧與

作者（左一）獲得博士學位後，由其僅有的兩位皈依弟子毛慶藩（右二）、鈕南雷（右一）設素筵為作者謝師。出席者為論文主審教授茂田井教亨（左四），以及正副指導教授金倉圓照博士夫婦（左三、左二）、野村耀昌夫婦（右三、右四）。

指導，但在邀請時所說的，是懇請他們出席兩位居士為我舉行的慶祝宴。一則這也的確是兩位居士的美意，再則因為我是立正大學自一九五六年開了博士班以來的十九年之中，第三號文學博士學位的取得者。以前也不曾有過謝師宴的例子，審查教授不便出席。結果三位教授卻為了給他們的一個中國僧侶身分的學生祝賀，而攜帶著夫人，同來為我在華僑面前增了光。這是二月二十五日中午的事。到了三月十六日，又有一位立大教授宮崎英修博士的信徒藤崎正幸氏全家，舉行一個長達七個小時的晚宴，被邀的有野村博士父子、宮崎博士父子、日蓮宗的獨身並素食派（不受不施派）的小林智純氏等十餘人。這也是由於野村博士常常在藤崎氏面前提起我的為人，所以對我極表敬意，日本人之對我而施以敬信之禮的，也僅此一家，並且是出於野村先生推介，不是我在留日期間產生的化導作用，所以不足為道。可是施者的此一盛意，卻值得我在此申謝的。另有一位高我一年的渡邊信勝先生，是我留日以來最好的善友之一，他也正在為我籌備著一個包括全部立大大學院已經修完碩士以及博士學分學年的同學在內的擴大慶祝茶會。像這些日本的先後期同學，他們均尚沒有取得學位，卻能為了已經取到學位的外國同學而如此熱心地祝賀，也許正因為我是中國僧侶而不是日本人的關係。但有一點是很明顯的，日本人並非完全沒有忌賢害能的所謂嫉妒心，在一般而言，的確表現得極少，他們崇拜成功者而蔑視無能的失敗者，所以人人也都抱著追求成功之道的決心，因為嫉妒他人的成功，並不就是彌補自己的無能失敗的方法。所以日本民族的自相殘殺，不是不曾有過，而其能在第二次大戰戰敗之後，仍有今日這樣的建設，因素固多，其崇拜成功者的尚賢精神，應該也是因素之一。

為此，一位桐谷征一先生，他現在擔任立大圖書館資料課長，當我論文通過那一天，知道了這項消息之後，除了立即向我道賀，同時用電話及口頭馬上轉告了他的太太和與他熟識的人，害得我的電話鈴連續地一次又一次地響了起來，好像這項學位，我是代表他得到的一樣。當時桐谷先生問我，有沒有立即拍電報向我的親人報喜，我說我的親人留在大陸，無法聯絡，而我第一個要報告的人，是我的剃度師，可是沒有拍發電報的必要，因為對於家師而言，這是我應有的留學成果，既非意外，便無喜可報，我只是僥倖地在如所預定的期限內走完了一段平凡的留學之路而已。同時，就一個僧侶的立場而言，這僅是我在走向修學及弘化之道的一個基礎點的完成，除了宜向恩師以及關心我的僧俗同道們告慰，個人實在無喜可言。因在中國佛教界，除了印順長老於前（一九七三）年獲得了日本大正大學的論文博士之後，我是獲得博士虛名的第二個僧侶。若以實際來日本留學而獲得學位來說，我應該是第一個僧侶了。雖然我的實學，未必就比其他留日的學長們充實，但是當此消息傳出之後，仍然接到了不少來自祖國以及香港、星、馬、美國、加拿大和日本等各地的賀電與賀函，這是我不能不感愧而又感激的事了。今天清晨，又接到留日先進清度法師的電話，他告訴我說，因見《佛教タイムス》上登載了我得到學位的消息，所以約了大正大學的講師吳老擇先生，於本月二十五日為我設宴祝賀。

這次我之能夠有此幸運的際遇，不能不感激資助了我五年留學費用的那位大心善士，有了這項善款的資助，使我心無旁騖地，讀完了我的學程。我不是一個聰慧的人，我只是能夠用毅力來以勤補拙的人，因我有了可以維持學費及生活費的善款支持，不必像一般留學生那樣地要為了生活而去打工，所以有人稱我的讀書是二十四小時制，也就是說，我可以利用我每天所有的時間來讀書，方能在四年之內完成了這項學位。

同時，我也要感謝恩師東初老人，以及國內外的幾位長老、法師和幾位居士，除了給我精神上的支援，也給了我不少金錢上的資助，我用這些錢，請到了《大正新脩大藏經》正編、《卍續藏經》全套、《南傳大藏經》一部、《日本國譯大藏經》的印度部，以及梵、巴、藏、漢、日等的工具書及參考書，使我在資料的對照閱讀和檢查方面，節省了不少去向圖書館借閱、抄寫和複印的時間與金錢。

假如說我真的有了一些什麼成就的話，那麼這個成就是用上舉的僧俗師友們的善心加護而堆積起來的。古人有「十年寒窗無人問」之嘆，我在東京的斗室中生活了六年，可以稱作寒窗，但卻得到了如上許多人的溫暖的照顧，何幸如之！不過在今日的中國佛教界中，此一學位的虛名，僅能當作了無意義的虛名看待。我所寄望的，僅在以我的能夠取到此項學位，來說明凡是有志向學的中國僧尼，都應得到像我所得到的愛護及成就。盼望有志向學的中國年輕一代的優秀僧尼們，不要為一時的不如意的環境所轉，應當不折不撓地發悲願心，精勤於佛法的修學，三寶是不會辜負我們的。雖然在逆境的折磨及逆緣的打擊之下，只要我們所發的是為求法為弘法的悲願，一切都會如願成就的。

今日日本的佛教，未必盡如理想，如果不以中國傳統佛教的生活型態來要求日本佛教，至少日本佛教尚沒有中國佛教那樣多的使人憂慮的地方。日本僧侶，雖未形成所謂僧侶階級的制度，但其方式已頗類似印度的婆羅門，是以世襲來維繫其宗教師的傳承，故無絕代之憂。日本僧侶除了專職的教務行政人員，均有他們寺院以外的其他職業，故在萬一社會、經濟及政治制度變動之時，他們也無虞於生存的保障。正由於父子相傳，所以老一輩的無不想盡方法培育他們的下一代，故在僧侶的教育水準方面，年年都在提高。由於進入寺院並不等於進入未開拓的事業境界，縱不乏僧侶之子不願繼承父職的事實，卻仍能使得一般家庭出身的青年走進寺院為僧，通常而言，這些青年比出身於寺院的子弟之為僧侶者更為優秀，他們可能結婚，卻也有終身不結婚的，當他們加入僧侶圈中之後，往往都在其不同的崗位上，發揮出卓越的才能。

日本的各大宗派，均有他們各宗所創的大學，這些大學在明治時代以前，都是各宗的所謂「學林」的專宗學院，由於明治時代的日本佛教界，伴著維新運動，派選了一批優秀青年到歐美各國學回了新的治學方法和研讀梵、巴、藏等佛典的語文工具，至大正年間，那些「學林」便正式改成了大學的規制。他們由學林、派留學生而至大學成立的過程，大約經歷了四十年的時間之後，便利用他們自己的教育設施來大量地造就人才了。根據東初老人的《中國佛教近代史》第二十九章所載，中國留外學僧是自民國十一年（西元一九二二年）開始，派遣地區有日本、西藏、錫蘭、印度、泰國、緬甸等，迄今也有五十多年的歷史了。

再說到日本的佛教現狀，看來似乎是走著兩條路：一是宗教信仰的寺院佛教，另一是學術研究的學院佛教。可是，大學中的學院佛教，是在寺院佛教的支持及監督下向前推進，寺院佛教的僧侶，又是在學院佛教的基礎教育下培養出來的。大學中僅提供一般教育的基礎和準備高級佛教學術人才之養成的基本訓練，它沒有使得學生成為宗教師或傳教師的義務，故請不要誤會進了日本的佛教所辦的大學四年之後，就能成為優秀的弘法人才。日本的傳教人才的養成，另有各宗專門的養成所，以大學畢業的青年僧侶為對象，施於一定期限的佛教生活教育及弘傳教義的方法教育。因此，我們可說，日本的寺院佛教與學院佛教，乃是一體的兩面，是統一調和的，不是分道對立的，然在統一的調和之中，仍舊保持著相當的分際。比如教團行政的領袖，未必擁有博士學位，甚至他們也沒有此項要求的興趣，大學中的著名教授，雖也屬於各宗的僧侶身分，但卻絕不插足於教團的行政權職中去。各守本分，彼此尊重，而在原則上，寺院佛教是主體，學院佛教是客體，主賓之間，相得益彰。

上面提到的佛教學部的四年大學教育，不是為了造就優秀的弘法人才，是在提供一般教育的基礎和高級佛教學術人才之養成的基本訓練。一般教育的基礎，與普通的大學沒有二致，高級佛教學術人才之養成的基本訓練，便有所不同了，比如佛教歷史、佛教教義、佛典所用的專門語文，均從初步而傳授到中級的階段，為高級的分科研究做預備，進入碩士課程，方為高級的入門。因此在日本的佛教學部的四年大學過程中，在佛教教義的灌輸方面，尚在概論的階段，比起國內的佛學院，往往講大經大論的標準，日本的確遜色。可是在佛教史學知識的訓練、佛教專門語文的基礎訓練、治學方法的訓練方面，國內的佛學院是無從相比的。因此，今日的臺灣乃至中國系統的海內外，固然尚未創辦佛教的大學，如果創辦起來，教授的人才，便成為大問題。講經講論，講治學方法，我們不乏僧俗大德，講各種語文——梵、巴、藏、漢、英、法、德、日等佛典及著述的對照研讀、比較研究，我們為了預備籌辦佛教大學，便不得不竭盡全力，選拔優秀的僧俗青年到外國去留學了。否則從外國請了專家來教授，固然是好事，恐怕由於語文的隔閡而無法達成理想的。

再說到以歷史的方法論來研究佛教教義的變遷消長，已是近代世界的共同特色。我國的太虛大師是這一特色的反對論者，也可以說太虛大師仍代表著傳統的中國佛教的態度，雖高唱著法義研修的重要性，終究是偏於信仰的，而非學術的。印順法師以為歷史的方法的本身的價值是無可否定的，問題是在像胡適之流以主觀的推測和假設，來誤解了歷史資料的真義。在今天的日本佛教學術界，像胡適之流的勢力已不及與印順法師持同樣態度地高了。做為一現代的佛教學者，應把信仰和學術分成兩個層次，尤其是一個僧侶身分的佛教學者，在治學的責任上，宜對知識做忠實的研判，在信仰的傳播上，宜對信眾做自內證的宗教經驗的引導。前者是研究室的態度，後者是佛壇上的態度。前者是第二義，後者是第一義。兩者看似矛盾，實則一貫。若將此兩者混淆了的話，我們的學院佛教，勢將永無成立的希望了。

當然，在我留日六年之後的今天，盡量注意他們的長處，不想挑剔他們的短處，為把他們的短處介紹出來，無補於我們，不如不介紹的好。

（一九七五年三月二十一日寫於日本東京，刊於《菩提樹》月刊二七〇期）

比丘身分的海外學人

一、前言

國內對於留學國外而有了卓越成就的讀書人，不稱學者，而稱為學人，教育部的國際文教處，也特別以這些人為對象，辦了一份名為《海外學人》的月刊，行政院青年輔導委員會，則以這些人為對象，設置了一種人才專長分類登記的稱為「人才庫」的資料中心。像這樣的學有專長的留外學者，大概有一萬人以上。與中華民國政府取得聯絡的，僅其十分之一，也就是一千人左右，從今（一九七五）年二月以後，我也成了其中被政府重視的一員。首先接到政府駐日代表馬樹禮先生的賀函，繼之於三月二十九日，馬代表特假東京六本木的隨園，為之舉行了一個盛大的慶祝會，接著便收到了教育部、青輔會及救國團三個單位聯合邀請出席國家建設研究會的函件，並且說明來回機票和會議期間的膳宿，均由政府招待。而其出席此會的主要條件，是在學術上聲名卓著並對國事熱心者。此項會議，今年是第四屆，每屆被邀請的海外學人為一百二十人。這正表示了政府對於在國外養成的人才之重視，也可以說是給予海外學人的一種鼓勵，使得熱愛祖國的知識分子，有機會盡其書生報國的責任。更可以說是給予海外學人的一種榮譽，古人讀書，有衣錦還鄉的榮耀可見，今人留學國外，有了卓越的成就時，也能受到中央政府的邀請回國，對於一個讀書人而言，至少也是一樁值得欣慰的事。

當然，對於一個僧侶身分的本人來說，個人的榮辱，不足輕重，但在以往，國內流傳著：凡是留學日本而攻讀佛教課程的僧尼，得到了學位，政府也不承認。因此，我的博士學位，政府當然不可能承認了，不被政府認可的學位，也就等於白費心了一場，所以佛教界的前輩們對於資助青年留學日本的事，總是抱著觀望態度的多，甚至我已得了博士學位，國內教界的反應也不太起勁。其實，政府不承認留日僧尼之學歷的實例，的確有過，有某尼師到東京的駒澤大學，從大學三年級插班，讀了兩年，畢業回臺灣，他因在國內沒有大學一、二年級的學歷，而臺灣的佛學院學歷又不受政府認可，所以政府無法承認他的學士資格。另一位法師也是東京我所就讀的立正大學碩士，政府以為日本的佛教關係大學和臺灣的基督教所辦的神學院或補習班類似，所

由東京抵臺北時，與南亭長老（左三）、慧嶽法師（右五）及吳馥麟居士（右一）等合影於松山機場。

以不承認，結果以公函向駐在日本的文化參事查詢，知道立正大學是一所正式立案並且相當有名的私立大學之後，這個問題便解決了。可是臺灣佛教界的傳說，依然沒有停止。所以我正好趁此機會，現身說法，我能受到教育部等單位的邀請，哪有不被承認的道理，事實上我的專長資料，已被政府的「人才庫」所蒐集。我希望證明一個事實：留學日本而有了成就的話，政府是沒有理由不承認的。

同時，我曾對於近世中國佛教義學人才的缺乏而提出過警覺性的意見，因為義學不振以致不易使得知識分子接觸佛教和接受佛法，這次能有機會參加海外學人的行列，回國出席國家建設研究會，正可以顯示佛教的知識水準，更可為僧侶的知識程度，向國內外的中國人，做一次事實的說明。雖不能奢望因此而吸引多少人信仰佛教，至少可用這一事實告訴教外的人士，中國佛教正在走向時代化的知識領域，而使人們一新耳目。所以我毅然地接受了邀請。

此項出席國建會的消息，傳到臺灣的佛教界，最高興的人，當然是家師東初老人。南亭長老也特別來信說，當我回國時，至少要把班機的日期和時間告訴他，所以七月十八日，使他老人家和成一、慧嶽、倫參、寬裕等法師，以及吳馥麟等三數位居士，在松山機場等了我兩個小時，才見我從海關辦完了手續出來。《菩提樹》雜誌，則於六月八日出版的該刊二七一期上，以「寄望於中國佛教會」為題，對我即將回國出席國建會一事，寫了一篇表示歡迎的短論。因為中國佛教會在改為常務理事制之後，群龍無首，我是由中國佛教會派遣出國深造的名義留學日本的，故在學成之後宜向該會提出報告，我寫了三封信，而該會的值月常務理事，仍對家師埋怨我看不起中佛會，未給其報告，故對我不便表示什麼，因此方有《樹》刊的不平之鳴罷！可是，當我回國期間，雖在極度緊張的活動日程中，仍然抽出時間拜訪了諸山長老及法師、居士們，並且也受到了他們熱烈的歡迎。這是我要向他們深深致謝的事。

二、辦我的私人手續

國建會的開會日程是七月二十五日及二十六日報到，七月二十七日至八月十二日，是正式的開會期間。我因為美國沈家楨居士的建議，接受了美國佛教會邀請赴美的聘書，在辦理赴美簽證的手續中，需要臺灣的警察證明及填有父母姓名的戶籍謄本。警察證明在高雄煮雲法師的協助下，代我辦妥寄到了東京，戶籍謄本也託張曼濤先生申請到了。可是在我自軍中退役下來，向戶政機關申報戶口時，戶籍員漏填了我的父母姓名，轉移戶口時，又被填成了「父母不詳」，此在當時，我是發覺了的，但卻以為我已出了家，而且母親早已去世，老父留在大陸，生死不明，故對戶籍上的如何填寫未予重視。但是辦理赴美手續時，填有父母姓名的戶籍謄本，可代替出生證明，否則，出生不明的人手續就難辦了。於是，書信公函來往，拜託了戶籍所在地的朝元寺當家慧定師，向戶政機構申請加填，結果費時兩個月，仍不得要領。若不親自回國一趟，根本無門可通。為此，我便提前回到了臺灣。希望趕在開會之前，將我戶籍上追加父母姓名的事辦成。

這項手續，真是難關重重。回國後以為戶籍所在地的基層機構辦不成，向中央政府的內政部申請，總可以得到一個補救辦法的指示。殊不知由立法委員儲家昌先生及國建會的執行祕書姚舜先生各自給我一張名片，去找內政部的政務次長雷飛龍先生，雷先生立即把我引見了戶政司的副司長，那位副司長問了我幾句話，便往下交，交到臺北市警察局戶政課課長，課長很乾脆，一句話也沒有，再向下交至一位課員。結果還是徒勞一場！

七月二十二日，去拜訪一位往年我在山中掩關期間以及留學日本初期的護法張伯英居士，順便向他提起此事，他便安慰我說：「你是一位出家的法師，自然是跑不通的。但是此事非得辦妥不行，否則等於把你的行動限制住了。」於是，派了他公司裡的一位管總務的胡振藩先生，陪我乘飛機南下了高雄一趟。二十四日早晨在赴南部以前，接到佛光山星雲法師的電話，因他組團即將訪問日本，所以到了臺北市。他是我多年的老友了，立即由吳馥麟居士陪同，驅車前往星師臺北的道場普門精舍訪問，並告訴他馬上要南下的事。星師立即為我給高雄縣警察局的督察長姜振助先生寫了一張名片，又寫了一封非常懇切的介紹信。就是這樣，到高雄一下飛機，便有張伯英居士在高雄工廠的交通車在等著，於是直駛高雄縣警察局。在姜督察長用電話四處聯絡的結果，始知此乃一樁極其簡單的手續，只要在一張印妥了的表格上，填上父母姓名，再找戶籍所在地的兩位公民蓋章作保，戶政機構便可受理的事，何況我還持有國防部於一九五六年發給的「戰士授田憑證」上，也明記有我父母的姓名。結果，便於七月二十五日，到我曾經住過六年多的美濃鎮，非常順利地辦好了這項手續。到此，我除了對於協助我的熱心的友人們表示深切的謝意之外，對於政府的各級機構，從內政部的副司長而至鎮公所的戶籍員，竟無一人願為便民的事負起責任來，用點頭腦解決極易解決的小問題，感到奇怪。

三、國家建設研究會的活動日程之一

現在，我想把回國期間的主要活動情形，分成國建會與佛教界的兩部分，簡單地記錄下來。

我因去了南部一趟，七月二十六日上午才返回臺北，下午去臺北火車站前的中國大飯店，辦了報到手續，這便是政府招待回國學人及其眷屬們的食宿之處。往年的地方是圓山大飯店，因為近於郊區，交通不太便利，所以由上屆的出席人員，建議今年改在臺北車站附近。中國大飯店是比較保守和寧靜的一家觀光旅館，它沒有夜總會等的設施，這也是被選中的原因之一。

有居士問我：「法師何必要住旅館，臺北的佛教道場那麼多，住寺院豈不更好？」其實，這個問題我也考慮過，但是會議期間，是集體活動的，有的節目排在早晨，比如蔣院長的早餐會，比如往中南部以及外島訪問的出發時間，均在凌晨四、五點鐘，我住進了寺院的話，豈不麻煩透頂？何況國建會的籌備人員，早已接受了我要素食的要求，在臺北時把我安排在功德林素食館，到外縣市參觀時也特別派了一位大會的服務人員，照應我的飲食。所以我覺得還是不住寺院的好。

七月二十七日上午，先到圓山忠烈祠，向革命先烈及陣亡將士的英靈獻花致敬。大會的參加人員，一共分為文教、工商、財稅、交通、農村、社會等六組，分乘六輛冷氣巴士。由於國內把宗教事務隸屬於內政部的社會司，所以當我尚未回國時，籌備人員便以我的專長而分配在社會組，其實，宗教信仰的活動，雖屬社會問題，以我研究的佛學而言，應該是文教的範圍。不過此在集體參觀以及聽取政府首長報告的日程內，屬於任何一組都無關宏旨，所以我在社會組中待了八天，到八月四日進行分組討論時，才改到文教組去。

因為社會組是編制中的最後一組，乘車是上最後的一輛，排隊是在最後的一列，進入各種場合，都是扮演著壓陣的角色，但在社會組中的成員，多是生物學、醫學、心理學、建築學、勞工問題、社會學等的專家，經過數日的相處，彼此間都成了知己的好友，其中如西雅圖華盛頓大學的吳興鏞博士，佛羅里達大學的祝咸仁博士，喬治華盛頓大學的黃崑巖博士，哥倫比亞大學的錢煦博士等，都交談了很多，甚至會期結束回到各自的僑居地後，還和我通信聯繫。

二十七日上午參觀忠烈祠後，折回臺北市區的三軍軍官俱樂部，進行預備會，由召集人蔣彥士及潘振球主持，執行祕書姚舜介紹了大會的各組組長以及由各部會派來大會的聯絡人，然後分組個別選出了各組的領隊與副領隊，又從六組的領隊人中，選出了一位總領隊馬潤庠博士，他是一位立法委員，曾任財政部次長，現為加拿大任教的經濟專家。他雖屬於財經組，卻常找機會來跟我討論因緣因果和頓悟漸悟等的問題，他不是佛教徒，卻對基督教的原罪和贖罪之說大感不滿。會後又在周宣德居士為我設的祝賀宴上遇到這位馬博士，原來他與周太太是南開大學同學，席間他又把基督教批評了一番，殊不料應邀同席的東海大學董事長查良鑑先生是基督徒，場面頗有一點不好意思，好在他們之間也是老同學老朋友了。

下午去桃園縣的慈湖，向故總統蔣公的陵寢致敬，慈湖之名是蔣公生前為了紀念他的生母王太夫人而取的，停靈於慈湖，等於回到他慈母的懷抱。雖在浙江慈谿縣的東北十里處，也有一湖，自宋朝的楊簡開始，即將之命名為慈湖。可是，從蔣公為懷念王太夫人而寫的〈慈考錄〉，所建的慈庵，以及在日月潭所建的慈恩塔等的「慈」字推論，其陵寢所在地的慈湖之取意，當不同於宋朝的楊簡了。此可參看東初老人所著《蔣總統與佛教》一書。那天下午，天氣很熱，但卻是個萬里無雲的晴天，下車後列隊步行至陵園的通道是沿著湖邊的柏油路，陵園在湖的西面，是一座磚瓦築成的四開廂平房，正中的堂屋裡便是由黑色大理石砌成的棺槨。我們列隊行禮後，逐一進入屋內，繞過靈柩時，見到蔣經國先生，佇立在一側，是以孝子的身分，向我們一一握手道謝，又以首長的身分，一一慰勞。因我當天穿的是一件深灰色的長衫，並且站在最最後面的行列中，到我走進靈堂時，才被新聞記者們發現，吸引了他們的注意力，把攝影機對準了我。當天回到臺北，在三軍軍官俱樂部舉行的歡迎茶會上，我竟成了記者群所包圍的主要對象之一，記者先生和記者小姐們都很年輕，對於宗教尤其是佛教的常識，知道得不多（當然是由於我們所做的宣傳工作太少），所問的均非中肯的問題，他們僅是由於在海外學人群中發現了一個和尚而感到新鮮和好奇，所以我也未能使他們每一位記者，都得到了滿意的答覆，頗感抱歉。不過在當晚的電視新聞上，有人看到了我的鏡頭，有兩家廣播電台也為我做了錄音的訪問，第二天在松山機場前的民航局大樓的會議休息室，又接受了臺灣電視公司三分鐘的錄影訪問。有一位現住臺中市的往年在軍中的朋友薛君，從報紙和電視中見到了我的名字和錄影，特別由三軍軍官俱樂部轉來一封表示懷念和欣喜的信。許多學人見了面，都說在電視上或報紙上見到了我，我自己雖因太忙而僅看到由大會贈送的《中央日報》上對我的簡單介紹外，既未聽到廣播也未看到電視。但我覺得，不論佛教界的僧俗同道對此的觀感如何，至少在我個人，是為比丘這個身分，向國內大眾做了一次聊堪自慰的表揚工作。

七月二十八及二十九兩日，均在民航局大樓的會議廳中，聽取了外交部長沈昌煥的國際關係報告，教育部長蔣彥士的教育發展報告，國科會主任委員徐賢修的科學發展報告，經濟部長孫運璿的經濟建設報告，財政部長李國鼎的財政金融報告，國防部計畫次長葛中將的國防建設報告，聽完了這六項的國情報告之後，又去新店參觀了司法行政部的調查局，見到了各項資料，此對於久居海外的我們這些學人而言，增長了不少的見聞，也對於臺灣的前途和我政府的遠景，加強了信心和向心。民航局大廈的會議廳，剛落成不久，相當現代化，會議桌上每兩人面前有一支發言用的麥克風，座位都是旋轉式的沙發椅，連續坐了兩天，並不感到疲倦。尤其是調查局的一頓晚餐，乃是會議期間最豐盛的一餐，使得與會的學人們都吃得讚美不已。特別為我準備的素菜也非常地多而可口。據說調查局極慷慨，凡是結隊前往參觀的人，都會受到同樣的招待。

七月三十日，起大早至松山機場，分乘兩架專機，飛往高雄，早餐是在飛機上吃的，降落小港機場後，立即登上等候著我們的冷氣巴士，直駛中國造船廠，再參觀中國石油公司高雄煉油廠。在煉油廠吃中飯，籌備人員忘了為我另外預備，臨時將我安排到廠中員工的食堂裡去吃了一飯一湯。大會籌備處的一位蕭博士過意不去，他自己吃完了立刻跑來陪我並向我表示歉意，直到會期結束時，他還一再地表示我是一位最隨和最容易招待的客人。事實上，因我吃素，已為籌備處的接待人員添了不少麻煩，何況那天使我正好有機會和該廠的幾位員工，在他們的食堂裡談了一些家常，結了一些善緣。下午赴左營的海軍基地，參觀了海軍陸戰隊的操槍表演、跆拳表演、潛水表演和山地訓練等之後，便到風光綺麗的澄清湖畔的青年活動中心，在那裡吃晚飯，餐後則品嘗了臺灣省農業試驗所鳳山熱帶園藝試驗分所研究培植成功的幾種新品種的木瓜、芒果、百香果、西瓜和冰凍荔枝。高雄、鳳山一帶是我二十年前住過數年的環境，這次舊地重遊，卻有士別三日刮目相看之感，小港機場已由一片草地變成了現代

與參加國建會的同仁合影於臺中梨山賓館前

化的噴射客機的起降之地，從機場至高雄市區的公路，由石子泥沙而成了六線大道。左營軍區美化了，澄清湖畔也多出了不少的新建築，當晚住宿的宮殿式的圓山飯店，更是初次見到。改良品種而且尚待推廣種植中的各類瓜果，更是第一次吃到的東西了。

七月三十一日清晨，乘巴士到高雄火車站，轉乘光華號至臺中，即分成兩組，屬於A組的我，下午即乘巴士沿著中部橫貫公路向上，參觀了達見（即德基）水庫，當晚住宿梨山賓館。晚餐後看了兩卷紀錄片：一卷是介紹蔣經國先生攀山越嶺，視察橫貫公路的開築情形，以及退役後的榮民們在梨山開墾，種植水果和成家立業的實況；另一卷是介紹蔣經國先生深入民間，體察民瘼，為民謀福，受民愛戴的影片。

八月一日上午，參觀了梨山上由榮民闢成和組成的福壽山農場的果樹園，在那裡可以見到世界各地的蘋果、梨子和桃子等果類的品種，雖然由於氣溫、土壤、雨量的天然環境的限制，無法和其原產地相比，但在亞熱帶的臺灣而能生產寒帶的水果，已是喜出望外的奇事了。所以經過十七年的努力之後，今日的梨山果農的收入，平均已達每戶每年一百萬元新臺幣上下。農民的住宅，多相當舒適、新穎和寬大。所以有的來自美國的學人要主張，應當提醒生長在美國的子弟，回來學學梨山榮民的精神了。當天的日程，是和B組對調，他們上梨山，我們回臺中，下午參觀了正在興建中的臺中港，晚宿臺中市的臺中大飯店。

八月二日上午，拜訪了臺灣省政府，聽取省主席謝東閔的省政簡報，謝主席聽說我來自東京，特別和我多談了幾句話，自然而然地又被攝影記者搶拍了幾個鏡頭。從省政府出來，便與B組會合，同往成功嶺參觀正在集訓中的大專青年的軍事教育的實際生活。學人之中，有好多位是從成功嶺出來的人，我雖未在該處受過訓，見了成功嶺的軍訓教育，便很自然地回憶到了初來臺灣時所曾受過光頭、光背、光腳的所謂三光運動的新兵生活。後來也受了軍官訓練，但比起現在成功嶺的生活水準、生活環境和教育設施，不能不為現在的大專青年們慶幸了。成功嶺上的午餐，與穿著草綠色軍便服的青年同桌共餐，吃了饅頭和稀飯，又使我重溫了往日的軍人生活的滋味。所不同的，現在的我是比丘身分的海外學人，而不是軍人了。同桌有位同學對我表示，將來如有機會也希望出國深造。很顯然地他對我們這批訪客，頗有見賢思齊的意向，當他到了我們這般的年齡時，誰能說達不到他的目的呢？政府安排我們參觀成功嶺，目的是使我們知道國家對於大專青年所施文武合一教育的好處，同時也鼓勵了大專青年們向上奮發的精神哩！這次中南部的參觀訪問是包括了海外學人一百一十七人、

作者與國建會接待組組長馬鶴凌先生合影於中部橫貫公路的德基水庫

國內學人十七人，加上他們同行的夫人，一共二百餘人，由成功嶺出來，又乘了六輛冷氣巴士，直開臺北的中國大飯店，途中遇雨，坐在車內則毫無影響。有位南京市出生的祝咸仁博士，他是社會學的專家，幾天相處已很熟悉，而且非常健談，他的母親信佛極其虔誠，他本身則僅將宗教信仰，當作社會學中的一個值得研究的問題來處理，所以很想跟我做一次長談，結果他是選擇了從臺中回臺北的巴士上鄰座的機會。他問了我很多問題，比如六道輪迴和三世因果，佛和神，精神和靈魂，實際的存在和意識想像，乃至問起佛教的出家和在家，出世和入世，以及對於生理自然反應的性欲的如何處理和禁止。我給他的每一個答案，他都說很有道理，並且也沒有反駁的餘地。但他告訴我，他們現代的科學家之要相信一項

理論之為真實，必須通過兩重檢查的方法，也就是說，我向他說明的道理，在邏輯上沒有毛病，所以不能反駁，在經驗上無法使他親自來耳聞目睹和身歷其境，所以他不能盲從我的理論而來接受佛教的信仰，因為邏輯僅是辯論用的工具，它卻不能代替經驗的事實，合乎邏輯的說法，不一定就是事實或能成為事實。他是在現代西方學者遵守的所謂經驗邏輯的原則下，向我發問的。我告訴他，宗教的經驗，如人飲水，冷暖自知，佛教的各種修行的方法，便是使人達到宗教經驗之目的的工具，佛教只能告訴你用什麼方法，可使你得到什麼結果，卻不能將我已得的經驗顯現給你看，不能使你也立即見到和我同樣程度的宗教經驗。佛教的最高境界，唯有成了佛的人才能知道，沒有成佛的人，佛在你跟前，你也無法識得他就是佛。即

國建會同仁參觀臺中港

使可用神通向有緣的人顯示若干神異現象，但那終究不是使得見到神異現象的人，也能得到神通的宗教經驗。結果這位祝博士承認，佛教在使人覺得可信度方面，遠較任何其他宗教為高，如果在經驗方面給人予一種的確如此的觀念時，必可使得更多的人來接受信仰。他是從西洋來的，今日美國佛教當然尚在起步的階段，而從信仰的角度上看，大致不是西藏的密教就是日本的禪宗，此正因為西洋人重實際，工商業社會尤重實效，以西藏的密法和日本的禪觀，大抵皆有多多少少的速成的效驗可觀，此從精神的心理反應和肉體的生理反應方面，是可以證明給人看的。我們中國的近世佛教，在修證的方法上，不是無人講求，但大多落於形式的外表而疏忽了系統性的步驟，這是值得反省的事。

八月三日星期天，日程表上是自由活動，但在前兩天便得到口頭通知，希望我們把三號的早餐時間留下來。原來是行政院長蔣經國先生招待我們吃燒餅、油條和豆漿。地點在三軍軍官俱樂部，進門時蔣院長已在門口等著，逐一握手表示歡迎後，入席就座，與蔣院長同席的是各組的領隊人，其他則為自由入席，我是出家人，遵守我自訂的原則：照相不往中間擠，坐時不選大位子，走路不搶在人前，飲食但求能果腹。所以坐得距離上席的位子較遠，但是蔣院長透過麥克風的即席致詞，誰都能夠聽到的。他說國內是富有人情味和親切感的，我們不僅是接受了物質上的招待，更重要的是情感的招待，希望我們能對國家的建設，提供更多與更寶貴的意見，加速完成各項建設。他又說我們國家的處境雖然艱困，但在舉國上下充滿信心，精誠一致，已形成空前團結，使所有的中國人都能過著富裕安康的生活。

八月四日至八月九日的六天日程，是分組討論，我也正式向文教組報到，六組之中，文教組的陣容最大，加上三位國內學人，一共三十三位，數天之後，來自美國加州大學的吳允祥，華盛頓州立大學的張鶴琴，西班牙國立拉固

參觀省政府聽取簡報，作者左右為李沅蕙博士及王三聘博士。

拉大學的陸錦林，美國田納西州立大學的楊景華，紐約市立大學的翟文伯，波士頓大學的廖昭雄，德拉瓦州立大學的劉岱，夏威夷大學的羅錦堂，國內學人國立臺灣工業技術學院院長陳履安等，都成了知己。其中的張鶴琴博士是天主教徒，曾經擔任過神職，楊景華博士是基督徒，而他的岳母是臺北華嚴蓮社的信徒，劉岱博士的專長是西洋史，對於宗教學則很有興趣。其他的幾位雖與宗教無關，卻覺得我是一個很好的談天的對象，跟我一談，自然而然便會觸及佛教的宗教問題。我在八月四日上午，由教育部長蔣彥士以及幾位司長列席的討論有關大專和高等教育的課程編排問題時，我本來沒有準備發言，當許多人爭著發言，甚至發言數次之後，領隊也是會議的主席顧培慕博士，卻指名來徵詢我的意見了，既然把麥克風送到我的面前，不發言當然可以，放棄了則相當可惜，所以我提出一項建議，希望教育部考慮於大專院校中設立宗教研究所或研究室，同時在大專的課程中開一門比較宗教學的必修課，以期促使人文教育與科技教育，相輔相成地平行發展。對我此一提議，立即引起了爭論，首先是蔣彥士部長站起來聲明，政府為了避免教育制度的混亂，不考慮承認各宗教團體私設的如基督教神學院等的機構；同時為了教育的獨立，不考慮將宗教帶進學府。很顯然，他是把對宗教學做比較研究和宗教信仰的傳教活動，看成同樣的事了。因此便有張鶴琴與楊景華等，一再地為我提出補充的意見，來支持我的建議。結果，在我們文教科學組做成的建議事項的第一條，便是：「人文教育與科技教育有不可分離的關係，人文教育與科技教育的平衡發展非常重要。」在對大專院校課程改進的建議項下，有了「增設比較宗教思想的選課，以加強道德陶冶及人格修養」的一條。會後好多位學人都說我的見解純正而且適合我的身分，由於我是出家人，不便做激烈的論辯，所以他們代我出面據理力爭了。

八月五日名為分組研究，實際上是做了一天的分組參觀，我們文教組，上午到了臺灣大學，聽取了閻振興校長的簡報，他對臺灣大學藏有百萬冊書而自傲，其實當我參觀了歷史系的開架式圖書館後，便向該系的系主任請教，何以盡是些未見利用的戰前由日本人留下的舊書，國內出版的新書固然少，外國出版的新書尤其更少。他的答覆是由於向國外購書，需經過國貿局結匯，一本新書出版後，立即訂購，到達圖書館時，已在一年之後。我後來在討論時提出來，連國科會的科技資料中心的負責人，也呼應了我的看法。可見國內圖書缺乏，添置沒有計畫，而且方法亟待改善。事實上全臺灣各大專院校圖書的總數量，尚不及美國哈佛大學所藏的三分之一，因此我又向教育部的次長林清江請教，外國的教育主管單位，對於各公私立大學的招收新生名額的申報，必先申報了圖書的數量須與學生人數成一定的相等比例後，方可准予招生，國內是否也有這種制度？答案是尚未建立這樣的規定。當天上午又參觀了國防醫學院，並在那兒進了午餐。院長盧致德先生見到我是出家人，才想到忘了準備素菜，連連向我道歉，結果臨時燒出來的兩菜一湯，比他們吃的葷菜還好，量多味美，色香味俱全，引得同桌的學人們，也把筷子伸進了我的盤碗裡來，幫著我吃了一個精光。下午參觀了師範大學和政治大學，也許在外國的先進國家，已沒有了專門的師範大學，而是將師範教育的科目附設於一般大學內，有志於從事教書工作的學生，可以另外加修師範科目，所以我對師大的印象不太好。我在國內未曾受過正規的大學教育，出國之前對於臺大及師大，頗有高不可攀的印象，到日本跑遍了著名的公私立大學之後，再參觀臺大和師大時，卻覺得有些與時代脫節的觀感了。從師大出來，參觀了政治大學，該校在臺灣復校的歷史不久，卻予人有一種前途有望的印象。使我們最感興趣的，是新成立的人文資料中心，分門別類，對各種資料做了精細的規畫和陳列。甚至把臺灣各大學中歷來有關人文科學的碩士論文的原稿，也全部蒐集在那裡。對於做研究工作的人而言，像這樣的資料中心是相當需要的。只是它的收藏量尚待繼續充實之中。

八月六日起，文教組的三十三人，再行分為十一個小組，這是就各人所攻專門領域的不同而做的分類，因此，有兩個小組，每組僅一位海外學人，政府則派了幾位與其有關聯的人員陪同他們去做實地觀察和備作詢問的對象。我選的是「學術研究環境」主題，同組的海外學人有六位，加上國內學人陳履安，共計七人，算是最熱鬧的一組，但在進行討論時，僅剩下了國內一人、海外三人。國內的陳先生曾任教育部司長，現在仍任公職，雖被我們推為召集人，他卻默無一語，列席備詢的有次長林清江，中央圖書館館長諸家駿，政大資料中心主任田寶岱，師大圖書館館長王振鵠等四人。因此當大家講完話之後，便輪到了我，我是不準備發言，卻不是不敢發言或不會發言，既然大家要我說話，政府花了很多錢請我們回國的目的，也在希望我們貢獻可資建設國家的意見。所以提出一個問題要求中央圖書館館長解答，那就是國內的圖書數量既然如此貧乏，有的圖書可能全國僅有一冊，而此一冊存於何處，可能誰也不知道，如果全國各公私立圖書館的所藏圖書，有了一部統一性的聯合目錄，對於要利用圖書的研究者而言，就便利多了，像這樣的目錄是否已在編訂？或者正在考慮編訂？或者從來沒有想到過？然在日本的國會圖書館，不但早就編印了，而且每過幾年重新編印一次。在座的人員聽了我的議論，無不表示欽佩，並且承認，中央圖書館限

學術研究環境小組於教育部午餐，左起：陳履安、田寶岱、林清江、黃文宏、王振鵠、諸家駿、作者、劉岱。

於財力，尚無力為此，希望能藉著本屆國建會出席人員的提議，由政府撥出專款進行。這一來教育部的林次長立即聲明，由政府撥款恐怕不容易，還是責成「各圖書館統一格式，分別編訂目錄，送交中央圖書館集中編訂聯合目錄」。結果，此項建議，便成了我們小組的第一條紀錄。陳履安博士是陳副總統的少爺，年輕有為，頭腦清晰，毫無官僚氣味，所以很不願意人家提起他的父親，卻喜歡敘述他的母親。他在八月六日以前，從未和我談一句話，但到那天下午卻主動地找我商量整理會議紀錄的事，並邀我於八月九日的晚上，到他的府上談談佛教信仰和一些宗教現象的問題。

八月七日，文教組的全體學人又會合一起，乘專用的冷氣巴士到新竹地區，參觀了清華大學、交通大學以及工業技術研究院。見到了清大的原子爐，也看到了工業技術研究院的各種試驗和發明，留學西德的化學工程博士許巍文居士，即在該院擔任一個「稀珍化學品研究室」的主任。他見到我，非常高興而懇切地合十歡迎，但他要負責向我們說明該室近年所研究成功的各項化學工業品，所以僅和我談了兩句話，便沒有機會再說什麼了。對於科學技術及化學工業，我是完全外行，但當參觀了清大、工業技術研究院、國防醫學院以及八月八日上午參觀的國科會資料中心之後，覺得國內在科技教育方面的努力和成效遠超過人文社會科學方面的成就。

八月八日，上午參觀，下午討論之後，各小組便做成了決議案的草稿，準備到第二天的文教組全體人員的綜合研討會上提出報告。當天晚上國防部參謀總長賴名湯，在三軍軍官俱樂部招待晚宴，餐後又往實踐堂欣賞空軍大鵬國劇隊演出的平劇，戲目是《三叉口》、《拾玉鐲》、《打漁殺家》——改名為《慶頂珠》。這是我出家十五年來第一次看了戲。

四、國家建設研究會的活動日程之二

八月九日是各組自成一系的綜合討論，我們文教組是在教育部會議室進行，由蔣彥士及徐賢修代表教育部及國科會為會議的主持人。幾天以來蔣彥士先生幾乎天天見面，徐賢修那時還兼任清華大學的校長，所以彼此也已熟悉，交談了不少，國科會的副主任委員——現在的清大校長張明哲先生也在同桌吃飯談了一些。蔣彥士是教會學校出身的基督徒，張明哲不但是基督徒而且還是一位優秀的牧師，只是沒有和我討論宗教問題。當天晚上應李金蘭居士和她的男友陳君的邀請，在中山北路的大鴻園素菜部用了餐，即由陳君駕車拜訪了回國學人吳興鏞博士在臺北市的老家，因他邀約了原任臺大哲學系教授的陳鼓應先生等，也希望我能和他們見見面，由於另外與陳履安先生有約，我僅在吳家匆匆地寒暄了一下，又坐上原車，到陳家去了。到達陳家時剛好八點鐘，他已約了他的三位朋友和他們各自的夫人在座，其中一位是出席國建會的學人，另外兩位是嚴欣榮和錢鵬倫先生，都是國內的實業家，並且和美國的沈家楨居士熟識。尤其是錢先生，聽他談吐中對佛法認識的程度，實可算是一位已經信佛的居士。他們問了我很多問題，比如人死之後的去向和狀態，在未生之前又是怎樣的狀態，佛教所說神識和一般所說鬼魂的區別，佛教所說的業和普通所說的孽又有什麼不同？神、鬼、妖物和幽靈的不同在何處？目前流行的所謂碟仙的現象，我的看法如何？風水地理和星相易卜的理論，我的意見怎樣？因為陳氏的興趣很廣泛，對於這些所謂九流百家的東西，都曾經接觸過。他還特地把他出生不久後即被一位出家人取了法名，寫在一張紅紙上的事告訴我，並且要他的太太取出來給我看，陳氏今年已經三十八歲，那張紅紙還是相當新，說是他的母親在他結婚後交給他的，他的母親並非佛教徒，卻把為他取了法名的紅帖子保存得如此的好。所以陳氏覺得，至少他是與佛有緣的。當晚一直談到深夜十二點，仍有意猶未盡之感，所以臨走要他的車夫開車送我回寓所時，陳氏還對我說，他準備以書面提出一百個通常發生而又不知如何解釋的宗教問題，請我做通俗性的解答後公諸於世。畢竟他的公務太忙，迄今尚未見他寄來哩！

分組討論於八月九日結束後，八月十日及十一日我們又分成了A、B兩組，分別搭乘專機，赴金門戰地和花蓮的大理石工廠參觀訪問。我在A組，所以在四點多鐘就被電話鈴叫醒，要我起床，準備乘車去松山機場，辦理去外島的手續。那天天氣很好，八點三十分降落金門機場，受到戰地司令官的熱烈歡迎，接著分乘四輛金門的小型巴士，由政戰部主任方少將做隨車嚮導，沿途介紹金門的各項建設。我雖曾在軍中十年，金門這是初訪，從飛機上鳥瞰金門，實在不大，著陸後遊覽金門，卻是不小。這個被譽為海上長城的金門縣，在二十多年來守衛國軍的建設下，已成了國際知名的觀光勝地，友邦人士稱它為「地下堡壘海上公園」。全島可供遊覽的有十大勝景，我們限於時間，僅遊覽了陶瓷廠、莒光樓、擎天廳、新市里、太湖、馬山的坑道、古寧頭和古崗樓，到處是湖光山色，亭台樓閣，從地面上一點也看不出戰地的情調，也很少看到軍人和軍事築構，但是參觀過擎天廳和兩個像八卦陣似的大坑道後，始知金門的軍事設施，均在地底下或山腹裡。在莒光樓聽取簡報之前，我坐在一位中年男士的旁邊，此人似曾見過，但他並非國建會的學人，我隨便和他談了幾句話，還是想不起來他是誰。見大家坐定之時，他站在前面向我們自我介紹，說他也是國建會的召集人之一。原來，蔣彥士和潘振球兩位召集人，在臺北幾乎每天見面，另一位召集人青年救國團總團部主任，中國國民黨中央委員會組織工作會主任李煥先生，到了金門才和我們見面，我所覺得的似曾相識，大概是在新聞報刊中見過的緣故。那天他是為了陪同我們，同時也是為了視察大專青年暑期活動的金門戰鬥營。我們在浯江中心午餐後，也和李煥先生一同訪問了金門戰鬥營的大專青年，一千七百多位男女學生，均穿著草綠色的軍便服，列隊唱著歡迎歌，歡迎我們去訪問，我也隨同其他學人，一一地和他們握手，有的從最後排伸出手來拉住我的手說，他也信佛教，在電視上看到我好高興，在金門遇到我更高興。有的女同學則向我合掌問訊，並說是大學裡佛教社團的社員。這樣的情形，在訪問成功嶺時也遇到一位男同學，他還看過我寫的好幾種書哩！若謂十步之內必有芳草，那麼做為一個出家人的我而言，應該要說凡有人處必有知音了。後來我也將此感受告訴了倡導大專青年佛教運動的周宣德居士，飲水思源，對於所有播種菩提幼苗的園丁們，當報以慰勉和感謝之意。那天下午很熱，三點正我們準時離開金門，因為軍方聯絡好了護航的空軍飛機，不便延誤。總之此次的金門之行，是所有的參觀訪問之中，最值得回憶的一項安排。

八月十一日，預定去花蓮參觀大理石工廠和橫貫公路的天祥與太魯閣，結果天不作美，遇上颱風，中止了。

八月十二日，是我們活動日程表上的最後一天，上午出席了行政院新聞局的國際關係座談會，與會人員對於新聞局的海外工作，提出若干質詢，頗有不滿之意，政府駐外人員的種種問題，在國內的報刊上也曾有過報導和檢討。接著出席了《中央日報》社長楚崧秋招待的茶會，討論該報海外航空版的內容，航空版僅一大張，專為海外讀者而編印的，除了副刊之外，完全和國內版不同，即使是副刊，也有幾篇連載的小說是該報特別約了作家為海外讀者而寫的。我出國六年多以來，每天讀到贈閱的《中央日報》，所以是抱著表示謝意的心去的。可能我的簽名潦草了一點，第二天的報導中把我的姓名刊成了「張堅嚴」，好在也刊出了一張圖片在邊上，可以見到我的影子，認識的人，一眼便可知道名字誤植，不相識的人，對我的名字錯與不錯，自是毫無關係了。下午又到民航局大廈的會議廳舉行綜合座談會，此為讓出席人員最後發言並且供各組宣讀研究成果的建議書，以及發表總結論的一次會議。個人

在嚴總統的園遊會上與同仁王孝憲先生合影

發言限定三分鐘，在這樣的場合，我的身分不宜與人相爭發言權，所以事先沒有準備發言。可是世間事往往會適得其反，正因為我的身分特殊，個別發言一開始，幾家電視公司的攝影機和鎂光燈，便對準了我，並且有兩位電視採訪的女記者走過來，把我座上的麥克風也打開來，請我發言，我說沒有準備，她們卻說如果我不說話，當晚的電視新聞上便會大為遜色。因此我只好把要說的話，在心裡整理了一下，更搶到了發言權。我向政府提出了兩項建議：一是為了鼓勵國內各宗教多做社會事業、文化活動、國際交流的工作，同時向國際介紹臺灣的宗教實況，按年由主管機構編印《宗教年鑑》。二是為了移風易俗，減少外人對我國的譏笑和輕視，主管單位應擬訂法律，禁止公娼，今天外來的尤其是日本來的觀光客，很多人認為臺灣的觀光事業中，最大特色之一是以公娼吸引他們，使他們解開錢包。這是我國的奇恥大辱。雖說今天的日本，禁止公娼而仍有私娼，我們臺灣則除了公娼依然有私娼，權衡輕重，當以廢止公娼制度為佳。最後我說：「以我的身分，談妓女問題，似乎有點好笑」時，真的引起了滿場的爆笑。但在會後，社會組的學人，都向我表示謝意，說我雖然脫離了社會組，最後還是恰如其分地提出了社會組範圍以內的建議。

當天晚上七點至八點三十分，是總統嚴家淦先生以園遊會方式，在臺北賓館的後庭園中，招待我們海外學人及其妻兒子女。事前接到的請柬中，附有一份餐點的單子，分為臺灣、福州、山東、江浙、揚州、川廣等六種不同而充滿了鄉土風味的茶點，使得出生於各個不同省分地區而又離鄉在外的學人們，都能吃到他們自己最喜愛的點心。我是選取了山東風味的燒餅、油條和豆漿，不問可知，不一定是偏愛，而是因為素食的理由。事實上那次園遊會中最受歡迎的也是我所選取的點心。

嚴總統在致歡迎詞後，即由大會召集人陪同繞行會場一周，向與會的人員致意慰問，最後走到我的前面，蔣彥士與潘振球兩位先生，同時為我做特別介紹，聽說我是常熟人，嚴總統即以鄉音連稱他是蘇州人。我說我很感到光榮，總統先生是我的鄰縣同鄉。於是，彼此都以兩手緊緊相握，多寒暄了幾句，因此也被攝影記者包圍了一陣。會中見到于斌主教，他以特別來賓的身分出席，當我和他互道寒暄之時，又被記者群包圍起來。兩個不同宗教的僧侶學人，在同一個鏡頭中出現，確有予人以一種新鮮而且是和諧的感覺。談話中于斌主教向我提起太虛大師是他的老朋友，至今仍很懷念他。後來有一位學人問我，佛教對於異教徒和非宗教徒的看法如何？我說我們不像一神教那樣，認為不信自己所信的神的話，便不得救，便是魔鬼的肢體，便當由於他們的原罪而下地獄。我們可以承認各宗教的善行價值，也能肯定非宗教徒的道德標

與國建會同仁接受嚴總統（左二）邀宴，左一為教育部長蔣彥士。

嚴總統園遊會上會見于斌主教

準，人是由於各自的善惡行為所積聚成的所謂「業力」而在生死之流內上下浮沉，並不由於信佛或不信佛的原因而登天堂墮地獄。所以我們甚至承認其他宗教所標榜的善行，確是生天的正因。不信任何宗教而其自有一套道德標準，如果確能合乎人間乃至超越於人間要求的公共標準以上的話，至少他們仍可於死後轉生為人，甚至可能轉生為天上的神。不過，若求超越生死，那便必須信仰佛教的修行方法和佛教所說的行為標準了。因此，我們固然祈願人人都來信仰佛教，卻不會敵視異教徒，也不會小視非宗教徒的。

國建會是結束了，但是尚有值得記述的幾樁事。

（一）近世以來，由於僧尼的知識水準低落，在一般人的心目中，僧尼的地位極低，僧尼的行業很賤，所以不受重視，甚至有少數僧尼在接受較高程度的教育之後，覺得恥與僧尼為伍，並以僧服僧相為羞。但以我這次的經驗而言，我處處謙抑，卻處處受到尊敬，我事事後退，結果卻往往由於後退而被推舉出來，我時時警惕自己的立場和愛惜自己的身分，應該走在人後，坐在人下，不出狂言，結果卻人人對我禮讓，也人人願意和我接近。沈家楨居士曾在信中告訴我說，西洋社會中，如果僧侶而具有博士學位的話，要比一般學者更能受到尊敬，此在國建會期間，我也親身體會到了。

可見，提高僧尼的社會地位的唯一方法，應該是什麼？不用說也可明白了。

（二）開會期間的時間是相當經濟的，出席的學人，學人的眷屬，乃至由各大學選拔而來為我們做各項服務的男女同學，多希望找到幾分鐘的空隙時間和我談談，出於好奇的固然有，大多是出於求知和求解信仰的問題。例如這次出席人員中僅僅兩位女性之一的李沅蕙博士，和我談了數次，均因時間不許可而告中斷，結果她要求我介紹幾種入門性的佛書，由她自己去摸索。另一位是交通組的領隊顧海昌博士，他是教會學校出身的老基督徒，對於基督教的教義從來不曾發生過懷疑，但在最近喪偶之後，卻對牧師的話大表反感。他說他自問有生以來沒有做過壞事，教會硬說因他的罪而受到喪妻的處罰。他說他們夫婦恩愛逾恆，他的太太絕不會自願離他而先死去，教會則硬說上帝愛她，召她進入天堂，她已在天上過著歡樂的天使生活，要他不要再擾亂她。因此，顧博士請教我，佛教對此的看法是怎樣？我告訴他，人與人的聚散離合的種種關係，並非出自神的主宰，而是出於人與人間的因緣關係。所謂因緣，也很難用三言兩語說得明白的。說個比喻，我們由於政府希望海外學人對國家建設貢獻一份力量，所以邀請我們回國，這是我們能夠在臺灣見面的主因。我們彼此都希望回國看看祖國的進步情形，並且也能抽出一個月的假期，所以回來彼此相遇了，這是種種的助緣。可是，政府召開的會期是有限定的，結束後必須散會，這是我們即將必然分別的主因。我們各人均有自己在國外的工作，會後一定是各奔東西，這是我們即將必然分別的助緣。然而，再舉一個比喻：同在一個辦公室內上班工作的人員，早上簽到，彼此相處一室，晚上工作時限完畢，又各自提著皮包說聲再見，這是極其正常的現象。晚上道別了，明天仍會再見，而且再見的機會很多。但是，也有因為臨時出差幾天，暫時不能再見的，也有調派外地，幾年不能再見的，也有離職他去，別有高就而永遠不能再見的。這也是通常可以明白的現象。那麼，人的生命，覺得時間很長，實則生死間的時間過程，不過比我們的公司上班人員的早合晚離稍微長了一點而已，看出了個中的道理之後，夫婦間的生離死別，也就可以不必看得太絕望和太悲傷了。他聽了我的這番比喻，似乎心境開朗了很多，過了三天，他笑著告訴我，他已準備做續絃的打算了。

（三）開會期間，我未做傳播佛教的打算，其實我的身分，已經為佛教做了無言而有效的宣傳。我絕不主動地談論宗教問題，凡有時間，倒是盡可能地向各種專家，請教他們的專門學問，所以也無異是做了十七天留學訪問的活動。

五、佛教界的活動日程

現在，再來記述一點我在佛教界的活動情形。

這次回國是為出席國建會，回國的日期僅給佛教界的少數人寫了信，當然，並未忘掉給中佛會聯絡。結果正好有一批長老法師已組團往日本訪問，更多的長老法師則正好是我回國的那天，集合到高雄去開會了。所以在機場沒有見到中佛會的任何人。最希望見到我的人，我想應該是我的剃度恩師東初老人，所以出了機場，便叫計程車直駛新北投的中華佛教文化館。東老人已在坐著等我，已有四年多不見了，老人風貌依舊，而我這次回國，在他而言，「望子成龍」，我總算沒有為他出醜。在我而言，「揚名聲」的目的，是為了「高顯父母」的教養有方，以做為報慰師恩於萬一。所以他老人家對我唯有這次回去是例外，沒有痛罵與訶責，並且見了他的來客，便介紹著說：「我的徒弟，在日本得到博士學位回來，出席海外學人的國家建設研究會了。」我聽了之後，真有說不出的感動。我們之間是出家人的師徒關係，他的這種心懷，事實已代表了天下的父母親情。我十六歲時死了母親，十八歲時又永別了父親，恨我今天的一點小成就，已無從換得雙親的歡心，卻仍有幸得到了恩師的歡慰，恐怕是我有生以來最大而且最值得高興的事了。因此，當我通過學位的那天，在東京斗室的觀音聖像之前跪著痛哭了一場，回到祖庭之後，又關起房門來痛哭了一場。當在面臨任何困難的時候，我除了堅定信心之外是不會恐懼，更不會流淚的。當在受到責罵和批評的時候，我除了耐心地聽和虛心地想之外是不會灰心，也不會流淚的。但當完成或滿願了一樁困難的事情之時，卻無法抑止流出感恩和感激的熱淚來了。這次回國期間，會前與會後除去了一次南部之外，每晚都回家師處住宿，會期之中也常常抽出時間到北投看看家師。他當然希望我從此不再出國，但是我曾決心入山掩關，又以掩關的決心留學日本，現在則要以留學的心理準備去美國再學習幾年了。

前面曾提到，我在開會之前，為私事去了一趟高雄。七月二十日下午，拜訪了鳳山佛教蓮社的煮雲法師，並在他的蓮社晚餐，晚上拜訪五塊厝棲霞精舍的月基法師，並和煮師同宿於月師的精舍。在鳳山蓮社遇到了相識多年也闊別多年的陸軍軍官學校教官張毅超居士等。

七月二十五日下午，造訪澄清湖畔的澄清寺，寺主心固尼師雖已年高，但他的建寺計畫，不但已有相當規模，而且尚在增建之中。

在會期之前，拜訪了臺北華嚴蓮社的南亭老法師和成一法師，南老在三十年以來，給予我的物質及精神的鼓勵支持，是我永遠難忘也是應該永遠感謝的。我雖言明不接受任何方式的歡宴，後來還是在華嚴蓮社吃了好幾餐，會議期間，尚要我帶了五、六位海外學人同去吃了一桌好素齋。我去拜訪樹林海明寺的悟明老法師，適巧他外出而未遇，結果他老數度到中國大飯店來看我，並且堅決要請我吃飯，我也援例，帶了三位海外學人同去他臺北市的觀音禪院吃了一餐晚飯。另外也去了新店的法濟寺拜訪慧嶽法師，始知七月十八日那天，他是抱病到機場接我的。他是我留日同學中的學兄，我的留日手續，也是由他辦的，這次見我學成回國，自然是異常高興，並且答允為我找人，將我的博士論文譯成中文後，在國內出版，所以我是去向他道謝的。同時也去拜見了基隆八堵海會寺的道源長老，他是我在一九六一年秋天受三壇大戒時的得戒和尚，彼此間雖無書信往來，他卻以有我這樣的一個戒子為榮，而向相識的人宣稱為「戒光」。並且也訪問了汐止彌勒內院的寬裕法師和大湖的程觀心、儲家昌居士。在臺北我有幾位上海靜安寺時代的同學，比如性如和明月兩位法師，也去分別拜訪了一趟。

大會期間，至中南部訪問的日程中，八月一日抵達臺中市的臺中飯店後，立即打電話給留學東京立大博士班而正回國度假之中的藍吉富君，他陪我在一家素食館用過晚餐，便帶我去拜訪了《菩提樹》雜誌社的朱斐居士夫婦。二十年來我是《樹》刊的作者，也是它的讀者。《樹》刊對於它的作者和讀者，均有一種照顧的愛心，所以應該對它做一次表敬的訪問。接著又由朱居士陪同去訪問了正在靜養中的蔡念生長者和慎齋堂。蔡長者的國學、佛學、詩文、書法，都有過人的造詣，對於後進的僧俗青年，也極盡愛護的熱忱，所以我每到臺中，必定要去向他訪問請教。慎齋堂的已故堂主德熙尼師，與家師的文化館之創建有因緣，我去他的靈骨之前上香誦經，並且告訴他我已學成歸來，好使他也在蓮台之上分享點喜意。

國建會進行之後，因為每天都可從電視新聞中見到我的影子，佛教界很多人知道我已回國之時，希望見我的，請我講演的，邀我吃飯的，便多了起來。比如智光商工職業學校的校長葛建時夫婦，志蓮精舍的主人曹永德夫婦，都到北投的家師處撲了空。還有立法委員韓叔龢長者特別和南亭老法師發動江蘇同鄉會請我演講，結果訂好了日期卻因颱風而取消。終於我還是於八月十三日晚上，在臺北志蓮精舍以「我所研究的蕅益大師」為題講了一次。又於八月十四日的下午，應新店中央新村由國大代表及立法委員組成的居士林，講了「居士與佛教」。再於八月十八日晚，在臺北念佛團講了「佛教的現代化」。這是我回國期間在國建會閉幕後所做的三次公開演講，每次一個半小時，在未聽我演講之前，若干老居士們，是以懷疑的態度來試探我的，他們以為出國六、七年後的我，思想之變化，不知已到了什麼程度。後來證實我的思想，除了較前純化之外，仍是他們能夠接受，甚至更能接受的佛教思想時，才放了心。

我也接受了幾次佛教界的公宴。八月十四日中午，由李謇居士主持的中華佛教居士會，黃擎宇居士領導的臺北蓮友念佛團，及錢召如居士為中心的中央新村居士林聯合邀請在大鴻園素食部設席歡宴，到有臺北佛教居士界的知名之士二十多位（名單見居士會出版的《寶筏》第三十八期）。八月十八日中午，臺北善導寺為我設宴歡迎。八月十九日中午，中國佛教會於臺北市的佛教活動中心設席歡宴，到有道安、悟明、星雲、淨空、真華、明月等二十多位法師，以及丁俊生、周邦道、吳經熊等十多位居士。並在席間送了一面銀牌，刻有「佛教之光」四個字，表示對我的學成做了一次隆重的表揚。八月十九日晚上，《慧炬》月刊社的周宣德居士代表美國佛教會，為我設宴祝賀，並頒發了一萬一千元的佛教博士論文獎的獎金。

回國期間，佛教界的活動中有幾位居士，值得再提一筆。一位是周邦道老居士，他是現任中國佛教會的常務理事，也是中國文化學院佛學研究所的所長，又是國民大會代表，過去與我之間殊少往來，他已七十多歲，而且住得離臺北市區很遠，可是凡為替我公宴，請我演講的場合，幾乎都能見到他。一是顧世淦居士，原任農村復興委員會的總務長，現為美國佛教會駐台譯經院的副院長，曾兩度到中國大飯店：一次是為看來自美國印第安那大學的齊思貽博士，齊博士也是佛教徒並和沈家楨居士有來往；一次是為我公宴，抱著病去吃飯、聽講，還送我到中國大飯店，替我買了一張新竹的車票，用電話聯絡好了新竹方面另一位副院長戈本捷居士到車站準時接我後，他才告辭回家。還有李謇和周宣德兩位居士，一直把我於八月二十一日上午送上回日本的飛機，幾乎常常碰面。以及其他幾位居士，用車為我接送，幫我處理雜務等，都是我要感謝的。

八月十五及十六兩日，我三度南下，專程拜訪了在嘉義郊外的印順老法師，並在那裡住了一宿。他尚在養痾之中，見到我時，非常欣喜。同時也沿途訪問了新竹的譯經院和南投德山寺的幻生法師，都給了我親切的招待。

總之，這次回國期間，佛教界給我的種種方式的歡迎，我是感到光榮的，也是應該深深致謝的。

（一九七五年十月二十五日寫於日本東京，刊於《菩提樹》月刊二七六、二七七期）

一位出家人的表白

時間真快，出席了第四屆國家建設研究會之後，回到僑居地將近一個月了。但是我欠下本刊的文債，到今天才算抽到空閒，著手來寫。

因為在這次的國建會中，我的身分特別，奇裝異服，吸引了許多人注意，包括本刊的編輯先生在內，希望我能給本刊寫一篇稿子，說說我對於這次會議的印象和感想，並且把我自己做一點介紹。

也許一般的僧尼，給予人們的印象，老是躲在深山中苦修，或是專門在寺院中誦經的緣故，突然地發現了一個來自國外並且有著文學博士學位的和尚，參加了國家建設研究會海外回國學人的行列，總覺得有予人以一種新鮮的觀感。於是，從七月二十七日大會日程的第一天起，便受到了大會服務人員的特別款待，親切而周到地將我的飲食，安排在距離住宿的中國大飯店不遠處的功德林素食館。下午去慈湖晉謁總統蔣公的陵寢時，受到了電視、電台，以及各家報紙記者們的注目，此後直到嚴總統招待我們的園遊會上為止，經常成了「搶鏡頭」的人物，真是不好意思。

當然，參加大會的學人，以及他們的眷屬，也對我有相當友善的情誼，所以在出外尤其是到中南部各地參觀的旅途中，很多人願意和我聊天。有的人問我，應該對我怎麼稱呼，因在報紙上和電視上，給了我教授、博士、先生、法師等好幾個不同的稱呼。但是，學人之間的好多人，均稱呼我張大師，此與道教的張天師之間，頗有混亂的可能。其實，在一次國防部參謀總長賴名湯將軍招待的晚會上，真的有一位鄰座的次長夫人，把我當作道士。據說在地方戲中扮演道士角色的，往往便是穿著黃色的道袍，所不同的，剃光了頭的道士總是難得的。實則在中國古來，有個不成文的習慣，就是道士不稱名，和尚不稱姓。凡是出了家的僧尼，均不用在俗時的姓氏而一律稱為釋氏，若要從歷史的角度上做考證，那又未必是印度佛教的規定，乃是中國東晉時代有位道安法師所做的主張。因此，到了現在的我，用不用在俗時的姓氏，並不值得計較，不過，為了表示我是一個佛教的僧人，被人稱為法師，是比較適宜的。

有的人覺得我這樣的人，做和尚有點可惜，其他可做的事很多，為什麼要做和尚？做了和尚的人為何也到外國去留學？也許有人懷疑我是因為受到了愛情上或事業上或財產上的失敗的打擊，而來出家的。其實我從十四歲開始，並沒有為了什麼，甚至也不是由於信仰的理由，便踏進了佛門之後，雖然曾經歷練了許多的苦難，比如一九四九年的隨軍撤退到臺灣，以及從一個上等兵到少尉軍官，再從一個退伍軍人第二次走進寺院，一直到留學日本而完成了即使對於日本人而言也是相當難得的博士學位，但卻與一般人所猜測的我之成為和尚的因素，毫不相干。正因為我做了和尚，才知道唐玄奘等遊學印度的歷史事蹟，以及日本文化之受中國文化的熏陶之深遠，其中的成分，出之於自隋、唐以後派遣來華留學的日本僧人之努力者，相當驚人。

今天的印度，佛教幾乎已不存在，今日的中國大陸，佛教也已衰敗，臺灣佛教的基礎，尤其在佛教關係的文物資料之收藏和研究的環境方面，相當地薄弱。而在今天的日本，從明治維新的後半期以來，他們陸續地派遣了一批又一批的僧人，赴歐洲留學，學到了歐洲學者的治學方法，他們從語言學、社會學、哲學、宗教學等的各種角度，對佛教做語文、藝術、思想、歷史，以及論理學和倫理學的分析研究，將傳統式的宗教信仰為目的的佛教，開闢出了另一個純客觀的學術研究的園地，其目的在於究明佛教思想和佛教信仰，在人類的社會史及思想史上所扮演的角色和它曾經產生過的文化價值。

所以這與以傳播宗教信仰為目的的宗教活動，有著相當的差距，宗教師而像我這樣的出家人，可以加入這種研究佛教的工作而成為佛教學者，研究佛教的人則未必是宗教師，甚至也可能不是佛教徒，而是一位歷史學家或宗教學家。這一點，我們國內的人，大多無法理解，總以為宗教學者和宗教師是一樣的，所以當我在國建會的文教小組會議上，提出國內大學課程中，宜增設比較宗教學一課時，便被誤為我希望到大學中傳教，而和基督教私設的各種名目的神學院相提並論了。至少在今天的日本，學府中的佛教研究，與寺院中的佛教信仰，是分別進行而不相混淆的。

他們除了佛教創辦的二十多所所謂佛教關係大學內，設有佛教學部之外，其他各公私立大學之設有佛教學的研究所、研究室，或開有佛教學這門課的，比比皆是，例如東京大學的印度哲學研究室、京都大學的人文科學研究所宗教研究室等，實際上都在從事於研究佛教的工作。故在日本有兩個全國性的學會：一是全日本佛教學會，一是印度學佛教學會，後者的會員人數達一千五百多名，參加的大學有三十七所，每年召開一次論文發表大會，以兩天的時間，要分成十數個專門小組的會場。他們研究的風氣和研究的人數，既是如此地普遍而眾多，所產生的研究成果之豐富，也就可想而知了。難怪他們要誇稱，今日世界研究佛教的中心地是在日本了。日本是不是已執今日世界研究佛教而最有權威的牛耳，且不說它，臺灣的研究環境之不能和日本相比，是沒有爭執餘地的事實了。我便因此而到了日本。

不錯，我也曾經在臺灣南部的深山中，有過掩了將近六年關的苦修的宗教生活經驗，使我奠定了佛教信仰的基礎。佛教好在不怕人對它產生懷疑，甚至禪宗鼓勵懷疑，而主張大疑大悟、小疑小悟。同時佛教雖對經典尊崇，但更主張依義不依語。佛教不反對文字，也不將成文的經典看作絕對的真理，所以在佛教的宗教經驗愈高的人，愈能接受他人對於佛教所做合理性的批判，甚至自發地對於佛教做出層次性和系統性的研究及批判。在印度時代，便有這種特性，到中國的隋、唐時，這一特性便形成了天台宗、華嚴宗和禪宗的哲學思想之大開大闔的局面。因此研究工作，雖不能和信仰同日而語，卻也別無任何衝突。

有人問起我，佛教有大乘和小乘之分，我是屬於哪一種呢？我說小乘是一個人騎著單車去遊山玩水，大乘是駕駛著巴士、火車、輪船或飛機，載了好多人，大夥兒去做團體旅行。如果說以傳播信仰給大眾為目的的傳教師是大乘佛教徒的話，像我這樣的人大概要算是小乘佛教徒了。可是，當我和所有出席國建會的海外學人一樣，抱著熱愛祖國的一顆虔誠心，回國來看看和聽聽祖國的進步情形，而使我認識了不少的新朋友，又像是從小乘佛教的範圍內，走了出來，快要接近大乘佛教的邊緣了。

此所謂邊緣，因為我回國的使命，是出席國建會，不是傳教，我也沒有受過傳教師的訓練，因為我們相信，宗教信仰，應該是出於個人由於精神上的需要而來主動的追求，沒有必要做被動式的說服或商品式的推銷。佛教一切講究因緣，假如有緣的話，他便會來接觸到佛教，甚至接受佛教的信仰，否則的話，正像湖南人喜歡吃辣，山西人喜歡吃酸，浙江人喜歡吃臭，彼此都以自己的菜是世間最上等的美味珍饈，而相互勸請乃至強迫對方隨從自己的嗜好，除了徒然引起彼此間的不愉快之外，恐怕不會有什麼好處。雖然這種讚美自己的信仰或愛好，是無可厚非的正常心理，但由於自己的讚美和欣賞而進行強迫不同趣味的他人，全部來順從自己的程度，那就有重加考慮的必要了。

所以對因緣未成熟的人們，雖然是佛再來，也是不去勉強他們的。正因如此，佛教往往被人誤會成為消極或逃世的宗教。可是，佛教重視因緣的培養，比如我這次有機會出席國建會，不就是和許多新朋友結了善緣嗎？彼此在祖國政府的邀請和安排下，除了對祖國的建設大業，更加認識並且更加堅定信心之外，大家也以極度誠懇的情懷，為國獻言，以盡書生報國的責任。然從佛教的立場而言，像這樣一個能使一百三十四位海外學人，共同在一起生活兩星期的集會本身，便是難能可貴的因緣了。我既被因緣關係所引導，參加了建國復國問題之研究的會議，雖然不是為了傳播我的信仰，至少也不能算是消極或逃世的人了。

（一九七五年九月十一日寫於日本東京燈下，刊於《海外學人》四十三期）

從東洋到西洋

一、出版日文著作

去（一九七五）年一年之中，是我出生以後，最富於表現性的一段日子，有一位藍吉富先生在一篇介紹我的文章中，說我在去年一年內破了三項紀錄：1.中國比丘循學院訓練而取得博士學位；2.中國比丘以日文著作的學術論文在日本出版；3.中國比丘以海外學人身分，受政府邀請，回國出席國家建設會議。我承認，這在以往，都是未曾有過的事，但也不是突然產生的事。

去年八月出席國建會後，即回到東京，為了論文的出版事宜而忙，除了忙於校對，同時也忙於籌措出版費用。在日本，凡是博士學位論文均可向文部省申請出版補助費，否則出版商就不肯承受，因為學術性的論文過於專門化的結果，除了少數從事相同或相近問題之研究的學者，一般的讀者是不會買的。看的人少，銷路不廣，出版的部數自然減少，如無政府補助，必定是蝕本生意。可惜，外國留學生無權向日本的文部省申請補助出版費。要使論文公諸於世，唯一的辦法，便是自行籌款。我日本的老師和朋友們，分頭代我接洽了京都及東京的好幾家出版社，條件都很苛刻。結果，與東京大學赤門前的山喜房佛書林洽談成功，由出版家和作者各自負責一半經費，也各分一半出版物。我的論文共印初版五百部，其中的二百五十部，歸我處理。由我付出的費用是一百六十萬日圓，折合美金是六千多元，這是一筆相當不小的數字。很多人以為我是出不起的，有人勸我譯成中文在國內出版。可是我相信，既然已經寫了出來，必定有龍天護法，使它在日本出版，否則我用日文寫成的一番苦心，除了取得一紙文憑，便無意義了。果然不出所料，當我向國內外的僧俗大德們發出求助出版費的信件之後，很快地得到了熱烈支持的反應，比如印順老法師、南亭老法師、白聖老法師、道安老法師、悟明老法師、慧嶽法師、沈家楨居士、沈嘉英居士，以及其他的法師和居士等，都給了我大力的資助。去夏回國期間，除了接受由周宣德居士為美國佛教會代頒的博士論文彌勒獎金一萬多元新臺幣之外，也收了一萬數千元新臺幣的果儀。這樣湊起來，出版費用，便有了著落。我要在日本出版該書的最大理由，倒不是因為我是花了四年的時間在那部書上，而是希望讀不懂現代漢文的日本佛教學術界，知道現在的中國僧人之中，也有人在從事於佛學的研究工作。因為在日本的佛教學術界，除了極少數人，尚知道有過太虛大師其人之外，連印順法師的名字，也絕少有人知道。所以把近代的中國佛教忽視了。其實，在日本佛教學界，固然人才輩出，若謂中國的近代佛教界中，一個人也沒法和日本的著名學者比較，那是很不公平的。我們的最大弱點，是未能用外國語文來撰寫，以致外國的學者們由於不了解我們，而忽略了我們。也許有人覺得，有沒有外國學者了解我們，跟我們努力弘揚佛法於中國的環境中，無關緊要。事實上，處身於今日的世界，如果與外界隔絕了的話，不唯不幸，而且相當危險。平常，你得不到新的營養，到了緊要關頭，你也得不到應得的援助和協助。所以，我雖花了一大筆來自師長同道們的錢，出版了一部日文著作，並不覺得是樁浪費的事。同時，我也應該在此，向諸位資助我出版該書的僧俗大德們，致無上的敬意和謝意。

二、到美國的因緣

本來，當我於去年三月，通過了博士論文的口試之後，即可離開日本，為了論文的修改和出版，直到去年十二月十日，始從東京飛來美國。因為我的那部書，到十二月一日，才由出版社完成了書的樣子，送到我的手裡。

我在學成之後，應該回國為祖國的佛教教育及文化事業努力。我的已故世的指導教授坂本幸男博士也曾幾次提示我，中國的近代佛教之所以衰微，原因很多，未能有現代化的高級人才之培養的設施，也是原因之一，當我完成了學位之後，希望我回國去在這方面有些建樹。當我出國之初是抱著這樣的弘願，當我決心先來美國住幾年，也是抱著這樣的弘願。

可是，我為什麼不先直接回國，竟然跑到離祖國更遠的美國來了？這可說是因緣的巧合，促成了我來美的事實。當我博士課程第三年（一九七三年）時，由香港的洗塵法師，轉來一封僑居加拿大的詹勵吾居士的信，那是一份印刷品上加寫了我的名字，告訴了我詹居士曾經大病，並有一大願心未了，他發心對其自置的一塊農地，施捨做為世界性的佛教道場，他將那塊土地命名為龍山，但因年事漸高，不能親躬其勞，建築規畫，均需另外找人。我和詹居士未嘗有過謀面的機會，然在十多年前因編《人生》月刊，曾與之書信往返。我在臺灣山中掩關期間，尚通過信息，出國之後，便相互失去了聯繫。由於輾轉接到一信，便恢復了書信往返。他希望我能為他的龍山提供意見，假如可能的話，也盼我承擔這個道場的籌建工作。我坦率地告訴他，我不是虛雲老和尚那種祖師型的僧人，創立大道場，更非我的能力所逮。但是詹居士仍盼我能去加拿大做一次訪問，並且為我在多倫多大學安排了邀請我去演講的節目。如果覺得可以，不妨先在那裡的大學中擔任教職，然後相機發動籌建龍山國際佛教中心的工作。我為表示報答他的美意，故於學位完成後，即進行赴加國的簽證手續。結果因為加國與我國無邦交，直接簽證頗不容易，若先取得了美國的旅遊簽證，加拿大的簽證便容易了，因此，給美國的沈家楨居士寫信，商請以他的世界宗教研究院，出一紙邀請書，先到美國做數月的研究訪問，再去加拿大。沈居士的回信，則建議我一開始便辦宗教師移民的手續，到了美國，留去自主，比起短期的旅遊簽證，可稱一勞永逸之計，而且也沒有一到美國，便無法離開的顧慮。同時我也考慮到，以我的英文程度，也不可能一到英語社會，就有擔任教職的能力。就這樣，我便辦了來美的手續。加拿大方面，本該早些去拜訪一趟，迄今尚未成行，至遲明（一九七七）年，我是一定要去看看詹居士的。

為什麼我不先回國，而要先來美國？這是很難解答的問題，我在取得學位不久的時候，曾給好友幻生法師寫信，說我好比處身於沒有汽車可開的環境中，雖從外國考到了駕駛執照，也等於沒有一樣。很明顯地，假如我從日本直接回臺灣，我想我能選擇的，只有再找一處深山的寺院，掩關自修，及閱藏著述的一途而已。當印順老法師知道我將暫不回國的消息之後，給我來信，表示因我不能為國內做些貢獻而遺憾！家師東公老人，尤其感到失望，他老人家滿以為我在學成之後，即可回國繼承他的道場，在他老人家的策畫之下，做點佛教事業。另有好幾位比丘尼大德，願將他們的寺院，交給我來住持。可是，以我自己的考察及考慮所得，目前回國是不切時宜的，也是無法做出任何像樣的事業來的。不如趁我尚有一股求學熱忱的時候，再到美國住幾年。縱然美國的佛教環境，不會比臺灣更好，我只是以留學僧的心理準備，到美國學幾年英語，將來的我，不論在東方或西方，在國內或國外，最起碼的英語能力是必須具備的。在國外磨鍊數年之後，再回祖國，那時的力量也許會大些，至少不會比一個剛畢業就回國的留學僧的力量更小。

三、我在日本的朋友們

在日本，一共住了六年又九個月，除了結識了不少已成名的學者之外，也結交

作者與印順法師（右）合影

了不少年輕一代的日本僧侶及學者朋友，其中如高野山真言宗的杉原孝俊，比叡山天台宗的堀澤祖門，日蓮宗本門派的音羽隆司，新興宗教大乘教的森正行，日蓮宗不受不施派的小林智純，日本山妙法寺派的岩田良三等人，都是我的知交。我在日蓮宗創辦的大學就讀，結識日蓮宗的青年僧侶，當然更多，比如身延山的林是晉，中伊豆的渡邊信勝，千葉縣的三友健容，長野縣的清水要晃，九州的松尾義隆，東京都的桐谷征一、山口晃一夫婦。以上所舉的諸人，我都在他們的家裡作過客，並且過夜至少一次以上，他們待我如親兄弟，不像對於普通的客人，更不像招待一位外國客人（普通的日本人招待客人，不輕易在自己的家裡，尤其不會使你和他們家人打成一片）；對我的接待都是例外的，毫無隔閡地把我視同他們家裡的人一樣。當然，由於我的素食，也為他們的母親或夫人增添了一些麻煩，同時增加了一份趣味。其中有幾位日本友人，甚至對於我的日常生活也很關心，過幾天不見面，便會打電話來問我的近況如何？

因此，當我畢業之後，好多朋友勸我留在日本，因為他們不希望我的離開而少了一位朋友。日本的「空寺」或「無人寺」，各宗派都有很多，如我願意接受的話，手續極其簡便，只要取得他們宗派的僧籍，便可根據兩條路線，去選取一座合意的

作者與清水要晃先生合影

寺院。此所謂無人寺，有兩種性質：一是原來的寺主死亡了，或離寺另謀生活了，即成了空無人住的寺院，此需由各該寺院的宗派所屬的本山宗務院物色人選，派往接受。實際上，青年人願意終身住寺院做僧侶的不多，如果生為寺主的長子，不得已而繼承父業之外，在家人去出家的固然極少，一寺之主有兩子為僧的更少，所以，這種性質的無人寺，頗有愈來愈多之勢。另一種是寺主雖然蓄妻，卻僅生女而未能育子，同時也找不到在家人的男孩做他們的徒弟，一旦寺主故世，他們的妻女也就不得不搬出寺外。像這樣的寺主，為了顧全他們妻女的生活，就設法找到無寺的青年僧侶做他們的所謂養子，實際上即是我國的贅婿；所不同的，中國的贅婿往往大權旁落，以妻為主；日本的養子，雖或有例外，原則上是實權的繼承人。日本的友人告訴我，像第二種性質的無人寺，當然不會被我考慮，若以我的資格，將能在第一種性質的無人寺之中選到條件最好的一座，有檀家及信徒的護持，不用為生活問題擔憂，修行、研究或在大學裡擔任一職，均可由我自主。可是，我到日本留學的目的是什麼呢？所以我婉謝了他們的好意。

我在日本期間，也有幾位中國朋友，對我幫助很多，比如清度法師及張可炳先生，不但交往六年多，尤其在我辦理來美手續的階段，因為人在日本，無法取得臺北中國佛教會的身分證明文件（即使取到了恐怕也無大用處），清度法師的亞細亞善鄰佛教會正好幫上了我的忙，他給我出了僧侶身分以及佛教傳教師資格的證明，使我順利地取得了美國駐東京領事館的移民簽證。各種英文文件的處理，則由張可炳先生代勞打字填寫，而且陪我到美國領事館走了兩趟。張先生原在臺灣中興大學擔任商業英文的講師，後來留學東京明治大學，專攻工商管理。他是湖北的世家出身，英文好，漢文的古詩文及書法也好，他和他的日籍夫人，雖都是天主教徒，最初由於臺灣的實業家張伯英居士的介紹，和我往還很密，甚至放下他的公事來幫我的忙，是一位正直而善良的友人。

從一般而言，我的赴美簽證是相當快的，前後不過三個月，其間尚由於我一時無法提出有關出生證明的父母姓名的有效文件，而耽誤了一個多月，否則的話，當可更快一些。美國佛教會給了由其會長敏智老法師簽署的聘書，以及其副會長沈家楨居士寄到的生活保證書之時，我的赴美即成了定案。雖然我對美國的佛教環境所知有限，我卻抱著與初去日本時同樣的沉重的心情，從東京乘華航班機離開了日本。那是去年十二月十日的下午六點十五分。聞訊趕到機場為我送行的，有我的日本友人：立正大學的助教授佐佐木孝憲、講師久留宮圓秀、三友健容、仲澤浩祐、岩田良三，東大的三友量順，法華ジャーナル的社長山口晃一及其夫人照子女士，另一位在立大研究室服務的田島彌生女士（她出生在滿洲，能說中國話），也到了機場。立大的同學，也是我初到東京時期的日文老師古河俊一氏，已有數年不見面，也突然到了機場，使我感到驚喜。杉原孝俊氏特別為我送行而從他的家鄉山口縣，遠道趕來羽田機場，盛情至為感人。為我出版論文的山喜房佛書林的老闆淺地康平氏和他的助手吉山君，專程開了他們的汽車到我的住所，把我載著送到了機場。一位正在東京大東文化大學攻讀博士課程的韓國比丘法印法師也率領了他的信徒史夫人等，到了羽田機場。中國友人則有清度法師、西定法師、達和比丘尼、張可炳、章霖、鈕南雷、陳澤楨、談海岑及其夫人，尚有一位為了見我一面，特地從巴西趕到東京的廖秀梅小姐，也加入了為我送行者的行列。她曾數度給我寫信，要求我為她剃度，我因沒有自己的道場，無法負起教養她的責任，所以拒絕了她的請求，並勸她去臺灣依她的皈依師臺中的妙然尼師剃度，因此，現在她已是達彥比丘尼了。當時，我看到幾位女眾的眼角噙著眼淚，我真感激她們對我的友誼。人生就是如此的悲歡離合的一局一局的場面串連起來的。從不認識而相識、相知、相傾慕、相離別。也有從相識、相怨、相仇恨、相聚再相聚的。此即所謂愛別離苦及怨憎會苦的寫照。我在日本六年多，得到一個學位的虛名，更珍貴的是得到了很多朋友的友誼。

年長的教授們，雖也知道我將離日赴美，但未告知他們離日的確切日期。很顯然地，我可斷言，以上所舉的年輕一代的日本友人，不論在宗教界或學術界，十年、二十年之後，無一不是領袖人物。假如我能為中國佛教的延續和發揚繼續努力下去的話，誰說沒有更多的機會和他們相互交往與彼此合作的可能呢？

四、三藩市與紐約的佛教界

因為經過了換日線，十二月十日下午自東京起飛，抵達美國西海岸的三藩市，竟然是同一天的上午。無形中使我把時間倒流了一天。

事先有人建議我，經過夏威夷、加州，然後到東海岸的紐約，這樣可以一路看過來，對於中國佛教在美國的現況有一個具體的印象。因為中國佛教在美國有寺院的地方，只有這三個州。發展的歷史，也是由夏威夷、加州、紐約的次第而來。最早是知定法師的華僑佛教會，其次是泉慧法師的中華佛教會，均在夏威夷的火奴魯魯。一九六二年，妙峰、宣化、樂渡三位法師，相繼到達加州的三藩市，第二年妙峰及樂渡二師再到紐約，其中以妙峰法師為到達美國本土的第一位中國比丘。結果宣化在三藩市創立中美佛教會，妙峰在紐約創立中華佛教會，樂渡在紐約創立美國佛教會，可謂美國本土的三個中國佛教的立足點。談到美國本土的中國佛教，有三位居士的名字不能不提，那就是三藩市美洲佛教會的梁民惠，紐約美東佛教會的應金玉堂，紐約美國佛教會的沈家楨。中國比丘之能到美國本土，多半跟這三位居士的邀請及護持有關。目前在美國的中國佛教，雖仍不出這三個州，寺院已超過二十五所，規模均不大，住的人數，多則三十多位，少則四、五位，多數的寺院則為一寺一人。看起來並不壯觀，但在短短十數年間，能有如此成績，已可告慰於祖國的有心之士了。

我為趕到紐約過陽曆年，所以未經過夏威夷。我預先有信給三藩市的智海及宣化兩位法師，他們兩位都答應到機場來接我。下機後，見到智海法師在玻璃壁外，寫了一張紙條「是聖嚴法師嗎」向我招呼，我點點頭，說話是聽不見的，只好相互合掌笑笑，繼續向檢查口的海關方向走。我有三件滿重的行李，海關官員是華裔的一位女士，說一口標準的中國話，問了我幾句，沒有細查，便讓我出了檢查台。智海法師和他的一位信徒，正在門前出口處等著，隨手接去了我的行李，上了那位居士的車子。我很奇怪，宣化法師怎麼沒有派人來接我呢？好在已有智海法師來接，住宿不成問題，就沒有什麼好擔心的了。智海法師雖然初次見面，卻有一見如故，且有如見老友的親切感，我與他素不相識，我之能來美國的遠因，即是由於他曾向沈家楨居士在數年之前提起過我在日本求學的情形，從那以後，沈居士開始與我通信，直到把我請來了美國。這大概是因我寫了幾本書，又常在佛刊中發表一些文章，結交了一些文字朋友的緣故。所以，我雖初見智師，智師已見我多年了，不是老友又是什麼呢？他由香港到美國，曾在美國佛教會代理會務及寺務，後來轉至三藩市，創立一棟三層的樓房，名為般若講堂，目前，信眾人數增加，漸有不夠寬敞、不敷應用之感，不久當可見其另外構築寺院的新址。他善說能講，待人和藹，為人純樸而謹慎。在他那裡住了一夜，第二天他陪我訪問了鄰近的一聞法師的顯密圓通寺，宣化法師的金山寺。

宣化法師怪我為什麼不通知他抵達三藩市的班機時間，突然去拜訪他，使他感到意外，甚至有些不樂意的樣子。我說我是寫了信的，與給智海法師的一封同時寄出的，他說並未見到。不管如何，我已安抵他的金山寺，這已不是重要問題。直到過了一個多月，我從東京寄給宣化法師的信，又從東京的朋友處轉退到了我紐約的現址，始知宣化法師沒有故意不迎接我，的確是信件的郵遞之誤。

宣化法師的金山寺，住了三十來人，四眾皆備，美國人多於中國人，他的比丘弟子中，三位有碩士學位，比丘尼弟子中，一位有博士學位。所以我的博士頭銜，在他那裡是響不起來的，但他待我非常熱忱，到了金山寺之後，他便不讓我再回般若講堂去住了。在金山寺住了五夜，暢談了三個晚上，第四晚要我為他的弟子們講了一次話。第五天又陪我去了一趟他新購的萬佛城。他們的生活相當清苦，修持極為精進，他們沒有床鋪，也沒有廣單，大多終夜坐禪。隆冬天氣，房子高大，沒有暖氣設備，宣化法師自嘲其為冰庫。我被當作上賓款待，住在一間唯一有一張木板小床的房間，雖有玻璃窗，因係木窗，加上古老，僅可擋住大風，寒氣是阻不住的。宣師看我身體瘦弱，特別借我一件新製的輕暖的伽藍褂。他們那裡，似乎也無人使用被褥，每人僅以一條毛毯禦寒。當時正有幾位美籍的比丘及比丘尼，為求感應而過著為期一週、三週，乃至五週的絕食生活，希望以此感應護法龍天，使他們的萬佛城所需的欠款，源源而來。他們日中一食，袈裟不離身，是頭陀行的一個僧團，在物質條件富足的美國社會中，以苦行來化度一般不滿美國現實生活的男女青年，確實也是一種可行的善巧，所以迄今的中國僧人之最具方便來攝化美國青年的，仍

作者與宣化法師（右）合影

推宣化法師。從他購置萬佛城的這一事實，又可以看出他對發揚中國佛教的悲願之大了。

我在加州的六天之中，也先後拜訪了三藩市美洲佛教會的真常法師及梁民惠居士，加州佛教會的妙智法師，美國佛教僧伽會的妙境及達誠兩位法師，也遇到了觀音寺的體靜比丘尼師。還特別乘飛機到了洛杉磯，在宣化法師的中美佛教會洛城分會住了一晚，由他的兩位弟子接待，並駕車導遊了洛城新建的中國街，日本的曹洞宗、真言宗、淨土真宗的洛城下院。也訪問了越南博士比丘天恩法師的國際佛教禪學中心，他是日本早稻田大學的文學博士，在洛城的發展，相當快速，有學院、圖書館、禪堂，並且正在修建一座越南式的寺院；可惜他當天不在，未能謀面。另外，明知文珠尼法師因事回了香港，我還是去他的美西佛教會訪了一趟，雖在晚上六點多鐘，那天正好是聚會，有十數位男女居士，並且讓我在那裡吃了一餐晚飯，圍坐著談了一些佛法。以我印象所得，加州的中國佛教最有力的當推宣化法師，其次當推智海法師及文珠尼法師。其他數位到達不久，在信眾的接引方面，尚未能以有力二字來衡量。

十二月十六日，乘國內航線，從三藩市飛到了紐約。宣化法師的盛情與隆禮，使我感激，他率領了他的全體弟子，在大殿上為我送行，再開了幾輛車子，送我到機場的檢查口。一次又一次地為我拍照，並且盼我早日回到三藩市來和他同住。如此的禮遇，對我而言，頗有受寵若驚之感，這在其他地方是不易見到的。

當天下午五點多鐘，在紐約的甘迺迪機場降落，一出檢查口，就見到了好多迎接我的人，那是仁俊、樂渡、妙峰、淨海、日常、會機等諸法師，美國佛教會則派了一位董事賀國權居士，到了機場。除了賀居士之外，都是多年的師友。在百忙中，為我一個人，竟勞動了他們好多人。

到了紐約之後的一週之內，為了表示歡迎我，諸山除了在壽冶老和尚的光明寺，為我公宴之外，相繼又有樂渡法師的佛教青年會，浩霖法師的東禪寺，妙峰法師的法王寺，個別為我設宴歡迎。藉此到各寺趕齋的機會，使我熟悉了紐約佛教界的環境，也約略地了解到中國佛教在紐約的發展情況。

我到紐約的掛單處，是美國佛教會的大覺寺，會長是曾任常州天寧寺方丈的敏智老法師，大覺寺的住持是曾在上海靜安寺為我們授過課的仁俊法師，他們兩位都是江蘇省籍的傑出僧寶。美國佛教會有一個董事會，由全體董事處理各項重要事務。會長由董事會聘請，住持也由董事會決定，以會長名義任命。有三位副會長，一位是仁俊法師，另兩位是沈家楨及俞時中居士。大覺寺的住持之下，有一位副住持，由日常法師擔任。紐約的各寺之中，目前以應金玉堂居士獨建的大乘寺最大，現由從緬甸來的洗塵法師住持。住的人數則以大覺寺最多，我到之時，已有四位比丘，加上我，便完成了一個五人的僧團，在海外，已堪稱難得。

過了陽曆年，參加了大覺寺例行的彌陀佛七，與仁俊法師到沈居士的菩提精舍小住兩晚，和沈居士談到讓我補習英文的計畫。接著便開始了英語的補習。同時由於敏智老法師暫時回香港，為美國佛教籌建一座叢林式的莊嚴寺募款，我便替他擔任每週週日的講座，選講的是《大乘遍照光明藏無字法門經》。接著由於仁俊法師的支持，與日常法師合作，開設了週日的靜坐班，不久，日常法師因病返臺靜養，靜坐班便由我一個人負責了。又由於沈居士的建議，為了接引美國青年信佛，坐禪是可行的方法，為了推展坐禪的活動，首先當訓練若干助手，因此而開設了坐禪的特別班，第一期十四週，有四位青年，第二期也是十四週，有七位青年。我的助手雖尚沒有訓練完成，由我教禪，竟然也能接引若干美國青年，使他們受三皈五戒，是我始料之所未及的事。因此，曾有一位美國青年問我，在日本留學，得了博士學位，僅到美國教禪，豈不可惜！我的答覆是，只要能接引人們信佛學佛，因緣許可我怎麼做，我就怎麼做，博士學位並不妨礙我教坐禪。坐禪原是我個人自修的方法，如今教坐禪，也不能限制我的研究興趣。事實上，我在美國佛教會，雖未接受任何職位，即以做一日和尚撞一日鐘的態度，做著弘法的工作，所以，只要住在這裡一天，便願竭盡所能地為其做一天的貢獻。

當然，以佛法的推廣而言，美國的社會，尚是一塊等待開墾的荒地，若無拓荒者的精神，而想佛法在此地生根立腳，是辦不到的。

五、出席世界佛教史學會議

我一向主張，佛教如果與學術脫節，便會流為低級的民間信仰；佛教如果與廣大的群眾隔膜，便會流為僅存於研究室或圖書館中的故紙。若不將此兩端兼顧並重，便不能保全佛教之成為佛教的特色。所以，我在美國佛教會，雖然教授坐禪，而更重視教理的研究。故當臺北的中國佛教會來函通知我和沈家楨居士，要我們兩人代表中華民國，出席威斯康辛大學南亞研究所主辦的世界佛教史學研討會後，我便立即準備了一篇論文，願意準時參加。沈居士由於工作太多太忙，故由我國駐美使館，改請了因明專家，現在印第安那州立大學執教的齊思貽博士，同我出席了這項學術會議。

這次世界佛教史學會議的召集人，是新任威斯康辛大學南亞研究所的主任教授，佛教史學者那拉因（A. K. Narain）博士，在今（一九七六）年年初便向各國發出了邀請書，我中華民國也由外交部轉到了邀請學者出席的徵求書。本來應由教育部轉給各大學的有關研究部門，中華民國政府迄今仍不知道研究佛學早已成了國際間的一門顯要的人文科學，所以仍將研究佛學當作宗教信仰的問題來看待，交由內政部轉給了中國佛教會。雖然，專攻佛學而得到博士學位的中國人，在今日的國外及國內，政府亦無不知之理，就以去年出席海外學人國家建設研究會議的人之中，至少有兩位是專攻佛學的人，一位是以研究因明而在英國牛津及劍橋兩所大學取得哲學博士的齊思貽教授，另一個就是我。我們既受政府邀請回國，當然在政府已有資料的。可是，陰錯陽差，這次威斯康辛大學的徵求書，轉到中國佛教會，在常務理事會上通過請在美國的沈家楨居士和本人就近出席。沈居士無法分身，竟又改請齊博士出席了這項會議。我們極樂意代表中華民國，我們也覺得被中佛會推薦是光榮的，但是，政府將學術會議視作宗教活動，不能不表示遺憾！

這次的會議日程，一共三天，加上報到及離開，我們整整花費了五天的時間。約好八月十八日下午五點半在威斯康辛州的首府麥迪遜機場與齊教授會齊。當我到達時，始知齊教授是早晨到的，為了接待我，特別商請了威大的一位藏文學者──茲威林博士，開車前來，同時還帶來一位齊教授的朋友，現在威大圖書館服務的王正義先生。這次出席會議的學者之中，會議祕書處派車到機場迎接的，只有我一人，不用說，我是仗了比丘身分的緣故，雖在學術上的成就，不論僧俗，皆靠真本領，應對和接待之時，宗教師是比較受到尊重的。

八月十九日上午九點半至八月二十一日晚上九點半，是這次會議的起居日程。一共有來自美國、加拿大、法國、德國、荷蘭、澳大利亞、中華民國、日本、印度、西藏、錫蘭、越南等的學者三十多人，平均每天有十二個人讀出他們的論文，每人讀稿二十分鐘，然後以十分鐘留給大眾問答討論。

美國各大學之中開設佛學課程之最早的，即是威斯康辛大學，迄今已有許多由該大學培養出來的研究佛學的人才，分散在美國好幾個大學，擔任教授佛學的課程。在這次會議中，即有好幾位這種身分的學者。他們最得力的教授，是已故的魯濱遜（Richard H. Robinson）博士，他的繼任者是羅伯特．密勒（Robert Miller），目前的那拉因，則是接替密勒氏的職務。

威斯康辛大學有學生十七萬人，以人數之多而言，它是次於加州大學及紐約州立大學而名列第三位。讀佛學的僅二百多人，研究所專攻博士、碩士課程而屬於佛學部門的，有三十多人。這次會議中，這三十多人，既是服務員，也是最熱心的聽眾。只是未見有學生聽眾，提出任何問題來向發表論文的學者討論，僅於會議的極短的休息時間，他們找到所要問話的對象，提出他們的意見。

會議在美國召開，到會的人，也以美國人最多，包括威斯康辛、哥倫比亞、加州、史丹福、賓州、維吉尼亞州、華盛頓州、西北大學及克爾利通學院等。加上在美國的外國學者，比如我和齊思貽博士，代表中華民國，卻住在美國；山田一止及清田實是日本人，卻分別屬於西北大學及威斯康辛大學。印度的學者 Jaini、Upadhyaya 及 Chandra，卻分屬於加州大學、夏威夷大學及印度駐美大使館。也有美國學者而來自國外的，比如哥倫比亞大學出身的 Leon Hurwitz 博士，卻在加拿大的溫哥華大學，他是智顗的專家，曾先後在日本六年，已是世界知名的佛教學者。

提起知名的佛教學者，出席這次會議的，可以舉出十位擔任主席的人，做為代表：1.日本的西藏學者長尾雅人；2.澳洲的印度教專家 A. L. Basham；3.加拿大的 Leon Hurwitz；4.印度的 Padmanabh Jaini；5.紐約哥倫比亞大學，曾英譯《勝鬘經》的 Alex Wayman；6.荷蘭萊頓大學漢學研究院的許理和（Erik Zürcher），他曾以一部《佛教征服中國》（*The Buddhist Conquest of China*）的書著名於世；7.法國巴黎大學的 A. W. Macdonald；8.西德的 Heinz Bechert；9.日本的唯識學者，山田一止；10.印度的 Nathmal Tatia，他是那爛陀大學的教授。

在日本國內，京都大學的長尾雅人博士，是很受尊敬的長老學者，但尚不是最高地位的佛教學者，由於他常以英文撰寫佛學論文，所以頗為國際知名，也成了這次會議上享譽最高的人。他提出的論文，卻是關於伽藍建構的圖形位置配備的歷史地理學，很有分量。最有分量的一篇論文，應該是山田一止的有關唯識學的研究，在會議的第三天，他問我對會議的觀感，我說：西方人研究佛學，不論如何努力，總是兜著問題的中心在轉圈子，說來說去，總不易觸及問題的癢處；同時，這次會議是以歷史學為主題，也以歷史學的學者為最多，這表明長於理論的西方學者不多，若係長於理論的學者，他必懂得歷史，歷史學易治而思想史難治。齊思貽教授也是治佛教理論的人，他對山田一止博士很有好感，山田氏對我的說法，頗表同感。

我的英文程度很差，在會議期間，對於學者們宣讀的論文，僅能知其大概，若干在文獻學上鑽牛角尖的論文，也不感興趣。倒是兩位印度學者，提出的佛教和耆那教的對比，並且論及何以佛教在印度，結果被印度教吸收而失去了佛教的面貌，耆那教在印度出現，與佛教同一時代而略早，但其迄今仍在印度繼續活躍？

綜合的印象，今日世界上的佛教學者，主要是語言學家及歷史學家，尚談不上思想家。他們為了研究東方的佛教，大多要懂得日文、漢文、巴利文、梵文、藏文，加上英文、德文及法文，甚至於蒙古文及俄文。會議期間，大多數用英語，少數用日語和漢語，仍以英語為主要的媒介。但是，研究大乘佛教的人，無不能閱讀日文、漢文、梵文、藏文，像我這樣僅能懂得兩、三種語文的人，頗有半聾啞的感覺了。我國近代佛教學界，像印順法師這樣廣博而有思想深度的人，當今世界上恐怕不會有第二位，但是印公不擅外文，也無人用外文尤其英文，將他的思想及研究的成果，向國際上做有深度介紹，所以很少知有印順法師之名。為了彌補這一缺憾，我這次宣讀的論題是「近代中國佛教史上的四位思想家」，選的是明末的智旭，民國的歐陽漸、太虛、印順。國內的學界，每每重視歐陽的地位，歐陽固然傑出，在這四人之中，第一位則應推印順。如果對佛教的思想史有若干認識的話，宋以下，像印順這樣的人，的確少見。我對四人的介紹是很均等的，與會的學者們，獨對印公的大乘三系統，及對如來藏的認識，感到興趣，引起了 Dr. Alex Wayman（哥大）及 Dr. Diana Paul（史丹福大學）的討論。

因此，如果說出席這次會議，有什麼收穫的話，是使國際佛教學術界，發現了中國比丘之中，也有夠資格出席這種學術會議的人，尤其使他們知道了近世的中國佛教界，尚有四位思想家，特別是印順法師，乃是一位現在的佛學大家，好多人都感到意外和新奇。外國人是好奇而不服氣的，為了追查我對印公的介紹，是否屬實，今後當有一些能夠看懂現代中文的外國學者，來研究印公的著作了。

有一位印度學者，在第二天的晚宴中，問我對於這次會議的觀感如何？我說，有趣得很，至少使我們聚在一處有了相互認識與交換意見的機會。我的英語講不好，但還可以說幾句和聽一些，日本早稻田大學的中澤かつとし教授及大谷大學的寺川俊昭教授，均不能說英語，倒是有好幾位西洋人能說日語，在會外，無形中結成了一組日語的交談小組。意外地有一位錫蘭比丘，名叫 Rev. H. Gunaratana，現住華盛頓，他是參加旁聽的，也能說普通的日語。另外，在會中遇到了一位越南比丘，現在也住華盛頓，他是拖倒吳廷琰政權的活躍者之一，是釋智光的有力助手，名叫釋覺德（Ven. Dr. Thich Giac Duc），他的博士學位不是佛學，而是加州某一所大學的政治學，他一口帶有法語腔調的英語，頗有鎮攝聽眾心神的能力，他確是一位具有傳教師所應有的神態的人，他今年四十三歲。他向我說出了要使一半的美國人化為佛教徒的豪語。

所以齊思貽教授對他也很感興趣，我們談了好幾次。

中國人與會的，尚有一位札奇斯欽教授，他是蒙古人，除受了完美的漢文教育之外，也是日本早稻田大學的畢業生，他的英語又出奇地好。他曾任國立政治大學教授，現在摩門教的楊百翰大學（Brigham Young University）任教，他是蒙古問題專家。另在威大東亞語言文學系擔任主任教授的周策縱博士，雖未提出論文，卻和我們天天見面，並在八月二十日的晚宴之前，抽空將我們幾個中國人，用汽車接到他的府上喝茶、欣賞他珍藏的字畫，特別給我看了一幅弘一大師的墨寶，「南無阿彌陀佛」六個字的卷軸，紙質尚未變黃。周先生之所以曉得我，是由一位臺灣大學的講師，現在威大博士班專攻佛學課程的古正美小姐告訴他的，古小姐本來也不認識我，只因在威大的圖書館，看過我寫的書，她正在致力於佛教語文的修學，學成後，將準備回國教授佛學。

會議期間的五天晚上，均有宴會，八月十九日的晚宴，設於威大的學生活動中心，二十日的晚宴，由會議主持人那拉因博士夫婦招待在他的家裡。二十一日的晚宴，則受那拉因的前任，密勒博士夫婦招待在密勒氏的府上。與會者中，有好幾位是素食主義者，我的飲食，故也未成問題，因為有不少東方人，所以，冷麵、餃子、咖哩食品，和西洋口味兼美，筷子和刀叉具備。雖在宴會上，也充分顯示了國際色彩。

會議的第三天下午，利用兩個小時，討論了成立一個簡名為IABS（International Association of Buddhist Studies）的組織問題，這次出席會議的人員為當然的基本會員，會長或名譽會長為長尾雅人博士，並將邀請若干榮譽會員，當時被提名的有十位，日本的山口益博士，華裔美籍的陳勝觀博士，皆在其中。預定每年集會一次，出版一冊論集，這次的會議，算作初屆。像這樣以佛學為主題的世界性的學會組織，尚是第一個。對於佛學研究的前途而言，不用說，這是一個很可喜的事實。

（一九七六年九月二日寫於美國紐約，刊於《菩提樹》月刊二八七期）

下篇 日本佛教評介

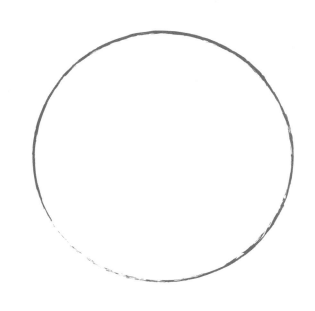

學術化的日本佛教

一、感想

我到日本之後，由於生活緊迫，除了努力於語文及課業，尚得忙於炊洗採購，所以雖有幾家雜誌向我索稿，仍未能夠應命。不過，當我來日前夕，家師東初老人曾有一番訓示：盼我能效法顯、玄奘、義淨之西遊，或效空海、最澄、圓仁等之入唐。法顯之有《佛國記》，玄奘之有《大唐西域記》，義淨之有《南海寄歸內法傳》，均為印度歷史留下了珍貴的記載。空海返日而創真言宗，最澄東返建天台法幢；圓仁留下的著作，關於入唐記載的，以《入唐求法巡禮行記》一書最有名，當他入唐之時，正值唐武宗破滅佛法，他在中國也險遭池魚之殃，他在這書之中，記載了許多為中國史書所未載的當時的史實。此外，圓仁又留下了《日本國承和五年入唐求法目錄》、《入唐新求聖教目錄》、《入唐記》、《入唐諸家傳考》等書，均為當時唐代的中國佛教，保存了極為珍貴的史料。

我來日本求法的年齡，正如義淨三藏西遊的年齡，但我豈敢和義淨三藏比較呢？在我的觀察，正如佛陀的預記，眾生的福慧質地——善根，去佛世愈遠，愈形澆薄，聖人不復出世，賢者亦難遭遇。生在今世的聖嚴，固由於略具少慧而為教界所重視，若生於隋、唐時代，求做智者、賢首、奘公、窺基等的入門弟子，恐怕尚不夠格哩！

雖然如此，我也不敢自棄，我既生於今世，且能成為中國的比丘，又有機會到了日本，我就不能沒有責任了。所以，當我來日之後，除了對於書本的學習，尤其更重於日本佛教現狀的關注。假如僅在書本上下工夫，則正如一位大德所說：「要學日本佛教的研究態度，及其已得成果的利用，不必留日，也可學好。」

因此，我在日本，凡是有關佛教的事物和現象，均愛蒐集和探問，在不損及日人的自尊心的限度內，日人也很樂意告訴我的。我雖沒有準備寫一部《入日求法巡禮記》，但我願意將蒐集到的資料彙集起來，逐篇地向國內報告。

二、日本佛教的趨勢

我們知道，日本本身沒有自己的文化，日本如說也有自己的文化，那是從中國文化中吸取了養料之後的再度生長而成。但是，每一個民族，均有其民族的自尊心和自大觀，日本的大和民族也不例外。故當我國隋、唐時代，佛教初傳日本之際，保守派和革新派之間，也為對於佛教的迎拒問題而發生爭端。終由於新派勝利而將佛教的信仰和佛教的文化，盡量吸收和弘揚，甚至日本第一位偉大的政治家聖德太子，將佛法的精神，制定憲法，做為國民的基準。因此，佛教在日本，曾有好多個世紀為貴族所崇，亦為民間所奉，乃至到了現在，在全日本共計一億四千五百多萬人口之中，佛教徒仍占有七千二百三十三萬一千多人，其餘的除了六十七萬九千三百多人是屬於基督教的新舊兩派的教徒之外，神社神道系的信徒，即占了五千六百二十二萬八千多人。我們對此仍須明白，此在明治維新（百年）之前，未倡神佛分離之時，信神社神道的人也信佛教，縱然到了目前，仍有不少神社的信徒是兼信佛教的，可知，佛教文化之與日本的關係之深切了。也正因此，日本的佛教雖仰給於中國的輸入，進口之後，則已加入了日本的地域性的色彩，正如佛教由印度經西域至中國，到了中國又自成為中國型態的佛教一樣。日本佛教的日本化最顯著的，乃是親鸞的淨土真宗，特別是日蓮的日蓮宗。

可是，縱然有了日本化的佛教出現，佛教終究是由外國引入的。尤其當時的西洋科學文明的浪潮洶湧，中國的張之洞，提倡「中學西用」，主張廟產興學；日本的明治天皇，在技術上積極地採用西方的科學文明，在理念上則基於皇權至上的復古主義——日本的天皇便是立足於神道崇拜的基礎之上——所以站在以神社神道為國粹或國魂的立場，便來排擠佛教。

在此應當說明，日本的神社神道，不同於其他地方的神鬼信仰，在中國，諸如關公、岳王、玄天、媽祖、城隍、土地等的信仰，是對某些忠臣、義士、仁人、善人的崇仰，認為他們在生之日既能公正不欺，死了之後，必為英明的神靈。至於日本的神社神道，則類於中國的祖先崇拜，是由原始社會的社稷崇拜而來，他們以為大和民族是天照大神而來，天神下降而有大和民族的繁衍，本為神的子孫，死後復歸為神，祀於神社。日本人生時為人，死後進入神社即為神。所以，他們的神社即是祖祠，信神是信諸神，求神是求祖先的庇佑。因此，有一位旅日二十來年的楊先生，曾經問我：「日本人的神社崇拜，在大祭日，都是人山人海，那些日本人跪在露地，往往通宵達旦，如醉如癡，究竟是什麼力量使得他們如此虔誠的呢？」我告訴他：「這就是日本人的民族精神所在，我國雖也講國魂和民族精神，但僅屬於抽象的，在日本是具體的一種神社神道的信仰，日本人相信他們的已成了神的民族英雄們及祖先們，永遠地保護他們。日本人信佛普遍而且虔誠，因為他們相信日本的諸神，都是佛菩薩的化身。」

可惜，自奈良時代（西元七〇八—七八一年）以來，即漸次完成的神佛合一的化現思想，到了明治維新之世，便將之破壞了。一時間廢佛毀寺逐僧的風潮，幾乎要使佛教在日本消滅！

世事往往是相反適相成的，正所謂否極泰來，打擊愈嚴重，轉機的希望也愈強烈。打擊佛教的起因是為了迎接西方的技術文明，日本的佛教界也就面對現實，派了優秀的人才赴歐美考察，繼之以派遣學生到歐洲留學，學習歐美學者利用科學方法研究佛教的梵文及巴利文原典，並以語言學為工具，對大、小乘的佛典，做歷史的考據和比較。

日本的佛教徒，在歐美的社會中，知道了西洋近代文明中，已有法律規定和保障人民有信仰宗教的自由，所以向明治天皇的維新政府提出，到了明治二十二年（西元一八八九年），便以憲法第二十八條，對信仰自由的事實，做了明文的規定。

但是，日本佛教在明治以前，雖有許多缺點，總還以佛法的修行及戒律的持守為本務，即使在家型態的淨土真宗和日蓮宗，也極端主張修持。然在明治以後，由於時代環境的轉變，引進了學術研究的新方法，遂漸漸地放鬆了修證實踐的工夫，而且形成一個正好相反的對比：研究風氣愈高，修行的風氣便愈低。直到現在，日本的佛教學者，無不直下承認，日本佛教無修行，縱然尚有真實的修行者，也是非常稀少了。不過，請勿誤解，我並沒有說日本的佛教學者的信心不堅固，也沒有說他們的宗教情緒低落。相反地，我所見到的幾位名學者，例如東京大學印度哲學研究所的中村元博士，他也是淨土真宗的僧侶，當他引導我們參觀他們佛教青年會的禪堂之時，他首先坐下來端身靜觀，對於所奉的佛像也極恭敬。京都大學人文學科研究所的牧田諦亮博士，他是淨土宗的僧侶，到臺灣訪問時，每進寺院，均極虔敬地禮佛誦經。大致上，他們都嚮往能有一個環境，讓他們真正地修行。但在日本這個工商業化的社會中，加上了各自的教職和寺職的擔任，已不容他們離開研究室而走入專門於禪修的環境了。說句老實話，今日的中國佛教，在修持和研究這兩方面，究竟選擇了哪一方面呢？修持的環境談不上，研究的風氣更談不上呀！甚至在宗教信念和宗教情緒方面，也有檢討的餘地。當然，在佛教生活的型態和實質上，我寧願喜歡中國的佛教，至少，我們的比丘尚未結婚、尚在茹素。

可是，我又發現了一個問題。如果中國佛教再不振作精神，迎頭趕上時代的環境，就有被環境所淘汰的危機，縱然沒有政治力的摧毀和外教徒的破壞，中國佛教如果就此下去，也有滅亡之憂。因為我們很少有人研究問題，更沒有集體研究問題的風氣，所以多半不知有問題，有了問題也無法解決，研究好了方案也無從實施。此在古代社會，不成憂痛，在今天的時代，則大不相同。這一癥結，是在我們缺乏組織力量，甚至某些敏感的人物還怕佛教有組織力量，教外的人怕佛教有了組織會強大起來，教內本身也不合作。佛教的寺院，可以因某人而興，也會因某人而廢，寺院與寺院之間，得不到守望相助與互為周濟的益處。此在日本，已不成問題，當第二次大戰期中，日本佛教亦如日本的其他設施一樣，元氣大喪。但是，日本佛教的宗派制度，對於重建戰後佛教的貢獻極大，他們在同一宗派之內，組織共濟會，彼此互助，這是經濟方面的收穫；另在人員方面，也能互通有無。宗內的寺院住持，固以父子傳承為原則，如遇某寺的住持無子，可以收徒，如果其子不肖、收徒又無能，宗內便由宗務會議選派能者和賢者去補充。而且，在各宗之內，極端重視後繼人才的養成，目下的日本佛教，主要的各宗派幾乎都已有了自宗所辦的大學，自宗沒有大學的，也會把青年人送進他宗的或公立的大學主研究佛學，比如我所就讀的立正大學，是日蓮宗辦的，就有創價學會及立正佼成會的青年在裡面攻讀。他們一般的要求是在得到佛學的碩士學位者，才有被考慮成為寺院住持的後繼者的可能。完成碩士學位之後，尚須至各宗的大本山，接受宗教生活的訓練，為期一月乃至數月。各項考核及格，始正式成為僧侶。所以，在日本，有蓄妻生子的和尚（不是比丘），卻沒有無知粗俗的住持。正因如此，在日本穿著僧服外出，絕不會遇到施之以白眼和譏笑的人。此在我們國內，倒是常有的事了，原因何在呢？

三、各種學會紛紛成立

前面已經說到，日本佛教的趨勢，是研究的風氣高揚，實修的風氣消沉。因為時代的狂風，逼著他們非動頭腦研究和發表不可。初期西洋的東方學者研究佛教，大抵是做考據工作，考證佛陀的歷史和佛教教團的歷史過程，現代則進而研求佛教的哲學思惟方法和理念的價值功用。佛教徒為了佛陀的歷史性不被否定，所以也要加入考據的行列。為了證明佛法的思惟方法和理念價值，不但能夠立足，而且超勝於一切哲學思想，所以要加入哲學家的行列。同時，佛教的全部典籍，其內容之龐大，猶如煙海，為了使得後學者的便利運用，又不得不以科學方法予以整理、分類，再組織。又由於處身於這個瞬息萬變的科學大發明的時代中，有著更多的問題，向著佛教湧來，佛教固然絕對禁得起永恆不斷的任何考驗，但對各種新事物、新現象的認識和站在佛法立場的解釋，其間便不得不用頭腦來研究分析和整理了。因此，身為對時代動向反應敏感的日本佛教徒，便把最優秀的人才，送進了大學的研究所。

假如國內的道友之中，有人要說：「學佛為了生死，研究乃是生死的資糧；參禪悟道，便能解決一切問題，研究發表，無非是生死的葛藤。」這種觀念，我當然是贊成的。若能修行得力，自以修行為上，否則若就其次，研究發表仍是維繫佛法慧命的方便之一。我們處身末法時代，不用自棄，也不得自慢。假如標榜修行而僅是口號，反對研究又成了事實，那是很悲哀的！

不過，中國佛教的將來到底該走什麼路，或修行的？或研究的？或兩者並重？這是大問題，容待以後討論。現在且把現代日本佛教的研究風氣做一個介紹。

他們的研究方式很多，有以某些個人為中心的，有以各大學的研究所為單元的，有以某一大學為單元的，有以某一財團為單元的，有以某一宗派為單元的，有以全日本佛教為中心的，有以全國某一門學術的學者全體為原則的，也有為了某些問題而特別臨時召集有關這些問題的專家學者組成的。會員可由數人以至數千人的都有。而且，幾乎每一個學會，都有一份刊物。以學會來集合學者，發表研究的成果，又以刊物來刊行這些發表了的論文。

首先介紹一般性的學會。

（一）日本佛教學會

此係於昭和三年（西元一九二八年），由渡邊海旭發起，聯絡了佛教關係的大學及專門學校的佛教學者，呼籲全國學界，組織而成。它的機關學報《日本佛教學會年報》，每開一次大會，刊行一次，迄昭和四十三年，已出到第三十三號，每次四百頁。現有會員六百人，東部以大正大學為中心，西部以大谷大學為中心，參加的大學及專科學校達二十四所。每年召開一次會員大會，會中分有會員的「研究發表會」及一般學者專家應邀而作的「學術演講會」。

（二）日本印度學佛教學會

這個學會，在會員的數字上，雖不是學會之中的首位，但在組織上和內容上，乃是日本佛教界最龐大的一個學會。它是二次大戰結束之後，於昭和二十六年十月十五日，在東京大學的山上會議所，召開第一次成立大會以來，迄昭和四十四年六月七日，已歷二十次學術大會。其目的在聯絡印度學及佛教學之研究有關的團體及個人，以期促使印度學及佛教學的發達與普及。它現在的會員名簿，達一百四十一頁，計一千四百八十七人，中國的慧嶽法師、張曼濤、林傳芳、楊鴻飛、葉阿月等，也是此會的會員，自第二十屆學術大會起，我也成了它的成員之一。

該會的加盟大專學校達三十七所，它的現任理事長是宮本正尊，理事則有中村元、平川彰、榑林皓堂、櫛田良洪、坂本幸男、古田紹欽、西義雄、山田龍城、金倉圓照、佐藤哲英、野上俊靜、安藤俊雄、野村耀昌、横超慧日、長尾雅人、石津照璽等四十六位。學術大會的評議員，則幾乎包括了現在日本半數以上的佛學文學博士達一百二十二位，其中東京大學的有宮本正尊等六位，駒澤大學的有七位，大正大學有五位，立正大學有六位，日本大學六位，龍谷大學的六位，京都大學五位，高野山大學五位，花園大學兩位，佛教大學兩位等。

該會所做的事業重點有六項：1.學術上的研究調查；2.學術大會、研究會、講演會，以及其他集會的召開；3.發行《印度學佛教學研究》每年二次，每次一千頁；4.對於會員研究之協助；5.對外向日本學術會議，文學、哲學、史學學會之聯絡，對內和日本佛教學會及日本宗教學會等之聯絡；6.其他必要之事業。

該會第十九次學術大會，去（一九六八）年在京都的佛教大學召開，分為九個部會，分組發表研究論文，以兩天的日程，有三百人提出了各自的傑作。今（一九六九）年六月，在東京的大正大學召開，也是兩天的日程，分作八個部會（小組），提出研究報告的會員，也有三百人左右。研究的範圍極廣，從印度的宗教、哲學、文學、歷史、佛學，到世界各國所傳的佛教教義、教團、教典，乃至於特定的個人，或某人的某一點思想和事業。可以大題小作，今日通常的論文是小題目大文章，每以出人意外的發現來向學界公開，以個人的獨得之祕，讓大家來分享，學術大會的功能，即在鼓勵大家研究，並集合大家研究而得的成果，成為佛教的公產。

在此學術大會上，我發現日本的佛教學者，涉獵範圍之廣，頗能使人吃驚，以八個小組所論的內容而言，大致上是以印度、中國、日本做為三個中心，而且分量的比重上，也有天下三分之勢。詳確地統計起來，則又覺得他們首重日本的佛教，次重印度的，中國則被置於第三位了。在追究佛教的源流上，他們要明瞭印度，也不能忽略中國，但對事實的現狀而言，最切身的是他們日本自己的佛教，他們探本窮源，隨機弘化，開拓前途，用心至為確當。由於時代的文明日新月異，無論任何既成的設施，無不經常處於新舊交替的狀態，日本佛教雖與中國的不同，但也仍有非得加鞭趕上時代不可的要求。故在大會中，也有如此的論題，被提出討論：「佛教與現代社會」、「近代佛教教育問題」、「關於近世日本的反宗教思想」、「佛教和民族解放運動」。

（三）日本宗教學會

此會創於昭和五年，每年召開一次學術大會及公開講演會，加盟國際宗教學宗教史學會，並曾於一九五八年協力召開國際宗教史學會議。刊行每期一百五十頁的《宗教研究》季刊。該會的現在負責人，就是我的宗教哲學教授石津照璽博士。

在日本，研究宗教學的學者，乃以佛教學者為主，通過宗教學而弘揚佛法，復以宗教學來衡量外教，這是破外立內的好方法，尤其以佛教的立場論宗教，可以做到純客觀的理性批判，其他宗教則不易辦到。由於日本的宗教學多半掌握於佛教之手，其他外教的學術勢力，真是相形見絀！例如《宗教研究》之類的書刊，內容多屬佛教，外教的分量極微，但是，外教在日本，雖有處於貧瘠的荒漠之嘆，日本的佛教界卻從未忽視這些力量的存在。所以，在各大學中，對佛教徒而言，宗教學為必修的課程之一。

（四）宗教史研究會

這是一個屬於青年人的宗教學會，成立於昭和三十八年，集合東京及其附近的年輕人之對於宗教史的研究者組成，邀請名學者為他們的顧問，會員約有四十多人，已經將他們集體研究的成果，出版了《社寺取調類纂目錄》、《寺院本末帳所在目錄》等的日本宗教史目錄叢書。

（五）佛教社會福祉學會

這也是一個新興的學會。因在明治維新時代之後，日本的佛教學者，主要的研究工作，是對佛教的經典、佛教的遺物，做歷史的或教理的考察。但到近年以來，跟著時代的進展，關於佛教的社會活動的實踐方面，也漸受重視，並且要將佛教的實踐行為，應用於一般社會，而使社會大眾均能因了佛法而獲致實際的利益，以此造福社會的手段或方法，來達成弘揚佛法的目的。同時，在日本印度學佛教學會中，也有對此問題請求研究的呼籲。因此，到了昭和四十一年六月，便有立正大學的森永松信教授，文京女子短大的摩尼清之教授，相模工大的佐伯真光副教授，同朋大學的守屋茂教授，日本福祉大學的吉田宏岳副教授，佛教大學的花田順信講師，在高野山高室院集會，組成籌備會議，創立「佛教社會福祉學會」。同年十一月十一日，即在東京的立正大學召開第一次大會，以後又在日本福祉大學及龍谷大學等處召開了三次大會。

（六）佛教史學會

這個學會係由佛教史學權威塚本善隆博士主持，在對中國佛教史的研究上，著有素望的這位老教授，現在著手編寫一部《中國佛教通史》，第一冊古代部分已經問世。此一學會，除了每年召開一次學術大會及總會之外，遇有問題則隨時研究。自去年五月起，又開了「佛教史學入門講座」，同時發行每期六十四頁的《佛教史學研究》季刊。

（七）國際佛教研究所

此會自昭和二十九年，自駒澤大學的榑林皓堂，立正大學的坂本幸男，大正大學的關口真大，以三個佛教的大學共同發起，為使佛教思想給全世界的人類共同分享，故有將佛教做國際性的研究、聯絡、助成。此後又有東洋大學加盟，並與關西的各佛教系的大學，召開佛教英語辯論大會。此雖名為研究所，實則仍是學會性質，每年有例會四次，一年有一次英語辯論大會。

（八）日本佛教研究會

此會的產生，是由東京的山喜房佛書林，編集了一份叫作《日本佛教史》刊物，昭和三十三年，出到第四號之後，覺得僅限於日本佛教史的範圍，意義太狹了，遂擴大而包容了日本佛教的藝術、文學、考古、民俗等的研究，改稱為「日本佛教研究會」。出有《日本佛教》季刊一種，每期六十四頁。

（九）佛教文學研究會

此會成立於昭和三十七年，東部以大正大學日本文學研究室為據點，西部以大谷大學日本國文學研究室為中心。出有三百二十頁的《佛教文學研究》年刊及六頁的《佛教文學研究會報》年刊各一種。

（一〇）禪文化研究所（財團法人）

這個學術財團的組織也很龐大，設有理事長、所長、事務局長各一人，理事十人，監事二人，評議員十二人，講師七人，所員二十人，研究所三人，助教三人，會員二千三百人。它的據點設於京都的花園大學。出有每期八十四頁的《禪文化》季刊及每期二百頁的《禪文化研究所紀要》年刊各一種。此一學會成立於昭和三十九年。它的宗旨及其事業有三大重點：1.對於禪學及禪之文化有關於歷史、思想、美術等的研究和解釋，通過研究發表大會及其他方式而後公開刊載於《禪文化研究所紀要》。2.將研究的成果，施以平易的、普及的手段，發行《禪文化》，每年舉行二或三次的演講會及講座。3.基於臨濟禪的立場或原則，在現代人的生活之中，以新的方法布教傳道的活動。

（一一）日本西藏學會

最近見到臺北有一位黃宏德居士影印了法尊法師翻譯的《菩提道次第廣論》，

我真欣喜不已，法尊法師對西藏佛學的造詣以及漢文佛學的程度，均可列於世界第一流佛教學者之名而無愧色。但在我國的近世佛教學者之中，也僅法尊法師一人而已。在日本，對於西藏佛學的研究者，自明治三十一年起，即有寺本婉雅及能海寬二人入藏，能海寬死於途中，寺本婉雅則學成後返回日本，譯出了藏文的《唯識三十頌》及多羅那他著的《印度佛教史》等書，並著有《西藏語文法》。大正元年（西元一九一二年），又有大谷光瑞派遣青木文教及多田等觀二人入藏，回國後，成為西藏學的權威學者。此後，又有松木文三郎、立花秀孝、河口慧海等人相繼研究西藏佛學。在目前的日本佛學界，仍以藏文、梵文、巴利文的研究並重。立正大學的藏文教授中村瑞隆博士，也曾到過尼泊爾、西藏等地，做過實地訪問。現在此處介紹的日本西藏學會，設於關西大學的東西學術研究所內，由各大學選出委員，會員約三百人，每年召開一次學術大會，並藉學會達成與各國有關西藏學及西藏文化研究之交流。出有《日本西藏學會會報》年刊一種，每期僅六頁。

（一二）國際宗教研究所（財團法人）

此會設於東京的上智大學，理事長由佛教中的宗教學者增谷文雄博士擔任（其主要著述有《近代佛教思想史》、《親鸞・道元・日蓮》、《日本人的佛教》等）。出版《同時代的日本宗教》（*Contemporary Religions in Japan*）英文版年刊及《國際宗教新聞》日文雙月刊各一種。每年會員的會費為日幣五千圓（美元十三點八八元），若能一次繳納五萬圓以上的日幣，即可成為其終身會員。此一學會的目的，在於研究內外各宗教，加深相互之理解，進而達成共通的理想，促成文化的向上發展，確立人類的和平。其事業則在促使內外諸宗教家的交流，協助其研究，主辦研究會、懇談會、協議會、演講會之召開等。

（一三）曹洞宗宗學研究所

此一學會設於駒澤大學內，主持人即為駒大的校長榑林皓堂，主要研究員有松田文雄、橫井覺道、伊藤俊彥等九人，自一九四五年起，創辦《宗學研究》年刊一種。

目前他們研究的主題有兩個：1.關於禪的心性觀之思想史的開展，2.有關禪的歷史之諸問題以及其他。

（一四）曹洞宗教化研修所

此亦設於駒澤大學，由校長兼任所長，藤田俊訓及館天山任副所長，服部松齊任指導教授。此一研修所的目的，在於研究如何推進本宗布教及教化之效果提高，有些什麼必要的施設，例如學術及技巧方面的人才之養成，以及進行學術的研究調查。在課程方面亦分研修生的研修部門及研修所員的研究部門。前者是為布教教化之推展，由於事實的要求，必須努力於知識涵養和技能訓練，以養成堅實的基礎。後者又分以布教教化推展的基本問題的共同研究，和以各自擔任專門問題的個人研究。此一學會自昭和三十一年以來，已為曹洞宗培植了好多人才，由於該學會活動積極，並使新的研究人員不斷地參加各種學術大會，此在今年的印度學佛教學大會中，便可看出駒大的實力雄大，竟有四十一人提出論文發表，占了各大學參加發表人數的第一位。

（一五）日蓮宗現代宗教研究所

設於東京都池上的本門寺，由茂田井教亨主持其事，出有年刊二百頁的《所報》一種。自昭和三十八年起，基於現代思潮的觀點，對日蓮教學的研究和調查為其中心目標。

（一六）知恩院淨土宗學研究所

此所設於京都的知恩院，主持人是鵜飼隆玄，以藤吉慈海為研究主任，另有研究員十名。自昭和四十一年起，創刊每期三百頁的《淨土宗學研究》年刊一種。但其成立該所，則在昭和三十六年九月，開設宗學關係、佛教學關係、近代學術關係的三個研究室。第一期研究的主題是「做為報身佛的阿彌陀佛及其淨土」，對於佛身論、眾生論、安心論、起行論、作業論、往生論，加以探究檢討。

（一七）智山勸學會

這是日本真言宗智山派的一個學術會，以智山派事務局及大正大學的真言學研究室為其據點。此會發行《智山學報》及《智山勸學會報》，和全日本真言宗各派協調召開教學大會，和智山派宗務廳協力召開智山派的教學大會，另有研究會及講義會的主辦等工作。

（一八）鈴木學術財團（財團法人）

此一學術財團設於東京都文京區，本為「財團法人《西藏大藏經》研究會」，成立於昭和三十一年，乃為東方文化交流發展史上之寶典《西藏大藏經》全部一百六十八卷之複製刊印而起，連帶影印《西藏大藏經》而發生的文化事業，則為藏文藏經之目錄及索引的編纂、語彙的整理配備，並有為之譯成日文及歐洲語文等的工作。基於此等要求，又擴大範圍，以研究東方的文化思想（佛教為主）之工作為其使命，在鈴木大拙會長的領導之下，達成學術文化之發展及世界文化之興隆的願望。以其會長為鈴木博士，所以在昭和三十八年更名為鈴木學術財團。一則為借重鈴木博士在國際上的令譽，一則亦為紀念鈴木博士發揚佛教學術文化的功勞。

說起鈴木大拙此人，國內外，尤其在日本及歐美的佛教學界，無人不知其名，因他將禪學用英文寫成了好多種書籍在歐美發行，所以西洋人一講到禪，就會聯想到日本的鈴木大拙。但是，鈴木大拙在日本學者的心目中如何呢？我曾訪問了好幾位日本學者，他們都說那是一位了不起的學者，不過，他是講禪而未真的坐禪，是文字禪而非實證親悟的禪。其中一位學者更坦然地對我說：鈴木其人我們都佩服他的，只因他的朋友（學生）多以其名氣太高，所以無人願意公然地指摘他，事實上，大家明白他講的禪可以說並不是禪。不過，像鈴木這樣，將佛學知識直接用英文表達出來，輸送到西洋去的輝煌成就，在近代的東方人之中，還未發現第二個人。為了尊重他的功績，日本學者也不忍對他置評。

再講鈴木學術財團的事業，已經完成的有《西藏大藏經》的複刊，以及與藏文藏經相關的諸項工作，又將望月信亨的《佛教大辭典》加以改訂增補為十鉅冊刊行問世，《梵和大辭典》的陸續編印，宗教的兒童繪畫書及樂譜的製作出版，宗教及教育電影的攝製等。今後計畫，更要設立研究所，向海外派遣宗教學者，招聘外國的宗教學者，舉辦演講會，設置獎學金等。鈴木死後，會長懸缺，現由副會長久松真一博士代理，久松為東大名譽教授，也是日本學士院的會員，曾獲文化功勞賞。

（一九）三康文化研究所

它的理事長為大正大學的名譽教授椎尾辨匡博士，昭和三十九年六月，在東京增上寺內由西武鐵道公司的協助而成立。當初的基金為二千萬圓日幣（相當新臺幣二百二十萬元）。它的事業為：1.關於印度及佛學的研究調查，2.對於有關佛教文化研究之獎勵以及研究者之養成，3.刊行關於佛教文化之研究的成果，4.舉行有關佛教文化之演講會和每月例行的研究會等。

（二〇）大倉精神文化研究所（財團法人）

此由曹洞宗的大倉邦彥創辦於昭和七年，現在仍由他身兼理事長及所長兩職。它的研究目的，是在促使日本國民的精神文化向上及道義之昂揚，道德人格的養成及精神生活的實踐，所以範圍較廣，涉及宗教、哲學、倫理、教育、歷史之研究。經常的活動有坐禪會及講習會，並為各種的研究者及宗教團體提供研究室、課室、講堂、坐禪道場、住宿所和圖書館之利用。日本文化與佛教文化血肉相連，所以此一財團所做工作，仍以佛教文化為主。

（二一）真宗聯合學會

包括淨土真宗本願寺派布教研究所、龍谷教學會議、顯真學會、大谷派教學研究所、天台學會、南都佛教研究會、高田學會、東北大學印度學宗教學會、東北大學日本文化研究所、東洋學研究所、早稻田大學宗教學會、近世佛教研究會等。

四、大學內的研究學會

大學本是研究學術的機構，但在大學中能有如此多的研究佛教學的組織，在今日的世界各國之中，恐怕沒有再比日本更多的了。現在分述如下：

（一）駒澤大學內的研究組織

1.駒澤大學宗教社會研究所：由巴利文的權威學者水野弘元主持，研究者包括水野弘元、中島關爾、大和英成等十八人，自昭和二十八年成立以來，對於宗教文化之問題及關於寺院和農村社會之機能問題等，研究了十多個主題。現在研究的主題有佛教團體的經濟基礎等，出有每期五十頁的《宗教社會研究所報》年刊一種。

2.駒澤大學佛教學會：出有每期一百五十頁的《佛教學會誌》年刊一種。

3.駒澤大學史學會：出有《駒澤史學》期刊一種。

4.佛教經濟研究所：出有《佛教經濟研究》期刊一種。

5.禪研究所。

（二）立正大學內的研究組織

1.立正大學法華經文化研究所：主持人是立大的校長，分設總務、資料、研究之三部，有所員及研究員三十二人，它的名譽顧問，有立正佼成會會長庭野日敬等三人，顧問則有望月歡厚、久保田正文、金倉圓照、山口益、宮本正尊、中村元、石津照璽、石田茂作、長尾雅人、辻直四郎、福井康順等十一位博士。自昭和四十一年成立以來，已設「法華經尼泊爾本研究會」及「正法華研究會」。日本關於《法華經》的研究，現在便以該所為最高權威的學術組織，因為日蓮宗以《法華經》為中心信仰，故在立正大學教授藏文本《法華經》以學藏文，教授梵文本《法華經》以學梵文，該所蒐集世界迄今已見的一切有關《法華經》的資料典籍，予以整理發揚。

2.立正大學日蓮教學研究所：由影山堯雄博士擔任所長，另有研究員二十五人，出刊每期二百四十八頁的半年刊《大崎學報》一種。昭和十九年創立之際，名為宗學研究所，至昭和三十二年，始更現名。該所已完成了《完本日蓮聖人遺文集》（四卷）、《日蓮宗讀本》、《日蓮宗宗學全書》（二十三卷）、日蓮教團史等的編訂和刊行，現在則在為了編集《日蓮聖人遺文辭典》而工作中。

3.立正大學佛教學會：此會由立大校長主持，會員五百六十多人，自進入立大之後的我，也成了此會的會員，因其是以立大畢業的學生及大學院的研究生為主要對象，但也歡迎非立大出身的學者參加。每年發行二百頁的《大崎學報》兩次，秋天則舉行發表大會。今年的第二十二次大會，在東京池上的日蓮宗宗務院召開，一連兩天，我與淨海法師也特別趕去參加。大會由日蓮宗管長藤井日靜擔任總裁，日蓮宗宗務總長片山日幹任會長，立大校長任首座副會長。發表論文，分特別發表及研究發表，特別發表者均為三十分鐘，研究發表者則為十五分鐘。宗務院的會場相當寬大，聽講的人只有六十多人，但請不要小視，坐在那裡的，絕不能與目前中國法師們講經時的人數並論。因為這是研究發表，不是通俗布教。發表的論題，自以日蓮宗的教學為主，但在二十八位發表者中，也有關於印度及中國佛教的主題提出。

4. 立正大學史學會。

（三）大正大學內的研究組織

1. 大正大學佛教學會：由大正校長櫛田良洪主持，因為大正大學是由天台、真言、淨土等幾個宗派合辦的，故其研究室也較多。這個學會便是為了佛教學部各研究室（天台學、真言學、淨土學、梵文學、佛教學）的研究交流和協調，研究成果即刊於《大正大學研究紀要》年刊。

2. 大正大學山家學會：此以大正大學的天台學研究室為中心，研究成果揭載於

《天台學報》等。

3.大正大學智山勸學會：此係由大正大學內的真言宗智山派的教職員為組成的單元，每年會費每人一萬二千日圓，出版《智山學報》年刊一種。此會會員，是為研究振興真言宗智山派的方法並發揚其教學，每兩月召集一次智山教學座談會，研究範圍則包括佛教學、宗教學、哲學、文學、史學、社會學、教團史等的公開發表。

4.大正大學豐山學會：日本真言宗的派系很多，分有高野山派、醍醐派、東寺派、泉涌寺派、山階派、智山派、豐山脈、御室派等，大正大學內即占有其中二派，該校現任校長便是豐山派大勝院的住持，此一學會即由他主持。

5.大正大學淨土學研究會：出有《淨土學》會刊一種。

6.日本密教學會：此會係為研究並普及廣泛的密教文化而成立於昭和四十三年。其活動則為學術大會之召開，以及《密教學研究》期刊之發行。

7.大正大學宗教學會：會長為增谷文雄，發行每期八十頁的《宗教學年報》，每年舉辦春、秋兩次演講會及五次研究會。

8.佛教民俗學會。

9.大正大學宗教文化研究會。

（四）龍谷大學內的研究組織

1. 龍谷大學西域文化研究所：龍谷大學是淨土真宗本願寺派所主辦。西域是印度佛教輸入中國的主要橋樑，但在過去，我們對於西域的知識非常有限，尤其關於西域佛教文化的印象極其淺薄。然自西元一八九〇年英國駐印度的鮑威爾（Hamilton Bower）上尉，在庫車附近發現了書於西元第四世紀及第五世紀梵文經咒之後，接著有法國人、俄國人、德國人、瑞典人、日本人等，相繼屢派探險隊，前去發掘調查。日本以淨土真宗本願寺派管長大谷光瑞於明治三十五年率團前往，以和闐及庫車地方為主要目標，經過兩年的發掘，帶回了大批的寶藏。明治四十一年，又有橘瑞超氏入西域，此人探尋了前後三次，範圍擴及吐魯番、庫車、塔里木盆地北部及敦煌、中央亞細亞，至大正四年，發表《西域考古圖譜》二卷。由於這些地下古代文物的發現，日本出了好多位西域研究的專家，例如羽田亨、白鳥庫吉、羽溪了諦等。現在介紹的這個學會，是在大谷光瑞死後第五年（一九五三年）成立，目的即在於研究整理大谷光瑞帶回日本的西域文化資料，由龍大校長星野元豐擔任會長，專門委員有小笠原宣秀博士為歷史部門主任，小川貫弌教授為佛教史部門主任，佐藤哲英博士為佛教學部門主任，真田有美為胡語部門主任，芳村修基為佛典及美術部門主任。迄今已完成的研究成果，有《西域文化研究》、《西域文化資料叢書》等的編集和刊行。參與研究的人員之中，例如橘瑞超氏及吉川小一郎，均是親歷西域探險的元老。此會會員人數亦達二百人。自昭和三十三年至三十八年之間，出版《西域文化研究》年刊一冊，最初即以斯學的權威學者羽田亨為顧問。所出《西域文化研究》共計六大冊，其內容為：⑴敦煌佛教資料，⑵及⑶社會經濟資料，⑷胡語文獻，⑸佛教美術，⑹歷史與美術之問題。

2. 龍谷大學佛教文化研究所：亦由龍大校長星野氏主持，創立於昭和三十六年，有研究者十三人、輔助研究者十人，出有每期一百八十頁的《龍谷大學佛教文化研究所紀要》年刊一種。已完成了《大唐西域記》之研究及近代思想與佛教之對證等。現在則進行著真宗的世界觀、佛教的認識論、地理與宗教等主題之研究。

3. 龍谷學會：由龍大的文學部長普賢大圓教授主持此一學會。以佛教學、哲學、史學、文學等文科諸種學術為其研究發表之對象，出有《龍谷大學論集》雜誌一種。

4. 另有龍大真宗學會、龍大佛教學會、龍大佛教史學會、龍大宗教學會等。

（五）大谷大學的研究組織

1.大谷學會：大谷大學是淨土真宗大谷派主辦的。此會的會長即是大谷大學校長野上俊靜博士，大谷大學佛教學部長安藤俊雄則主持其事。出有每期三百一十頁的《大谷大學研究年報》及每期一百一十頁的《大谷學報》季刊各一種。此一學會，是從創立於大正九年的佛教研究會而來，至昭和三年，改為大谷學會。是對佛教學、真言宗、哲學、史學、文學之關聯問題的學術研究及發表為目的，並做春、秋兩次的定期演講。

2.大谷大學宗教學會。

3.大谷大學真宗學會：由大谷大學的廣瀨杲教授主持，編集《親鸞教學》雜誌一種，每年召集數次例會，並舉辦公開演講會。

4.大谷大學佛教學會：由舟橋一哉教授主持，此以大谷大學佛教學專攻的大學院學生及文學部學生為正會員，以谷大佛教學所屬的教員為特別會員。出有每期一百一十頁的《佛教學論壇》一種。它的活動分有大會、例會、公開演講、研究旅行等。

（六）東京大學的研究組織

東京大學雖為日本國立的大學，但它對於佛法的弘揚與研究的成果，實已超過了現有任何一家佛教自己辦的大學。享譽國際的佛教學的文學博士之中，東大出身的占了很多，例如井上圓了、松本文三郎、椎尾辨匡、常盤大定、宇井伯壽、木村泰賢、望月信亨、忽滑谷快天、久松潛一、石田茂作、宮本正尊、花山信勝、中村元、布施浩岳、西義雄、平川彰、玉城康四郎等人，都是東大的文學博士。東大雖未設佛教學部，僅在文學部之下設一印度哲學研究室，而其對印度哲學研究的成績，已駕乎歐洲先進國家之上。現在東大研究佛教學的師生，組有一個「東大佛教青年會」，會址設於東大旁的日本信販大廈七樓。此會成立於大正八年，昭和二年發行《佛教文化》雜誌一種，後由於中日戰爭及太平洋戰事爆發，出版物受到限制，遂與名古屋信道會館的《信道》合併，仍名《佛教文化》，然至昭和二十一年，出到第二卷第六號，終於完全停刊。直到昭和四十四年九月，始行復刊。但是東大佛教青年會，則在昭和四十年度，復興活動。分設有公開講座、佛典講讀會、佛教美術研究會、坐禪會、寫經會、佛像雕刻研究會。另有一項工作名為「向越南伸出慈悲的手」，即於每星期日至街頭募集善款，今年八月十日至九月一日，已向越南派遣了三人，救濟戰火下的越南災民。當中村元博士引導我們參觀他們東大的佛教青年會時，告訴我們這是所有的佛教青年的活動中心，也歡迎我們時常去參加。以其公開講座的次數、題目、主講人而言，都算得上是第一流的學術活動。昭和四十年講了六次，其中有東大教授山本達郎的「東南亞的政治權力與宗教」，明治大學教授唐木順三的「日本佛教世俗化的問題」，大正大學教授增谷文雄的「關於初期經典的神話表現與心理表現」。昭和四十一年度有十一次，其中有東大教授平川彰的「佛教與生活」，東大教授笠原一男的「關於現代佛教徒的任務」，作曲家黛敏郎的「佛教與音樂」，中村元的「訪問尼泊爾」，東洋大學教授勝又俊教的「中國佛教的現狀」。昭和四十二年，舉行了十次，內有東大副教授早島鏡正的「關於佛教的價值探究」，駒澤大學水野弘元的「佛教之特質」及「現代青年與佛教」等。昭和四十三年度舉行了九次，內有法政大學教授谷川徹三的「宗教與和平的問題」，駒澤大學教授酒井得元的「禪三昧」，東大鎌田茂雄的「華嚴思想的現代意義」，東大教授玉城康四郎、副教授齋藤忍隨、國學院大學教授三枝充悳等三人合作的「東方思想與西方思想」，東大名譽教授花山信勝的「佛教在美洲的發展」。昭和四十四年（今年）度，則有東海大學教授石田瑞麿的

「親鸞的思想及其生活」，東洋大學教授金岡秀友的「在佛教中的平等和自由」，立正大學校長坂本幸男的「做為宗教體驗的《華嚴經》」。

關於佛典講讀會，每月兩次，自昭和四十年以來，先後已有平川彰擔任的《八宗綱要》，石田瑞麿擔任的《往生要集》，玉城康四郎擔任的《攝大乘論》，早島鏡正擔任的《長老偈．長老尼偈》，中村元及早島鏡正聯合擔任的《佛陀的言語》。

再說《佛教文化》這本刊物，雖僅七十二頁，它的內容則相當結實，例如復刊號中，有玉城康四郎的〈在現代社會中的佛教〉、宮本正尊的〈追求善而生存於真實中的歡悅〉、日本大學教授古田紹欽的〈虛偽與真實〉、專修大學教授杉靖三郎的〈死和（佛教的）禪〉、中村元的〈想像日本佛教的前程〉。中村氏這篇文字，其實是考察了外國之後的報導，故其副題為「回顧海外的佛教」，他在今年春、夏之間，曾到過曼谷、香港、臺灣、夏威夷等地，對於臺灣佛教的情形，介紹了：中國寺院的建築型式、慈航法師的通俗教化、印順法師的小室中撰述研究、臺灣青年僧侶的日漸減少，是由於臺灣政府要徵僧人服兵役。他對他的學生葉阿月女士在臺灣大學開講印度哲學，以及張曼濤君在中國文化學院指導佛學的研究，均有報導。對於周宣德利用「國際文教獎學基金會」、「詹煜齋佛教文化獎學基金會」、「焦山智光大師獎學基金會」而做的大專院校的佛教青年活動，也有提到。其實，像周氏這樣的青年運動，在臺灣而言，固已難能可貴，但因他個人有些英雄主義色彩，亦非學有專長的佛教學者，僅是熱忱的佛教運動家，所以和日本的學術研究相比，尚有待以努力的餘地。

《佛教文化》的另一特色，是對讀者做客觀和忠實的學術指導，絕不因為不是東大關係或每宗關係的緣故而不加介紹或歪曲事實，也不因為是自家圈內的關係者，便做誇大宣傳的吹噓捧場。如果那樣，不但有失學術研究的尊嚴，也大大地損害了佛教之為佛教的崇高精神。

日本雜誌大多刊有書評，而且每期不止一篇，例如《佛教文化》復刊號中就有七篇書評。在國內的佛教界，因為新的著述極少，所以書評更少，致使初入佛門的人，不知該看一些什麼書。

（七）京都大學內的研究組織

京都大學也是國立的，它之在京都，有如東大之在東京的地位。它對佛教人才的培育之功，亦可與東大相互媲美而僅次於東大，例如羽溪了諦，密教學權威學者栂尾祥雲、山口益、伊藤義賢、久松真一，中國佛教史權威塚本善隆、長尾雅人、舟橋一哉等有名的博士，均是出身於京都大學的佛教學者。現在京都大學有四個研究佛教學術會團：

1. 京都大學印度佛教學會：由長尾雅人擔任會長，松尾義海、伊藤義教任副會長，出有每期九十六頁的《印度學試論集》年刊一種。此會是鑑於二次大戰之後，由於新型態的印度的確立，為了各項的活動便利，故聯絡了京都大學內的印度哲學、佛教學、梵語文學的三個小單位，聯合成立了如此一個綜合性的研究組織。它的會員雖以上述校內的三單位的教職員及學生為原則，但也和全國性的「日本印度學佛教學會」及「日本佛教學會」取得聯繫和協調。

2. 京都大學人文科學研究所：此所由藪內清擔任所長，今春曾到臺灣訪問的牧田諦亮博士，即為該所宗教研究室的負責人。該所為京大的附屬研究機構之一，其中分有日本、東方、西洋之三個部門，宗教研究室則屬於東方部的一個小單元，目前，該室共同研究的中心問題是「孔明集之研究」，參加研究者約二十人。由牧田諦亮主持中國佛教之研究，荒牧典俊主持印度佛教之研究。出有每期三百頁的《東方學報》年刊（非賣品）一種。說到此一機構之成立，我們中國人不禁要感到羞辱，因為它是利用義和團事件而得的中國賠款，於昭和五年建成了東方文化學院京都研究所，到了昭和二十三年，始併入京都大學人文科學研究所的。不過，能夠用來做佛教的研究發揚，又未始不是善舉。該室成立迄今，在塚本善隆博士主持之下，對於中國佛教史之研究，貢獻很多。即以戰後採用共同研究的體制而完成的，已有《肇論研究》、《慧遠研究》等的研究報告和刊行。在佛教考古學方面，也出了全十六卷三十二冊的《雲岡石窟》一套鉅著。

3. 京都大學宗教學研究會：由西谷啟治博士主持。

4. 京都大學佛教學研究會：由長尾雅人博士主持。

（八）高野山大學內的研究組織

目前日本真言宗，若加以詳細調查，共達四十八個支派之多，寺院一萬一千九百七十六座，信徒一千一百七十四萬八千四百二十三人。以寺院數字而言，高野山占第一位，計三千四百一十七座，智山派計二千八百四十座，豐山派計二千五百四十三座，其餘各派均在九百座以下。可見高野山的實力和名望，如今仍執日本真言宗的牛耳，故也獨其一派有自宗所創的大學。這所大學內的研究組織共有三個：

1.日本密教學會高野山同學會：由高野山大學校長中野義照主持，中野氏曾獲勳三等旭口中章及紫授褒章，主要著述有《摩奴法典》、《印度文獻史》等。由酒井真典博士為常務理事。會員約有二百人。出版每期三百頁的《宗教學研究》年刊一種。此會係自昭和二十六年，由高野山大學的教職員生中之有志於斯學者發起成立，每年春、秋兩季召開研究發表會兩次。

2.高野山大學密教文化研究所：也由高大校長主持，研究者有中野義照、加地哲定、野澤靜澄、宮坂宥勝、東武、蜜波羅圭之介、日野西真定、楠信義。此所成立於昭和三十三年，已經完成的研究成果，有《印度密教學序說》、《栂尾全集》、《弘法大師全集》（計八卷）之刊行。現行研究的主題是 Tattvasamgraha Tantra 的原典研究，以及《新密教大辭典》的編輯。

3.高野山大學密教研究會：會長仍是中野義照，會員有七百八十多人。自大正七年成立以後，出版《密教研究》季刊，嗣因二次大戰而中斷，戰後又行復刊，每期九十八頁。

（九）其他幾所大學的研究組織

1. 種智院大學密教學會。

2. 身延山短期大學學會。

3. 名古屋大學的東海印度學佛教學會：由名大的上田義文教授主持，會員約一百七十人，自昭和二十九年十一月初創立學會以來，每年召開一次學術發表大會，論文刊於該會所出的《東海佛教》年刊。

4. 同朋大學的同朋學會：由同大校長山上正尊任會長，同大教職員生及對該會之贊助者，均得成為其會員，其目的在於對佛教學、社會福祉學、日本國文學以及人文科學等研究發表，出有《同朋學報》一種。

5. 滋賀大學佛教學研究會。

6. 四天王寺學園女子短期大學的聖德太子研究會：成立於昭和四十一年，出有每期一百七十頁的《聖德太子研究》年刊一種。由該校校長出口常順擔任名譽會長。

五、結語

我們看了如上的介紹，發覺日本佛教的研究風氣，固在明治中期以降開始，但是，二次大戰結束之後，才是日本佛教長足躍進的發端，絕大多數的研究學會均在戰後成立，日本以一個無條件投降的戰敗國家，而其各方面的設施卻都能復元得如此之快速。

在日本佛教界，教團的事務人員往往兼任大學、中學的教職，同時教團重視研究人才的培養及敬愛，往往是以一個宗派的財力主持某項研究教育事業的建設和發展。他們的學者本身多半很窮，但只要是為了某項研究工作，便可以得到教團或某一財團的支持，付出研究費及出國考察費。這在我們臺灣及香港、星、馬等的中國系佛教範圍中，是尚未做到的事。

例如去年八月，即由全日本佛教會、日本佛教文化會議、國際佛教交流中心，三個單位聯合舉辦了一次「日本佛教文化會議」，經費是由孝道教團出的，會議的主題為「亞洲開發與佛教」，在兩天之中所得的成果，刊印出來竟達十六開本的三百三十頁的一大冊《紀要》。

此一會議，分為：1.東南亞，2.錫蘭，3.中國，4.印度。

東南亞分科會議中，有東洋大學的西義雄博士，花園大學的藤吉慈海教授，大谷大學的佐佐木教悟博士，駒澤大學的東元慶喜副教授，大谷大學的雲井昭善博士，東大的平川彰博士。

錫蘭分科會議中，有東洋大學的田村芳朗博士，東海短大的前田惠學博士，慶應大學的森祖道講師，愛知教育大學的山田英世博士，東洋大學的金岡秀友博士，二松學舍的田村晃祐副教授。

中國分科會議中，有京都博物館館長塚本善隆博士，東洋大學的大類純教授，龍谷大學的名譽教授佐藤哲英博士，光華女子大學的道端良秀博士，東洋大學的勝又俊教博士，京都大學的牧田諦亮博士，東京大學的鎌田茂雄博士。

印度分科會議中，有大正大學的佐藤密雄博士，駒澤大學的高崎直道副教授，東京大學的宮本正尊博士，龍谷大學的芳村修基博士，大正大學的小野塚幾澄副教授，大正大學的梶芳光運博士。

參加這四組分科會議的人員，大多是在戰後實地訪問過各該地區一次乃至幾次的專家學者，所以由他們報告出來的，乃是亞洲佛教的最新資料，由他們提出的問題，都是當前各該地區的佛教所面臨的重要問題。他們由教團召集會議，貢獻出各自的所見，並以座談或茶話的方式互相討論，做成紀錄，即成了珍貴的佛教史料文獻。由於日本學者注重客觀精神，除了涉及日本民族的事，不免會有民族自尊的情感流露之外，凡做觀察研究的報導，殊少歪曲事實的真相。所以，他們發表的資料，大致是可以信任的。

然而，反觀我們中國佛教的教團和學者呢？值得迎頭趕上的地方，實在太多了。

（一九六九年十一月寫於日本東京都立正大學佛教學研究室，刊於一九六九年十二月一日《香港佛教》一一五號）

溫和活躍的日本在家佛教——立正佼成會

一、在家佛教

如要依據僧團的戒律或中國所行的《四分律》而言，唯有比丘、比丘尼、式叉摩尼、沙彌、沙彌尼的五等身分的人，始可稱為出家眾。我在〈日本的寺院和僧伽〉一文之中，已經說過，今天的日本僧人，不是出家人，乃是住於寺院中的在家人，不同於一般俗人的另一特徵，便是為信施家誦經，捨此之外，與普通的俗人無異。因為他們住於寺院中，在通俗的觀念上，仍把他們稱為出家的僧侶。

事實上，像這種世襲式的父子相傳的僧侶制度，在日本佛教界的有識之士，也覺得不是辦法。第一，世世相承，成了習俗，類似印度婆羅門族，形成一種生來就成為僧侶的階級，襲久之後，僧侶的宗教信心和僧侶所擁有的寺產數字，便會相背而馳，造成僧侶人格的墮落，不但不能為社會帶來幸福，反為社會帶來負擔。第二，由於生來即有成為僧侶的資格，僧人便不求宗教精神的提揚和學問修養的深造，導致佛教的宗教使命頹廢，優秀人才難見。結果，將為佛教的運數，帶來自然的淘汰，或者外力的摧毀。

這是顯而易見的事，當在百年以前的日本，佛教抱殘守缺，雖具出家的形態，都沒有出家人應有的資質，原因是德川幕府的「檀家」制度，使得僧人養尊處優，荒蕪了道學的精進。故到明治維新之際，覺得佛教的存在與否，對於國計民生，無關輕重，故在神政復古的原則下，計畫將佛教一舉消滅。就在此時，日本佛教的內部，產生了徹底的反省和護法運動，一時之間，佛教的人才輩出，為佛教帶來了教育上的革新運動、文化上的復興運動，總算把垂危的法運扭轉過來。但是，直到現在，日本佛教界的有識之士，依舊沒有忘了德川幕府末期，儒家排佛的三大理由：一是攻擊佛教捨家出家，不謀現世的福利，但求來世的幸福；二是非難經營寺院的財政負擔過重，僧侶遊墮不事生產；三是排斥佛教違背自然。

結果，佛教界在教育文化方面，趕上了時代，同時也有人，例如釋雲照（西元一八二七—一九〇九年）起而提倡持守十戒的運動。尤其由於明治天皇准許僧人結婚食肉之後，更有井上圓了（西元一八五八—一九一九年）、村上專精（西元一八五一—一九二九年）、田中智學（西元一八六一—一九三九年）、大道長安（西元一八四三—一九〇八年）、大內青巒（西元一八四五—一九一八年）等人，展開了居士佛教的運動。其中多數是沒有僧籍的在家學者，田中智學則為日蓮宗的僧侶，因其不滿僧界的生活，所以脫離僧籍而獨立倡導在家佛教，並且寫了一篇〈佛教僧侶肉妻論〉的長稿，他是依照經律以及社會的背景、時代的輿論、歷史的演變，歸結到末法無戒，息世譏嫌，護持正法。這是一篇相當有力的文字，當然，對於今日的中國佛教界，尚無全文介紹的必要。不過此人在西元一八八九年即宣稱「現代的佛教，不得不是在家的優婆塞佛教」了。

另有一位曾到西藏留學的河口慧海，他在西元一九二六年也寫了一冊《在家佛教》：與其僧侶的生活方式和俗人相同，何不乾脆成為在家人的佛教呢？何況傳統的寺院佛教，除了習俗的婚喪節慶之外，幾乎已和一般的群眾脫節，寺院及僧侶的存在，除了親友亡故及為薦拔亡者、祈求禳災，對於社會大眾的日常生活，已是不相關涉的東西。

所以，今日的日本佛教有一個顯著的現象，便是傳統的寺院佛教與新興的在家佛教之間，在信徒人數的消長方面，形成相反的對比，不用說，在家佛教這一邊的人數急速增加，寺院佛教那一邊的人數，相對地減少。特別是淨土真宗，感受的威脅最大，以致對於標榜在家佛教的各新興派，視為洪水猛獸。雖然淨土真宗在傳統的日本寺院佛教中，還是最「前進」的一派，自其創祖親鸞（西元一一七三—一二六二年）開始，即已變成了住持的俗人，明治以來的日本佛教人才，也以淨土真宗出的最多。到了今天，仍不免要受所謂「在家佛教」的考驗！

現代的日本各新興佛教，無一不是高擎著「在家佛教」的牌子，大多與日蓮宗的思想有關，日蓮本人是持戒的出家人，他的思想則為大和民族本位的國家主義者，他的〈立正安國論〉撰於他三十九歲那年，係對天災、地變、兵禍等思索之後，主張以《法華經》為全體國民的信仰，便可使得國家安寧。在今天的日本，在第二次大戰中吃了敗仗的日本，愛國情緒無處申訴，便轉入日蓮主義的信仰。實則，正統的日蓮宗學者，已經不持此論。本文所要介紹的，是另一個溫和的在家佛教教派，名為立正佼成會。創價學會與立正佼成會，是在家教派中具有代表性的兩個大教派，也是走著相反路線的兩大教派。

二、戰前的立正佼成會

從日本的現代新興宗教看來，它們的創始人多非出身於上流社會，立正佼成會也是如此。它的創始人的產生，有點與靈友會類似，是在一位靈媒的中年婦人，和一位熱心於宗教信仰的中年男子，共同合作之下所完成的，但此一男一女之間，除了宗教的結合，並非夫婦關係。現在且將他們兩人的身世，介紹如下：

女的教祖，名叫長沼妙佼（西元一八八九——一九五七年），本名政，生於關東地方埼玉縣的一個木工兼營耕種的農家，而其宅基的土地亦非自己所有，結果她的父母，便向一家寺院租屋而住。童年的政，即從寺中的僧人之處，知道了應該善於照顧祖先的觀念。但她六歲之時，死了母親，便到開小館子的外婆家去幫忙，每天為客人送飯送菜而奔走。十六歲時，她遇到了天理教的信者，使她成了熱心的天理教徒，接受了「重建心靈」的教說。十九歲時，她到東京的一家食品店裡當下女。二十一歲時，做了陸軍火藥廠的女工，接著在數年之後，又到砲兵工廠工作，結果由於過度的勞動，害了病，被工廠解雇了。不得已，再回到外婆家去。她在二十四歲那年，曾經嫁給了農村的一個理髮匠為妻，可是那個丈夫放蕩成性，約十年之後便離婚了。於是攜帶著她的幼兒，再到東京，住到板橋區的一家以製造麵條為業的人家裡。就在那裡，她的孩子因病死亡。此時她已四十歲了，由居亭主人的介紹，又和一個年僅二十四歲的男子大澤國平結婚，在東京都中野區有了一家店鋪，冬天賣烤山芋，夏天則做冰的批發生意。再度結婚之後的政，依舊常常生病，她所信賴的天理教，卻無能使她的病痛消除，正在此時，有一位和她家經常往來的牛奶店老闆，勸她祭祀祖先，進了靈友會，她的病痛，也就從此漸漸地消失了。那位牛奶店的老闆是誰？他便是下面要介紹的，立正佼成會的另一位創者——庭野日敬。

庭野日敬（西元一九〇六—？年），本名鹿藏，出生於關東地方的新潟縣，是一個農家的次子，十八歲時，到東京的一家米店做學徒，二年後又到大久保的一家炭行裡工作，不久，加入海軍的兵團，登上了戰艦，三年後重回原來的炭行，這個炭行的老闆，是「信德社」的熱心者，對於一種占卜的易學有著極濃的興趣，鹿藏也就成了六曜、九星、方位等學的熱中者。不久，他便與同在炭行中工作的女工結了婚，並且從店主方面分得了屬於他自己的一個店。就在他的店附近，當時有一種民間信仰，叫作「天狗不動」的女性神媒，能夠解決六曜、九星之易學所不能解決的問題，當時正逢他的長女患了中耳炎，他便成了那位女性神媒的弟子。七個月後，他便能夠代理那位女行者行化，第二年，他自己也有了一所行者的道場，謂以「天狗不動」之神附體，請其祈禱，能療百病，效果可得百分之八十五。但因那位女行者，唯教人以禮拜，故在後來，脫離其門。昭和九年（西元一九三四年）他的次女患了嗜眠性腦膜炎的流行病，情況嚴重，因而進入靈友會，祭祀祖靈之後，病況真的好轉起來。由此入會，使他在其所屬支部長新井助信之處，知道了以《法華經》為中心的日蓮宗的教理體系，這就幫助他將自己的思想，依據法華教義而做了一番整理。同時也在這位新井支部長跟前，學到了以姓名判斷命運的一種姓名之學，這也無非是一種民間信仰。

新井助信對於庭野鹿藏的教導特別認真，《法華經》的義理，對於他的啟示極大，故到現在仍將新井視為恩師，感恩不已，他自此之後，便不再賣炭，改行做配送牛奶的生意，這個行業，使他在白天有餘裕的時間，從事布教的活動，他和長沼政的認識，即在這個時期。那是昭和十一年，他三十歲，已做了靈友會下一個支部的副支部長。

我們從庭野鹿藏的行動看來，便可明白他是一位具有宗教熱心的人，在他的內在部分，有著一種推動他追求宗教信仰和解答宗教問題的力量，而且具有獨自的判斷力和自主力，所以，當孝道教團和靈照會等，先後脫離靈友會之後，於昭和十三年，他也和長沼政連袂脫離了靈友會，自行成立「大日本立正交成會」，連靈友會一同轉來的會員，僅得三十人，長沼政已是四十七歲的人了。在此前後，庭野鹿藏始終把長沼政置於指導者的地位，把她視為導親，因在獨立之前，長沼政常常擔任靈媒，以神附體，指導信徒以及教團的活動，鹿藏也時常受命於這樣的靈媒，最值得注目之點，靈媒禁止鹿藏閱讀日蓮的著作，只許他讀誦《法華經》，此與嗣後的立正佼成會的宗義立場，有著密切的關聯。雖其採用「立正」兩字為會名，即與日蓮聖人的〈立正安國論〉的旨趣有關。

開創教團之後的長沼政，取用法名為長沼妙佼，庭野鹿藏的法名則為庭野日敬。該會於昭和二十三年正式向政府登記為宗教法人時的名稱，尚是用的「立正交成會」。此後，長沼妙佼去世於昭和三十二年，因她對該會的草創貢獻至大，故於昭和三十五年起，遂將該會會名改為「立正佼成會」。

三、戰後的立正交成會

長沼妙佼於戰敗的稍前，尚繼續著她的靈媒工作，後來由於信徒日眾，在其傳教方式上，也就不得不由下層社會的民間信仰，蛻變而成高級宗教的型態，放棄了神媒的通靈方式，代之以佛教的義理化導。但她曾經表明，她和庭野日敬之間的關係，也透露了她在該會中所擔當的任務，她說：「我由會長（庭野日敬）所傳的各種教說，通過自己的體驗，說給信者大眾。會長是將佛的遺教教我，我將之傳告各支部長，支部長再傳給各支部的大眾。」從這一點看來，她對庭野日敬，已不再以神媒的身分傳達神諭、布達命令了，而是退居於次要的位置，反而接受庭野日敬在教理上的指導了。長沼妙佼始終處於實踐者的立場，當其擔任神媒之際，她受神命而命他人，到了理論抬頭之時，她又受教於理論者的庭野日敬，經過自身的實修而再傳播給他人；實踐和民間信仰配合時，她是神的代言人，實踐和高級宗教的理論配合時，她便成了傳道的使徒。這種配合的型態，立正佼成會與靈友會創立時的小谷和久保的關係，幾乎如出一轍。所不同者，靈友會的理論家久保，死在小谷之前，以致偏向於小谷的信仰面，終陷於迷信而造成分裂。佼成會則幸運地，首先死了靈媒的實踐家長沼妙佼，做為理論家的庭野日敬迄今健在，所以把佼成會發展成了日本新興佛教中的第二大派。

交成會的教勢發展頗為迅速，成立後第三年的昭和十六年，正是中日戰爭期間，他們的信徒，已由初創時的三十人，發展到了千把人。戰時的日本，一切都是在軍事管理之下，對於新興宗教的活動頗多彈壓，例如強制解散了唯神會的前身明道會，大本教受到了第二次大彈壓，世界彌賽亞教的前身觀音教教主被檢舉，ＰＬ教團的前身神道教團也以不敬罪而勒令解散。對於日蓮聖人的〈立正安國論〉，因被軍方利用為國家主義的依據或同調，而放寬了對於日蓮宗系的新教派的彈壓，縱然如此，由於立正交成會崇奉《法華經》而不以日蓮為宗祖，庭野及長沼兩人也被警局召喚扣留，當他兩人恢復自由之日，教徒均已星散，得悉他們獲釋之後，方始陸續歸會。

最初，該會的會址設於庭野牛奶店二樓的兩個房間內，漸漸地，由於集會人數的急速增加，不得不考慮另建一所會址。結果於昭和十七年，創建了該會的第一個本部，而此本部的建坪也不過二十五坪，目前這所房子，已改為「交成靈園」（墓地）的禮拜堂，用作永久紀念。此時的長沼妙佼，為了專職於布教事業，只得將她自己經營的冰店停業。唯其迄至日本戰敗之際的階段中，該會信徒未有若何增加。

昭和二十年，日本戰敗，無條件投降，在美軍占領之下，為了剷除日本軍國主義思想，揭櫫政教分離及信仰宗教自由的兩大政策，並且迫使日本天皇親自表明擁護此一政策，宣布其自身不是神而是人，以防利用神道神政的復活，再度造成軍國主義的抬頭。日本民族的封建意識和依賴心理，可謂根深柢固，本來以天皇為他們最高的精神支柱，天皇與神一體而同在，在神的庇佑之下，自會感到安全，如今天皇自己卻否認了神的地位，日本的庶民，尤其在失魂落魄的戰敗之後，人心浮動，無以自慰，適巧就有各式的新興宗教，起而彌補了許多人的心理空虛，舉其大者，便有創價學會及立正交成會。

在交成會方面，昭和二十一年之後，一個月之間，即已增加信徒兩、三千人，到了昭和二十四年，信徒人數便超出了五萬大關。隨著信徒人數的增加，於昭和二十三年，再建本部道場，地基一百二十疊，總建坪也不過五百五十四平方公尺，將之稱為「修養道場」。可是與會聞法的人太多了，後到的人無法進入道場者，往往一、兩千人，只好在場外豎起木柱、張以蘆蓆，並用草蓆鋪地，就地圍坐成一圈一圈，自由研修，名為「露天法座」或「野外法座」。此年依宗教法人令，向政府正式登記為「立正交成會」，除去了初創時所冠的「大日本」三字。

在該會飛躍發展的過程中，對於信徒的宗教教育和社會福利事業兼重並顧。故於昭和二十四年，建設了保育園，昭和二十五年，以鋼筋加建修養道場的大樓，昭和二十六年，於都下的北多摩郡，建了二萬五千坪的墓地，名為交成靈園，目前已擴大成十萬坪範圍的公園墓地了。昭和二十七年，創辦了一所交成醫院，建坪三百七十餘坪，分設內科、外科、小兒科、婦產科、齒科、X光線科。當然，這是一所小型的綜合性醫院，但從庭野日敬及長沼妙佼二人之初以兒女之病及自身之病而皈信宗教，他們兩人也均曾以靈療的方式為信眾治病，結果卻以創辦現代化的醫院來為信眾治病，此間的轉變角度，可謂太大了。此乃由於社會的輿論以及近代的科學，對於他們做了許多的善意忠告和惡意的攻擊而來。例如昭和三十一年，有一家日銷近三百萬份的日報《讀賣新聞》，特闢專欄，瞄準了立正交成會，做全面的惡意攻擊達兩個月之久，其中最嚴重的事件，是指控長沼妙佼在甲府地方，踏殺了一個重病的人！也可說是宗教的迷信行為，殺了一個病重的人。對於這家報社的連續攻擊，交成會則以謙誠的態度面對現實、逆來順受，到了那年的正月，庭野日敬始向他的會員教友們宣稱：「敝人之對祖先的奉祀，乃是自身所應有的正當行為，在任何人看來，都是覺得了不起的，那便是為報佛恩所做的迴向。」又說：「將自己內心的信仰，勸導近身的父母、兄弟、親戚等，固係自身的正當行為，但應首先考慮的是，不要做出使人不滿和不平的事來。」他又自己承認：「敝人是凡夫，是佛陀的信仰者，是遵行《法華經》的行者，不是佛，也不是神。」到此階段的立正交成會，已脫卻了神道的迷信色彩，走上了純粹佛教的道路，所以主張：「心病要依信仰，身病要靠醫院。」

昭和二十八年，建立了四層大樓的服務中心，在其中設立了交成圖書館，準備向文化事業方面推進。昭和二十九年，開設了初級中學及高級中學，增設交成學園的女生校舍及男生校舍，同時增建並擴大了醫院的設備。昭和三十一年，「大聖堂」建築工程破土，交成學園的女子體育館落成，交成武德館竣工，設立「交成新聞社」。昭和三十二年，青年館落成，設置交成武德會，醫院新增病房一棟。該會的副會長長沼妙佼於此年九月十日病故於國立第一醫院，享年六十七歲。

四、庭野日敬的時代

已如前述，靈友會是由於理論家的久保去世，而使教團陷於分裂的局面，佼成會則因靈媒實踐的長沼妙佼去世，反而進入了更為理想的境域。這當然是發展了庭野日敬的長才所致。我們從該教團所發生的事故推測，如果長沼妙佼在世，有許多地方，庭野日敬不能不遷就妙佼所堅持的意見，妙佼是位神巫出身的婦人，個性神祕而有些冷酷，例如要求信徒們，早晨去本部集會之前，需先用冷水淋浴，這種被日蓮宗用來鍛鍊身心的苦行，據說不但助道，且能引發神通之力，尤其在嚴冬季節，冷水淋浴之後，仍得以罩衣步行個把小時，到達會場之前，即使已被凍得手足僵硬，如果稍遲一、兩分鐘，長沼妙佼便已將道場的所有門戶局固，不准入場，同時也不許擅自回家，必得肅立門外，高聲唱誦法華經題以示贖過，等待場內的儀節終了，始可從眾離去。但她對於信徒的關懷，和以身作則的實踐，又使大家對她既敬且畏，她和所有神媒的性格相同，帶有若干不近人情的傾向，她的吸引力也從這種性格中散發出來。她所吸收而來的信徒，則以中年的婦女特多，對於反科學、反自然的問題，也發生在她的身上。說也湊巧，昭和三十一年，發生了《讀賣新聞》的強烈攻擊事件，所謂甲府殺人，是那年的一月，妙佼到了第二年的二月間，便發了病，九月病故，這也不過一年之間的事。以之前後對照考察，假如妙佼不死，交成會首腦部的思想尚無法統一。當她一死，交成會便於昭和三十三年，在會名上改成了「佼成會」，用以紀念長沼妙佼。在思想行動方面，則完全擺脫了苦行的修驗、素樸的祖先崇拜，以及神媒等的迷信色彩，邁開了新的局面。

此在庭野日敬的解釋和宣言中，把這年稱為「由迹門開顯本門」的「真實顯現之年」。意謂在此之前，為該教團的草創期，他和長沼妙佼，為適應對象的不同，而以各種方式施化指導，並無一定的法制原則可循，相當於《法華經》前半部由〈序品〉

至〈安樂行品〉，所說方便權巧的「迹門」。從此之後，教團展開了新境界，建立了以《法華經》為中心的真實的佛教，相當於《法華經》後半部，由〈從地涌出品〉至〈普賢勸發品〉，所說的「本門」。該會和創價學會的最大不同之處，則為以釋迦世尊為其教團及全體信徒所奉的本尊，並謂《法華經》中宣說「唯一佛乘」的緣故，所以崇奉《法華經》，但卻絕不否定其他經典的崇高地位，也不排斥其他的教派。創價學會則主張釋尊是過去的化身佛，現在已不存在，以日蓮聖人為教祖，並用日蓮所製的「板曼荼羅」為本尊，以《法華經》為唯一的教典，尤其尊奉日蓮所說的「折伏」主義，排斥所有的異端異派。對此暴力的教團而言，佼成會確可當得起溫和的教派了。

又如當《讀賣新聞》肆意攻擊交成會後，庭野日敬等首腦人物，曾經受到日本眾議院法務委員會的一再調查詢問，結果證實該教團未曾構成侵害人權的罪責。該教團的幹部之中，大多憤慨不平，主張起訴控告《讀賣新聞》的名譽損害。庭野日敬卻發表了如下的一段談話：「大新聞報雖然做了不正確的報導，而在我們，則不得不考慮到這是出於何種原因？由於是許多人的事，也許真的有過不對的事。這一點，我們必得反省和懺悔。願彼此隱忍自重，使我們得到這個自肅自戒的機會，我們應當稱它為讀賣菩薩。」像這樣溫和的態度，比之以正統佛教的日本高僧，亦無愧色。這也的確給了交成會一大轉機，從此之後，長沼妙佼的活動停止，庭野日敬的時代開始了。

到了昭和三十九年三月，費時八個年頭的「大聖堂」落成。總工程費達日幣三十六億（美金一千萬元），基地面積約二萬三千平方公尺，一連七層樓的大聖堂建築總面積，亦達二萬三千八百七十九平方公尺。中央圓殿的內周直徑為三十六公尺，外圍直徑達七十公尺。圓殿頂上的塔尖，高達四十八點二六公尺。大聖堂內可以同時容納三萬人，設有兩台電視攝影機，各樓的聽眾，可從分置於座前的七十二架電視機中，清晰地看到圓殿正中講壇上的演講者的表情。在此圓殿正中，便是供的被稱為「久遠實成」的「釋迦牟尼世尊」像，這尊像係用檜木雕成於昭和三十七年，身高一丈六寸，連台座和背光上部，全高二丈二尺七寸（約七公尺）。背光的中央上部為多寶塔，四面則為《法華經．從地涌出品》中的四大脇侍菩薩（上行、無邊行、淨行、安樂行）的坐像。這是佛陀宣演《法華經》時，由迹門之教轉入本門之教時，所說的〈見寶塔品〉、〈從地涌出品〉、〈如來壽量品〉中的思想表現。他們即將此三品，視為法華本門的重要部分。佼成會的根本思想，到此完成了它自己的體系，以久遠實成的釋迦世尊——過去、現在、未來、永遠實在，畢竟成就的釋迦信仰為根本，來貫串印度、中國、日本的佛教歷史，放下一切的宗派門戶之見，會三乘歸一乘，滄海之大，不拒百川，能容百川，故成其大；不歧視人天外教，更不排斥其他宗派。故到大聖堂落成那年，會員人數已達二百萬，在各地所設的支部，有一百七十五個，統轄若干支部的地區教會，也有了二十一座。

從此之後的庭野日敬，不但對其教團本身做積極的推展，同時也注意到了對外的聯繫。昭和三十八年，他以日本宗教徒代表的身分，組成核子兵器禁止宗教徒和平使節團，訪問了歐洲十個國家的元首，並且會見了羅馬教皇保祿六世，以及世界教會協議會的總幹事波柴脫、希臘教會東正教的大主教伊利諾夫等人。

昭和四十年一月，他結合了日本的教育界、財政界、宗教界，以及文化界人士，創立了一個社團法人的「宗教中心」，當年九月，接受羅馬教皇的邀請，列席了第四次的梵蒂岡大公會議。

他曾擔任過「新日本宗教團體聯合會」的理事長。每隔四年擔任一次「日本宗教聯盟」的理事長。

又被文部省任命為「宗教法人審議會委員」。

去（一九七〇）年十月，又與日本幾個有力的宗教團體共同發起，在京都的國際會館召開了一個「世界宗教者和平會議」，出席的有三十八個國家、一百個以上的教派，達三、四百人。可知，庭野日敬已從佼成會的本身，向整個的日本宗教界及世界的宗教界推展他的抱負了。可惜，他在日本的佛教界，縱然用盡了方法，也無能取得傳統佛教各宗的諒解和接受，例如「全日本佛教會」是各佛教宗派的聯合會，孝道教團已被接受入會，對於立正佼成會，始終拒之於門外，甚至如勢力最大的淨土真宗揚言，如果准許佼成會入會，真宗便退出全日本佛教會。原因很簡單，佼成會吸收了他們的信徒之故。

五、立正佼成會的宗教思想

我們已經知道，立正佼成會的起源，不過是日本民間的俚俗信仰，是由數字、方位的占卜之術，姓名之學，日蓮行者的九字切，名為「荒行」的苦行修練，神媒的靈療，天理教以及靈友會的祖先崇拜，最後歸結到佛教的《法華經》思想。

因此，佼成會的宗教思想，也循著這樣的路線向上發展，例如說：「改變心理，奉祀祖先，斷除惡因緣，疾病即癒。」奉祖是靈友會的思想，除病是靈療思想，惡因緣是天理教所標八垢中的「怒、恨、妒」等，此等惡因緣稱為「無明之心」，便是進入了以《法華經》為中心，而來統一其全盤思想的境域了。

佼成會的《法華經》思想，雖是沿著日蓮的路線而來，但其對於日蓮思想卻做了重新的判斷。庭野日敬說：「如是僅屬於日蓮宗的話，便沒有佼成會的法團人格之存在價值。」「我所稱的佛教，不論何處，便是久遠實成的本師釋迦牟尼佛。」創價學會依據日蓮所說，而倡釋迦牟尼之法是已死之法，沒有利益。釋迦牟尼是二千數百年前出現於印度的佛，不是今日的民眾之法，出現於日本的新佛，唯有對於日蓮聖人，付出全部的信仰。這與立正佼成會的立場，完全不同。庭野日敬以為日蓮聖人本身並非如創價學會所理解的那樣，例如：「日蓮大聖人把在伊豆感得的釋尊像，做為隨身佛而常行奉持，並且教導富木常忍上人、四條金吾、日眼女等諸人，製造釋尊像，他對這些製造的佛像，非常欣喜。」「可見，對於上根上機的人們，教導以本佛釋尊像做為本尊；對於初信的下根下機的信者們，則授與曼荼羅，使其次第入信之後，便教以本佛釋尊為本尊了。」他又指出，七百年前的日蓮所倡：「念佛無間，禪天魔，真言亡國，律國賊」之時，有其特殊的時代背景，與七百年後的今日環境，不能相應，所以也不能贊同創價學會的排他作風。

總之，佼成會的教理思想，雖然發足於日蓮的系統，即從具體而富於時代意識或民族色彩的日蓮言論，轉移到了理論的或抽象的佛教哲學。在觀念論方面，走向抽象化的哲學範圍；在認識論的具體問題方面，則又採用近代科學的觀點，來做合理化的說明。

現在的立正佼成會，不但自己培植人才，同時也網羅佛教界既經成名的人才為其所用，故在其思想方面，已不會發生迷信落伍的觀點，相反地倒為傳統的、保守的寺院佛教的行動所不及，而且他們的確在認真地實踐著他們所標示的理想。立正佼成會所標的宗旨是：「基於釋尊明示的正法，人人互相策勵，彼此交相助成，努力修養完美的人格，以實現幸福的世界。」「將釋尊所悟的永恆、普遍、絕對的真理，學習著佛陀那樣的心，把他的教法，用我們的身體實踐在我們的家庭生活和社會生活之中，以促成幸福的人生、光明的社會、和平的世界。」「人生的目的，是在人格的完成，是在實現世界的和平。所謂正法，便是釋尊所悟的永恆普遍的宇宙真理，不論何時、不論何處、不論何人，都具有此絕對的真理。」如何完成人格、實現世界和平？便是「基於八正道、六波羅蜜，以實踐菩薩道」。

佼成會的教義層次，即由四聖諦、八正道、六波羅蜜，而至於《法華經》，也可說是站在會三乘歸一乘的法華思想的正統立場了。法華思想的連貫，有《無量義經》、《法華經》、《觀普賢經》，合稱為法華三部經。因為《無量義經》是由德行、說法、十功德的三品組成，這是《法華經》的前提，從《無量義經》而入《法華經》，始可理解《法華經》，故此經典為《法華經》的開門經。至於《觀普賢經》，是釋尊說完了《法華經》的內容之後，在《法華經》最後的第二十八〈普賢菩薩勸發品〉之後，又說了普賢菩薩的行法。所以這是《法華經》的終結。立正佼成會以法華思想為依歸，故亦以法華三部經為根本的教典。在大聖堂所供的釋尊聖像之內，即藏了庭野日敬親筆書寫的法華三部經，共計十卷。

六、活動的宗教

新興的教派，無一不是以活動起家的，佼成會亦不例外，它的首腦人物在不斷地活動，也帶著整個教團的成員們不斷地活動：動他們的身體，動他們的嘴巴，動他們的頭腦。假如不活動：怎麼會有上千上萬的人，自行走進他們的教團呢？

這種活動，他們稱為會員的教化活動。要成為該會的會員者，必須表明自願信解並實踐該會的教義，入會時須由老會員介紹，入會之後即以介紹人為「導親」，被介紹的是「導子」。人的肉身由父母所生，人的法身則由「導親」來引發生長，彼此之間，亦如親子關係。肉身是血緣之親，法身是法緣之親。因此，「導親」除了介紹「導子」入會，還得負起繼續不斷地教導、照顧、談話的任務，直到這位會員成為該會健全和成熟且能獨立向外展開教化的活動為止。

在該會的會員而言，對外的教化活動，是一件極其重要的工作，他們要以「善知識」的立場，將所學到並經過生活體驗的佛法，傳播給所有的人們，教會告訴他們，教化活動即是行的菩薩道。在會員與會員之間的接觸談論，是教化；對於普通的人，在乘車的時間、在候車的時間，在工作休憩和同事們閒談之間，乃至在家中跟太太或丈夫飲茶吃飯之際，都可用自己的行動和語言，將佛法表露給對方知道，使對方感受。用真理的語言，用親切的照顧，用不求報償的服務，來感動對方。會員們應當時時記住：生活的場所，即是修行的道場；工作的地方、自己的家庭，都是菩薩道的修行之處。當然，現代人的生活，都很忙碌，但是應該想一想，人是為了什麼而生存的呢？僅為個人的生存而忙碌、而勞動，真的有何意味嗎？要知道，人是不能獨自存在的，除了自己，尚有與他人之關係。所以，應當利用空餘的時間，多照顧他人一些。

如果能這樣的話，在工作場所，一定身心愉快、同事友好、長官稱讚；在家庭中，必可夫婦和睦、兒女幸福。因為，這樣的教化活動，不僅對他人是拔苦與樂，對自己同樣也有拔苦與樂的效果。這便是把佛的正法實踐在各自的家庭及其活動的社會之中了。

自然而然，便能吸引新的會員。做為一個會員之後，首先要使自己的家族全部皈信三寶。在會員的家中，必須將信仰的象徵（佛壇）與祖先的戒名，供奉在家中最能表示尊敬的地方，家族的全體，為了感謝祖先，每天均當供奉清水、鮮花、茶、飯，並且讀誦經典。唯有如此實踐，便可促成家庭的圓滿和生活的幸福。以上是會員們的個人活動，下面再介紹教團的活動。

佼成會的組織，由上而下的最重要的活動細胞，稱為「法座」，這也是該教團的特色之一，係由數人乃至十數人，圍作一個圓陣，席地而坐，以一位擔任指導的幹部為中心，就各自的信仰體驗，以及其他社會生活中所發現的一切問題，提出來質疑和解答。指導者則基於四聖諦法門的正確認識，給各人在信仰和問題方面做疏導，使得信仰者從日常的微細面著手，改變氣質和善行的實踐。這樣的法座指導員，大抵是從老會員中選拔並經訓練合格後，配屬於各班各組。除了在本部大聖堂舉行之外，尚可在各支部的修養道場及法座所，於每天上午九點至下午三點行之，夜間則於會員家裡，邀集鄰近的會員參加，或在幹部會員訪問會員家庭之時召開「法座」。我到該會的大聖堂去過許多次，每次均可見到各層樓上，到處坐滿了一圈一圈的該會信徒，做著誠懇而熱烈的問答，大多是中年以上的婦女。這樣的「法座」，能使各自檢點反省和表白懺悔，也能使人得到很多生活的經驗知識，更能使各自的委屈得到舒展的機會，同時也能為他人設想、理解他人，進而激發同情他人的悲心，和改善社會的願心。所以會員們既能在法座中得到安慰和實益，便把法座視為自度度人的集會了，不但能夠提高會員們的宗教情緒，也能促使教團的基層組織之強化。說破了也不稀奇，這種方式和政黨的小組討論會完全一樣，只是在以宗教信仰做為原動力的情形下，收效更大。這種「法座」的本質，和基督教所行的祈禱也類似，不過那是面對著神靈，這是面對著教友們的人；面對著有反應的人，實比面對著冥冥中的神，功用更大。此在佛教的原始律制之中，也有根據，僧團所行的各種羯磨，便是小組的集會討論和表白，不過佼成會把它稱為法座而已。

將「法座」擴大舉行的，則為每月召開三次的「說法會」，在本部的大聖堂及支部的修養道場舉行。所謂說法，並非請了名人或教團的首腦人物演講佛法，而是以幹部或資深的會員，將其信仰的體驗和懺悔的表白，向參加的會員大眾現身說法。我曾以貴賓身分，列席了幾次這樣的說法會。擔任說法的人，多能把佼成會的中心思想抓住，在四聖諦、八正道的原則內，說出他們的信仰過程，和生活思想的氣質轉變。說到悔過之處，往往涕淚橫流，頗能使台下的聽眾動容。這一作風，固在佛教有現身說法的成語，但卻更能使我聯想到基督教行的所謂「見證」。此對激動信徒的宗教熱心，確有大用。

另有一種活動，稱為「訪問布教」。是由會員與會員之間互相訪問，互相敘述信仰的經驗和感想。或由會員到尚未入會的鄰居朋友家去訪問，使得彼此在閒話家常的聊天方式之中，增進信仰、砥礪道業、互勉精進、促成人格向上。

又有一種稱為「團體參拜」的活動，佼成會以本部的大聖堂為信仰中心，各地支部會員均有至本部參拜的必要。此在傳統的寺院佛教，也都以朝拜他們各宗的大本山為重要的修行之一。佼成會的會員，除了參加各地支部修養道場及班組的日常活動之外，尚得定期組成團體，到東京的本部參拜，例行為一宿兩天的日程，觀摩大聖堂、禮拜本師釋尊像、恭聽會長庭野日敬的訓話，並做讀誦修行和法座修行等活動。由於這種團體參拜的活動，不唯可收旅行娛樂之功，增加會員之間的情誼，同時也使會員與本部之間，保持了痛癢一體的親切之感。

還有一種叫作「布教大會」的活動，由本部或地區教會以及支部教會主辦，利用全國主要都市的公會堂及體育館等的公共施設，舉行數千人乃至數萬人的會員及非會員的布教大會，會中由會長的訓話開始，舉行宗教的誦經儀式及體驗說法等的活動。用以啟發引導各地大眾，對於佼成會的信仰，推進佛法的教化。這種大規模的場面，頗能適應群眾心理，吸收新的會員入會。

七、佼成會的組織

凡是一個社團，如果組織不健全、不靈活，便無能產生活動的力量，在目前日本的各新興教派，無一不以組織見長，但視領導部門的能力及見地如何而有強弱不等的分別。

在創價學會方面，以「組的座談會」為末端的細胞組織，以十五名至二十名為一個小組，集合數組成為一個 Block（集團），以幾個 Block 結成一個班，以數班構成一個支部，支部則直屬本部。立正佼成會的組織，以數人至十數人為一個班，班中班長與會員的關係，即為「導親」和「導子」的結合，任何一位資深會員能夠吸收新會員時，即可分裂自成一班。以數班為一組，以數組為一法座，因為法座每天舉行，為了家事及工作，參加與否，悉聽自由，所以每天能夠抽空出席的人，不過十數、二十人。法座在支部的修養道場舉行，隸屬於支部，支部之上為地區教會，地區教會直屬本部。本部在長沼妙佼去世之後，僅設會長一人，由庭野日敬擔任，沒有副會長。會長之下，設責任役委員十一人，由此十一人中產生一名理事長，另有理事三十人、監事二人、顧問若干名。以此構成中央的首腦總部，管理並策畫教團的全盤工作。在理事長之下，設有常務會的常務理事，分設教學委員會、布教委員會、事業委員會、建設委員會、人事委員會、教典翻譯委員會、長期計畫委員會、地區教會，在會長的指導及理事會的督責之下，不過問行政，只進行宗教的教化工作。為了便以明晰起見，不妨將其全體組織的系統圖介紹如下。

立正佼成會組織系統圖

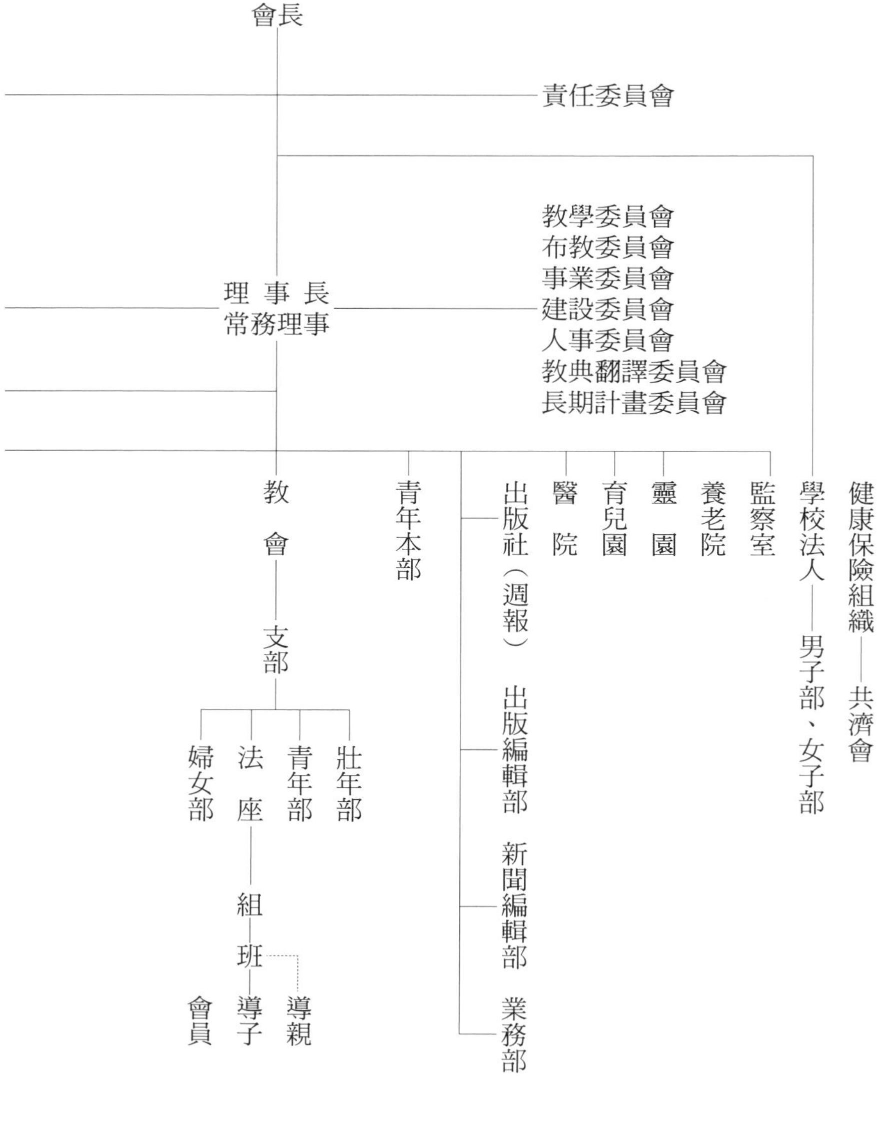
會長
責任委員會
理事長
常務理事
教學委員會
布教委員會
事業委員會
建設委員會
人事委員會
教典翻譯委員會
長期計畫委員會
教會
支部
婦女部
法座
青年部
壯年部
組
班
會員
導子
導親
青年本部
出版社（週報）
出版編輯部
新聞編輯部
業務部
醫院
育兒園
靈園
養老院
監察室
學校法人
男子部、女子部
健康保險組織
共濟會

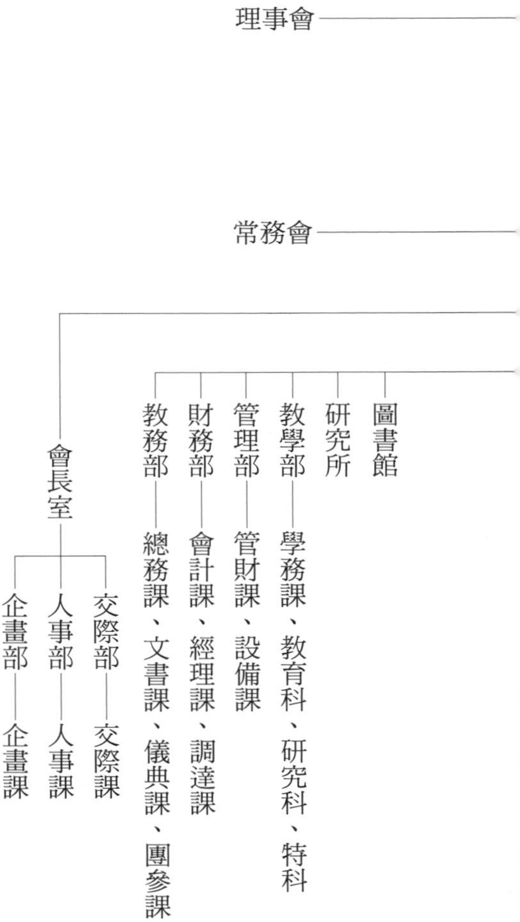

從這一張組織表上看來，可謂相當完善，而且他們的每一個機體都在活動，都有專職的人員。我說他們類似政府的行政機構，有人則說這種教團的經營者，與一般公司或財團的宗旨相同、方式也相同。他們會員所繳的會費有限，每月不過百圓日幣，但是，他們在宣傳方面所出版的報紙、雜誌，凡是熱心的會員無不訂閱，因在那些出版物中，每期均有各種的教義習題，以及各種活動報導，若想成為成熟的會員乃至幹部，必須經過閱讀和許多次的測驗。就在出版物的發行之中，教團可以賺進不少。加上各式各樣的自由捐獻，教團的財產便像滾雪球似地愈滾愈大。不過，他們的主腦人物，的確要有胸襟和遠見，也真的要有宗教的情操和抱負，否則便不能號召群眾了。

佼成會的力量，是來自各支部的壯年部及婦女部，係由三十歲以上的男女會員所構成，這些人不是社會工作的生產者、經營者，便是家庭的主婦，他們以金錢和勞力來支持教團的活動與發展。我每次去大聖堂時，都可見到許多男女信徒，清理環境和接待客人，一切的服務均係出於各人的自動發心，許多太太們穿著清道夫的外衣，掃地擦牆，她們都是來自中產以上的家庭主婦，否則不會有空閒到聖堂服務。大聖堂每天要用三百多人整潔環境，卻不需付出分文工資，在信徒們而言，這種工作便是修行的條件之一。

佼成會也和其他各新興教派一樣，重視青年的活動，故在各支部下分設青年部外，本部之下還專設一個青年本部。此一青年組織，成立於昭和二十四年八月，以未滿三十歲的男女青年為對象，由各支部積極推展，他們的口號是：「自覺青年的使命，允做時代的先鋒，挺身於世界和平的建設。」在家庭中、在工作場所、在日常的生活中，致力於自度度人的教化活動。由青年們自發地推動法座修行、訪問布教等的教化工作，積極地展開社會服務、文化宣傳、體育活動。我曾參觀過東京都品川區的該會的青年大會，上萬的青年集合於大聖堂，使我感到這股力量之驚人，實已超過以往對於他們的想像。在地區教會之下，尚設有學生部、少婦部、少年部、鼓笛隊等的組織，也被列於青年活動的一個環節。

我已屢次提及，日本社會的封建意識之根深柢固，從天皇的世襲制度、職業的世襲，宗教也是世襲的。這與江戶幕府之前的將軍世襲、大名（各地的王）世襲、武士世襲的制度，依然是一脈相承的東西。如今的新興教團，除了創價學會例外，大多也是世襲，由父傳子，視為當然。由田中智學開始的國柱會教團，已傳到第三代他的孫子田中香浦；岡野正道所創的孝道教團，也決定了以他的兒子傳承法統。立正佼成會的會長繼承人，亦將是庭野日敬的兒子，他有三個兒子，長子今年三十三歲，名叫庭野日鑛，現任教團的布教本部長；次子庭野欽司郎，三十一歲，擔任青年本部長；三男庭野皓司，二十八歲，擔任會津教會的布教工作。長子日鑛，將是會長的第二代，他是立正大學大學院佛教學專攻的碩士出身。

八、佼成會的各項設施

佼成會的教化活動，是藉著各種的設備而進行的。舉其大者，可有下列數項：

（一）文書傳道

以一般會員為對象而發行的有週刊《佼成新聞》、月刊《佼成》及《佼成グラフ》（畫報）；以青年為對象的，則有《躍進》月刊；以海外會員為對象的，發行有英文報 *The Kosei Times*（《佼成時報》）。除報刊而外，庭野日敬所著的《法華經的新解釋》、《新釋法華三部經》、《人要像樣地活著》等，庭野的法語《聚秀錄》，以及訓練幹部用的《四諦法門之意義和活用》。這些對於每一會員都是需要熟習的讀物。在一般圖書方面，有宗教及佛教關係的圖書，家庭、婦女、兒童的圖書，文藝、美術的圖書。最近又邀請了佛教界的著名學者如中村元教授等人，編印整套的叢書與類書。這些文書的印刷，均由佼成出版社負責，出版之後，除向教團內的會員推銷，也送請全國各處書店經售。

（二）視聽布教

在大聖堂內設有電視轉播中心，並將所有活動攝製底片，做成「佼成新聞」，送到全國各區放映；拍攝電視劇及電影片，至各山間偏僻地區放映。又利用電台廣播，通過日本放送等十數家電台，將教化傳送到全國各地。在其本部，尚設有音樂布教的「佼成雅樂團」、「佼成吹奏樂團」和「佼成合唱團」。另有話劇團，經常到各處演出「釋尊劇」、「聖史劇」、「信仰體驗劇」等。

（三）體育教化

他們除有一個已在東京出了名的業餘棒球隊之外，尚有一個「佼成武德會」，會員以教團所辦學校的學生為對象，設有劍道及柔道兩個部門，每年舉行春、秋兩次的武道大會，邀請外面的名手，參與盛大的比賽。

（四）幹部的培養

對於幹部培養，有兩項規定的法則做依準：對於已滿三十歲的會員，適用「布教師教育檢定規程」；對於未滿三十歲的會員，適用「幹部青年部員教育檢定規程」。

會員根據規定，到本部或教會，接受研究會所授的課程，然後參加檢定合格，便授與幹部的資格。三十歲以上的幹部，分有三等，最初為教師補，次為教師，最高升為正教師。未滿三十歲的幹部，則分五階，由最初的「五級幹部青年部員」，歷升而至最高的「一級幹部青年部員」。青年幹部屆滿三十歲後，除了五級、四級之外，三級幹部可以直接轉成教師補，二級的轉成教師研修士，一級的轉成教師。這種幹部的檢定考試，每年於各地教會及支部舉辦一次，據說每次都有數萬名會員前往應考。

（五）普門館

從立正佼成會的建築工程上看，幾乎使人懷疑這個教派具有魔術的本領。昭和三十九年落成的大聖堂建築，已有使人驚心動魄的莊嚴瑰麗之感；到了去年昭和四十五年四月十四日，竟又完成了一座更加宏偉的大建築物，命名為「普門館」。這座建築物用去了三萬八千立方公尺的水泥、四千八百噸的鋼筋，被覆電線用了六千公里長。工程人員達四十三萬工作天，所耗費用為八十九億日圓（相當兩千三百三十多萬美元）。這座會館與大聖堂之間的通路，是長達二百五十公尺、寬十二公尺的一座天橋，建築地基占了二千九百坪，地上五層、地下一層，建築總面積達一萬三千坪（四萬二千八百平方公尺）。平面深度一百公尺、寬度八十公尺。除了能夠容納五千個固定席位的大廳之外，尚有舞台、國際會議室、放映室、休息室、食堂、大食堂、貴賓室、吃茶室、停車場。設有八架電梯，有自成一個系統的電視收放設備，有同時以六國語言翻譯的設備。其中的迴旋式舞台，直徑十六公尺，有兩台升降的電動裝置。它的錦繡緞帳有兩幅，每幅高達十一點二公尺、闊達三十六點五公尺，重達兩噸半。無論在哪一方面，都是日本的第一位。但是，像這樣偉大的設備，自落成迄今的二十個月之間，僅僅啟用了十來次，他們不以代價出租借用，凡有必要且具正當理由的大型社會活動，均可免費借用。普門館落成之日，我被邀請參觀，今年九月九日，白聖長老及悟一法師等於赴美途中，道經東京，我又伴同他們訪問了一次。看得我們眼花撩亂，在驚歎之餘，又覺得我們太慚愧了！

（《菩提樹》月刊二二九、二三〇期）

日本佛教的歷史方向

日本之有佛教，幾乎與日本之有文化同時開始。日本的文化，是中國文化的支流，日本的佛教，也是中國佛教的旁系。最早把佛教傳到日本的，是在梁武帝普通三年（西元五二二年）二月，由我華人司馬氏所帶佛像之供養而開始。

但是，日本佛教之有宗派的建立，是從奈良時代（西元七〇八—七八一年，也就是我國唐中宗景龍二年至唐德宗建中二年之間）開始，那便是日本佛教史上所稱的「古京六宗」——三論、成實、法相、俱舍、律、華嚴。

不過，日本由於全部接受了我國的文化移植，連文字也被全部接受，所以，佛教輸入日本，不像由印度傳來我國時那樣困難，他們省去了中國人所做翻譯工作，也不用另做註釋工作。他們當時最重要的工作是到中國來抄寫經典，帶回日本之後，為了法寶的流通，乃至由政令規定政府的中務省圖書寮，專司寫經之職，或特設寫經司，置有長官，專理寫經之事。除了政府寫經之外，尚有各寺院及由貴族私設的許多寫經所，當時日本朝野對於中國佛教的慕求，真可謂如飢如渴。但也因此而被史家稱為「寫經佛教」的時代。

其次是平安時代（西元七八二—一一九七年，也就是唐德宗建中三年至南宋寧宗慶元三年），日本繼續派遣僧人來華。自唐高宗永徽四年（西元六五三年）至唐僖宗中和二年（西元八八二年）的二百三十年間，前後來華日僧之有名可考者，也有六十五人。平安時代的日本，天台及密宗由開創而至於極盛，乃係由於入華求法的高僧最澄及空海兩人之努力。尤其他們兩人以及其門徒，均得信助於歷代的皇室與貴族。因此，凡是當時的僧人，其身分及所受的待遇與貴族相等。所以日本史家稱此期為「貴族佛教」。

再次為鎌倉時代（西元一一九二—一三三三年，也就是我國南宋光宗紹熙三年至元順帝元統元年），此期間，華嚴宗復興，著《八宗綱要》以及《三國佛法傳通緣起》等書的凝然大德，即是中興華嚴的高僧。律的中興者有叡尊及良觀、俊芿存、曇照等人。最要緊是有源空獨立了淨土宗，一遍創立了時宗，親鸞成立了淨土真宗，日蓮開出了日蓮宗，榮西輸入了臨濟宗，道元帶回了曹洞宗。一時間，舊宗的復興與新宗的建立，蔚為大觀。不過，尤可注目的是鎌倉時代開出的淨土真宗及日蓮宗。日本佛教源出於中國，然至我國的南宋時代，加上了日本民族及地理的特殊因素，即出現了日本自己的佛教，縱然日本的天台、真言，乃至禪宗的內容，已非中國的面貌，但仍未能全盤日化，唯有淨土真宗及日蓮宗，才是其本土的產物。

唯有土生土長的事物，最能適應當地環境，根據日本文部省昭和四十二年（西元一九六七年）的統計數字，明確地顯示出來，成立於鎌倉時代的淨土（真宗）、日蓮、禪宗，勢力最強。成立於平安時代的天台、真言，居次；輸入於奈良時代的法相、華嚴、律宗，目前已經很少很少了。

可是，日本佛教仍在受著時代變遷的影響，繼續不斷地汰舊更新之中。自從江戶幕府的末期，以迄目前為止，新興佛教教派的紛紛勃起，又使淨土真宗及日蓮宗感到威勢逼人了，似乎也有好景不長之虞了。新教派中威力最強的是創價學會，其次為立正佼成會，如今，前者已擁有七百萬世帶（戶口），約一千五百萬信徒（已超過臺灣的全人口），後者也擁有一百多萬世帶，約四百萬信徒。創價學會的會員，由舊有各宗轉入的數字，雖無確數公布，但從立正佼成會公布的會員來源之百分之六十九，係由舊有各宗信徒的轉變（真宗轉入的即占百分之十六點三，日蓮宗轉去的也占百分之八點七），由此看來，創價學會的成員之中，原屬舊有各宗者，數字必然驚人。

我在日本參觀了好多舊宗——日人稱為既成的佛教各宗寺院，也參加了他們的法會，他們都對創價學會抱怨，並且抨擊為邪宗或魔教，此固由於創價學會是基於唯物主義的立場而抨擊一切其他各教派，也因為把其他各宗派的信徒像吸血鬼似地吸收去了。舊有各宗非常清楚地眼望著創價學會的人數直線上升，自己的信徒則直線下降。最難忍受的現象是，舊宗寺院之中，除了已成觀光地區的古剎名勝之有遊客進去參觀之外，平時很少有人上寺院，上寺院的也都是年老的婦人。但我參觀新教派的集會之時，見他們的建築設計，完全使你眼目一新，再看他的服務人員，均由中年的男士及婦女擔任，與會的分子，青壯年的要超過老年人的比率很多。他們的法會儀式、傳教方式、會員研究，都能使你得到新的印象：他們的組織，使你想到軍事化；他們的熱忱，使你想到基督徒的狂熱；他們的活動方式，使你感到這是與當今的時代密接的宗教。

以我研究及觀察所得的概念，日本今日的新派佛教，都在著重於人生的現世利益及幸福之高調，在實際生活上，賦你以希望及活力的追求。在個人的心理上，給予興奮及催眠式的安慰。至於輪迴問題及久遠成佛問題、求生天國問題，他們大多置而不論，甚至否認這些，而僅強調對於人間現實世界的改良和莊嚴。

今日，基督教及天主教之在臺灣的得天獨厚，因其能夠從事各種社會福利事業之經營，以之營利，也以之做為吸收信徒的媒介。然而，西方神教的目的終必在於天國，尤其此一天國觀念之缺乏科學基礎，故在日本地區，它的長處（方法）可被日本人所吸收而成為日本自己的新宗教，卻不會歡迎西洋人的基督信仰。此固由於日本民族的自大自尊，也由於基督教的內容早已落在時代的背後了。

人類感受到宇宙間有偉大的自然力，人不可以沒有宗教思想，因為它可以使你的精神得到寄託，使你的內心得以安寧。

佛教也是宗教的一種，但是它卻不同於其他的一般宗教，雖然宗教是由自然力的形成，然而有的宗教卻利用暴力的壓迫或金錢的誘惑而達成的。佛教發源於印度，它憑藉著教義的偉大取得了人們的信賴，獲得了群眾的擁護，由印度傳到了中國、日本、韓國、錫蘭、泰國等國家，幾乎整個的亞洲，都在佛的偉大教導下，人們都在佛的訓誡中努力地在完成佛的教導。

佛的寬厚、仁慈，是我們每一位佛弟子不可遺忘的，他不像其他的教主，自居以神靈或神的種種化身，而對其教徒置以嚴厲的法規。在歷史上更有的教主申言世上的人，身上都充滿了罪惡，必須購置贖罪券，才可免去死後的痛苦，這是一種多麼可怕的事啊！人們的心靈永遠受到恐嚇而不安，又怎能修習好的德性呢？

佛教的教主釋迦牟尼世尊，他不以神自居，更不自稱是神的化身，他說他也是一個普通的人，他將他的覺悟、成就、造詣，完全歸功於人的努力與才智。佛還說唯有人才能成佛，只要他肯發願努力且依照佛的看法，人類的地位是至高無上的，人是自己主宰自己，在他上面沒有更高級的生靈或力量，可以裁決他的命運。他對於他的弟子也極自由的，他說他從不想要約束僧伽，他也不要僧伽依賴他，他訓練他的弟子們當自做皈依，切不可向任何人求皈依或援手，必須自己做自己的工作，因為佛只能告訴你該走的路，而不是替你走完這條路的，這路的完成，還須靠你自己去完成。

（一九七〇年四月九日《大眾佛教》一一〇期）

住在日本所知的國際佛教

日本這個國家，乃是戰後國際上的暴發戶，由於美國替它看守了大門，所以不負國防的責任，沒有龐大數字的軍備費用支出，把全部力量用之於工商業的發展。例如能造原子、核子武器，卻不造武器，而把原子動力運用到工業方面。因此在數年間，一變戰敗投降的凋零景象，成了世界的經濟大國。

這一現象，一方面固由於日本國民的勤勉刻苦的精神所致，同時也是日本政府特別重視在教育方面的努力，例如在明治時代的人，能夠進入大學之門的非常之少，現在則大學林立，專科學校更多，只要想受教育而能受教育的人，便有機會使自己被訓練成為專門人才。由於社會上競爭激烈，日本青年為了能使自己在未來有一立足之地，或謀生之機，也必須鞭策自己學習一技之長。在這樣的心理狀態下成長的日本青年，大多非常現實，只知有生活，不知有理想，所以，若將中國青年與日本青年比較，日本青年實在太淺薄了。但他們都有一項以上的專長技能，因而促成了日本經濟的更加繁榮。

明治以後的日本，事事都向歐美學步，戰敗後的日本尤其如此。歐美國家能有什麼活動可使國際矚目的，日本必定也會參加一腳，甚至也來表現一手，從各種專門學術的研究，到各種國際會議的召開，日本人都有自己來做的雄心。近數年來，最顯著、最轟動的，便有一九六四年的奧運會，以及一九七〇年的萬國博覽會。這都是先要大量投資的事，能否收回成本，毫無把握，但由事實證明，因此而鼓勵人民消費，同時更刺激了人民的生產力。他們每辦一種國際性的大事，全國人民均會如醉如癡地把自己投入其中，從這點看，日本人目前雖對天皇、對國旗並無興趣，但只要一涉及日本人的民族利害問題，比什麼事都要團結。

再說，在宗教或佛教方面的表現，自然亦復如是，凡是國際性的活動，無不爭取參與其事的機會，並且派有專人加以研究，做成專案，或提供大會討論，或做為日本佛教本身的活動方針。他們的領導人物，未必均有國際佛教的知識，也未必均能使用國際性的語文，但他們卻有學有專長的專家學者做顧問，他們各宗的宗務組織之下，也均設有國際部門，用年輕能幹的國際語文人才。這些人才之接受領導人物的指使差遣，乃是順理成章之事，所以從無尾大不掉的現象。因為他們知道，各自的權責所屬範圍，他們也不敢輕慢。所以，在各種國際會議上，日本出席的佛教各代表團，雖係代表著國內各種新舊宗派的立場，因為他們事先已經有過會議方針的意見交換，到了國外或大會之際，他們的步調是一致的，他們的活動是認真熱烈的。

日本佛教之能有今日的景況，若非注意國際的活動，是辦不到的。例如自明治初年，正在明治天皇雷厲風行地施行神政復古而廢佛毀釋之際，東本願寺遣出了現如法主，西本願寺也派出了島地默雷及赤松連城遊學歐美。佛教的危機從此而挽回，從此各宗設立學校，培養各宗的人才，同時繼續派遣至歐洲留學及印度訪問考察的優秀學者，在文化上及教化上，與歐亞各國搭上了線索之後，日本佛教的視界或眼光，便大大地展開了嶄新的局面，向歐洲學者學會了印度的梵文及巴利文的運用。另外又派遣河口慧海等人赴西藏學法，結果日本佛教便將梵、巴、藏、漢、和等各系的大、小乘教典，做了比較、校正等的整理工夫，使以往僅賴漢、和兩種語文為根本的佛教思想，產生了新的發展。同時又將西方人研究佛法的名著譯成日文，又將佛法與西方哲學做比較研究，近世則轉而以西方的宗教哲學，來用佛法予以充實。

經過明治時代的培養，到了大正十三年（西元一九二四年），即有高楠順次郎發動《大藏經》的新修工作之完成出版，集合了當時所有的佛教學者，在版本上做精詳的校註，又將漢譯的名詞附之以原文原典的羅馬字母拼音。這種工作若非人才充分，也就無法辦到。又到昭和十一年（西元一九三六年），仍以《大正新脩大藏經》刊行會做基礎，集合了六十位學者，將南傳的《巴利文大藏經》譯成了日文出版，這種偉大的譯業，在我國只有唐朝及其以前的時代才可見到。不僅是佛典，凡是印度的古典，如四《吠陀》和《摩奴法典》等，也同樣譯成了日文。這些工作之完成，無不基於國際語文的學習及利用。

再舉幾個例子，當法國的伯希和及英國的斯坦因，發現了敦煌的寶藏之後，日本馬上就有人去蒐集研究，目前敦煌學的權威學者，不在中國而是在日本，幾乎每年均有研究敦煌問題的著作出版。至於連帶著敦煌的西域問題的研究，自大谷光瑞的西域考察團帶回了大批資料以來，日本人的努力一直未曾間斷。到了昭和四十一年及四十二年之間，立正大學還派遣了中村瑞隆博士等赴尼泊爾做佛陀遺跡的踏勘和發掘。

日本佛教界對於中國佛教史之研究，也頗有徐霞客的精神，他們絕不僅憑書本的記載，便予輕信接受，為了證實以往所出書本的無誤，或為了訂正其錯誤，凡是研究中國佛教史的學者，除了精通漢文、熟悉中國的山川，尚得做實地查訪。比如常盤大定博士，為了做實地踏勘，曾於大正九年及十年，到中國大陸做過兩次訪問，前後費時二百六十六天。回國後做成的調查報告，合刊為《支那佛教史蹟踏查記》，十六開本一鉅冊。要研究中國佛教的名山古剎，似乎這已成了最完整的一部參考書了。

他們的各宗各派各單位，所出的定期雜誌報刊，大概在三、四百種以上，所以凡有出國訪問之後的感想和心得，均會拿出來發表，有的則做成專書單行流通，有的則集合了曾經訪問各地的學者做專題討論，記錄成書，印行流通。所以日本人參加任何國際活動之時，不但在事前做準備，事後做報告，還能留下若干成果，做為日本佛教共同的遺產。

日本佛教界的人士出國訪問，大致可分作兩類：一是參加國際的會議活動，一是做學術調查的研究活動。這兩種類別的人，在出國之時，大多能夠得到其所屬單位乃至文部省（教育部）的資助，尤其是後者，接受文部省的補助，乃是名正言順的事。甚至在國內研究某一個佛學專題時，當你尚未提出論文，文部省已經發下了研究費。因此，研究佛學之受到日本政府的獎勵，正如中華民國政府之鼓勵科學的發展研究，這在我初聽之時是覺得相當新奇的。還有，日本佛教學者們的專門著作的出版，不但研究時有研究費，出版時除了個人應得的版稅，政府也撥給出版費用。所以在日本做一個佛教學者，只要你真有所長，地位和金錢是不用煩心的。

日本人不放棄任何可以向國際活動的機會，在國內很節省，到了國際上絕不吝惜金錢。但是日本人的缺點，在於有學者而沒有傑出的思想家，有以集體完成的豐碩果實，卻缺少深思熟慮的智慧和卓見，所以不能辨別真正的是非和善惡，只知道一窩蜂似地，跟著世界的風潮轉。當西風東漸，日本人是東方民族中西化得最早的一個。西方殖民主義者做瘋狂的侵略之際，日本也成了東方殖民主義帝國。

就以這個「世界宗教者和平會議」來說，這次出席的國家有三十八個，包括一百個以上的宗教團體或教派，人數達三、四百名，其中單位及人數最多的國家是美國，其次是印度，再次是日本，這可以看出美國由於人種複雜、教派林立的現狀，印度則自古即有宗教之博覽場的美譽，日本在戰後的新興宗教的數字也達兩百以上，這是很有趣的。在這三十八個國家之中，來自共產集團的，僅有蘇聯、波蘭和外蒙古。再說屬於佛教系統的出席者，上座部系的只有錫蘭、新加坡、泰國，大乘系的更可憐，除了地主國日本之外，僅有越南的代表。

像這麼一個來自立場不同、信仰不同、風俗不同、觀念不同、看法不同的各民族各宗教的代表們，能夠討論出什麼好方法來解救人類的危機呢？這是非常有趣的。

這次，他們的中心題目是「促進人間社會的福祉」，這是大家共同的目標，彼此不談自己的信仰，僅談難民的救濟、戰爭的消滅、思想的教育。因為有戰爭始有大批的難民，有了不好的思想始有戰爭。其實，他們充其量能夠做到對於難民的救濟，說到以思想的教育來消除戰爭的危機，究竟應以何種思想做為尺度，來衡量何者為好、何者為不好？他們就不敢深論了，否則，保證在這和平會議的會場中，便可能形成戰鬥的氣氛了。但是日本的主辦者，幾個新興宗教及基督教派，仍以此為對於世界人類和平的貢獻。

同時，在這個會議中，也可看出各教派的思想及其趨向。會中的基督教新舊各派，日本的各新興教派（包括神道教系的及佛教系的），以及越南的代表，均有熱烈的發言和提案的討論。上座部系的代表以及日本舊有各佛教宗派的代表，包括著名的佛教學者宮本正尊博士在內，多未表示何種意見。此可證明，新的教派熱心於社會活動而不夠深度，舊的佛教保持冷靜而對現實社會不置可否。

不過，活動的佛教，總比專門守著寺院，或如日本人所說僅僅看守著墳墓吃飯的佛教可取。因而，日本對於國際佛教界，經常保持著靈敏的觸覺反應。比如一九五〇年在錫蘭出席了第一次世界佛教徒友誼大會之後，第二屆會議便被日本爭取到了地主國的權利，而於一九五二年在東京召開。這個會議並無多大的意義，但在成為地主國之後，即成了常務理事國，成了領導世界佛教徒的國家之一，這在聲望上是不同的，日本所要爭取的也就在此。過去，他們要以軍事獨霸亞洲，現代則改用經濟的、文化的、學術的、宗教的，希望登上領導亞洲的寶座。

所以在佛教方面，近代的上座部系國家之中對佛教世界化的最大功臣是錫蘭，大乘系國家之中便是日本，日本便與錫蘭佛教乃至政府間，保持相當密切的聯繫。例如一九五五年，錫蘭的摩羅羅濕克羅博士（Gunapala Piyasena Malalasekera）訪問日本，協議刊行《英文佛教百科辭典》以為慶祝佛滅二千五百年的具體紀念。一九五六年，日本特派三笠宮去錫蘭，慶祝佛滅二千五百年紀念以及建國紀念。一九五九年又派名學者長井真琴博士（東京大學）及久保田正文博士（立正大學教授），出席錫蘭佛紀大典。一九六五年因錫蘭風災，日本以「全國佛教會」為中心，發動救濟。

再說印度是佛教的祖國，日本佛教界對其用力也很勤，從明治時代起，即經常派人巡禮印度的佛教史蹟，由巡禮研究而做贈禮往還，與印度摩訶菩提協會交往較密。印度該會於一九六六年送了日本一顆佛舍利，接著日本就捐贈該會二百五十萬日圓。一九六八年印度社會黨議員訪問日本，要求日本協助印度佛教的復興，日本在印度佛陀伽耶的寺院，對於日印文化的交流工作，負有相當的責任。

日本對韓國佛教之間，則有一九六五年，日本將《西藏大藏經》一部贈送韓國的東國大學，同年，日本的東洋大學也接受了韓國圓光大學贈送的一部《韓國語譯大藏經》。一九六六年韓國最大的一個宗派曹溪宗，在東京建立了一個弘法苑做為傳教的據點，又於一九六八年成立了「日韓佛教交流振興會」。

當然，越南是最受矚目的一環，日本與越南的統一佛教會之間的關係相當友善，同時也經常有人員彼此往還，甚至特別優遇在日本留學的越南比丘。

對我中華民國政府所在地的臺灣佛教界的交往活動，我們的報導已夠多，本文不再一一枚舉。

日本佛教之向歐美傳播，主要是隨著日本的移民而去，例如夏威夷以及目前的巴西，都是如此。但他們能由日本社會擴展到西方社會中去，則非我中國能比。當然，以派去的佛教人數來比，日本是有計畫的、長期性的，我們則不然。

我在日本接觸的國際佛教徒，除了日本人，也有印度、尼泊爾、越南以及韓國人，在日本人的心目中，大多數以為，日本的佛教現狀雖不理想，但要說到適應未來的世界人類，毋寧以日本的佛教更有前途。因此日本人之中，也有被派遣至錫蘭、緬甸、泰國等地學習或考察訪問的，他們的目的在於研究，不在於接受，故雖曾在緬甸等地出家，回到日本依然恢復原狀。正同曾有幾位西藏學者去西藏做喇嘛，回國後便不再做喇嘛。

有一位尼泊爾的比丘同學，名叫 Sumangala（蘇曼伽羅），他在緬甸住了五年，錫蘭住了三年，泰國住了三個月，日本也住了兩年多。結果在他的印象之中，緬甸最好，錫蘭第二，日本第三，泰國最壞。我問他是否住的時期的長短有關係，他說不是，而是觀察所得。舉例緬甸比丘的戒行極嚴，尤其在現在的政府限制人民糧食的情形下，比丘們的生活極苦，不是真正向道的人，已不肯再做比丘，同時他們也努力於教典的學習，能夠把《巴利文大藏經》全部背誦的就有好幾位，所以他在緬甸的受益最多。至於錫蘭的比丘，因曾受過歐洲人的長期殖民統治，有好多地方，比丘們無法和緬甸相比，畢竟現在錫蘭的比丘律統是從緬甸反哺過去，所以不純了。但是錫蘭比丘的頭腦很聰明，在研究學問及發掘問題方面，要超過緬甸比丘，故其出了好多位國際性的佛教學者，就以印度摩訶菩提協會的創始人達摩波羅來說，也是出生於錫蘭。至於日本，雖在戒律生活上談不到，但是日本佛教根本不標出比丘的身分，乾脆都是在家人的生活方式，所以不用比較；然在研究佛學的精神及成績方面，卻為錫蘭所不及了。說到泰國，他說泰國的寺院最髒，曼谷市內總計四百來座佛寺，大概只有玉佛寺是乾淨的。其他寺院中，到處是狗糞乃至人糞，比丘們浪費或糟蹋飲食的程度尤其驚人。他最看不慣的是，泰國比丘的房中不像僧房，比丘可以單獨地把女人帶進自己的房間談天，幾乎有很多比丘在做比丘時，正與女人談著戀愛，計畫結婚生子的事，這與佛的戒律是完全相違背的。也就是說泰國比丘大多準備返俗，故在外出托鉢時裝作一本正經，見了女人也不能相看、不得相觸，到了寺內的房中又是另一種心理，根本佛所不許的。因此，泰國比丘不會應機說法，只知道背些死書，自己不知道懂不懂，信徒是絕對不懂的，所以名揚國際的比丘學者也就難得了。我又問他緬甸比丘可以返俗嗎？他說可以，但在返俗之後，卻被社會所輕視，這倒有點像我們中國的風氣了。

至於未來社會的佛教，究竟選擇現行各國佛教中的哪一類型？這是大家所關心的問題，但是，若站在民族自尊的立場者的觀點，不能做為參考的標本，若拋開了各民族自己的立場，又失去了所依的基礎。因此，唯有寄望全世界的佛教徒們，本著佛陀的教義，認真學習，認真思考，認真實行，使其配合時代環境，並為時代環境中的人類帶來光明的希望和永恆的幸福。

（一九七一年一月十一、十二日《大眾佛教》一八九、一九〇期）

日本的寺院和僧侶

一、留學僧和日本寺院

最近，在美國弘化的樂渡法師，由香港飛返紐約之際，道經日本，在東京小住了幾天。他到我的住處，見我僅住一間四個半榻榻米的小房間，裡面供了一座佛壇，放了三架書籍，還有一張書桌，活動的空間太小，又聽我說連水電瓦斯和雜費在內，每月也要二十五元美金的房租，所以他就問我，為什麼不住日本的寺院？他這一問，也就引起了我寫這篇報導文字的動機。

外國人住日本寺院的例子，不是沒有，去年八月，陪同來日本訪問的印海法師去高野山參觀，晚宿高野山的親王院，該院住持是高野山大學的教授中川善教，我向他試探，如果到高野山大學修學密法，需要什麼資格和條件，假如沒有錢，乃至連學費也沒有的話，怎麼辦？中川先生的回答很簡單，他首先問我的年齡，接著的要求是先得把日語學好。他說到高野山學法的人，如果能夠吃苦，住在寺院中，為常住擔任勞役，每天打掃庭院，擦拭門窗、桌椅和地板，汲水炊煮，乃至為投宿的旅客送飯、倒茶、搬菜、鋪床、疊被、準備沐浴等等。常住生活大多依賴旅客的收入維持，寺院的住眾便可享受免費食宿的優待，甚至免除學費讀書。當時見到該院的僧侶均係二十多歲的青年，原來他們都是來自各地的學生，當然是高野山派的密宗子弟了。其中還有一位白種人，他是美國威斯康辛大學正在讀博士學位的學生，名叫 Steven Young，因他專攻佛學，也將以佛教學做為博士論文的主題，所以到高野山選修學分，但他沒有帶錢到日本，照樣過得去。不過，中川先生聽說我已三十九歲，看我的體質又極單薄，對我之能否勝任寺中的勞役，要我好好考慮。其實，我國僧人至高野山留學的，於民國十年（西元一九二一年）已有大勇及持松，民國十二年（西元一九二三年）又有顯蔭，他們當時也沒有想帶了生活費去，也許他們留日時的年齡還沒有我大吧！

在東京方面，我所知道的，也有幾位外國僧侶住在日本寺院中。有一位越南比丘，住在臨濟宗的寺院中，但他必須生活得和寺中僧人一樣，不忌葷腥，也換穿了西裝，他是由於越南統一佛教會和日本該宗的一項默契而被接受，他的另一項義務，便是清潔寺院的環境，還得酌予補貼一點伙食費。

又有一位泰國比丘，名叫 Udonsak Chanklad，住在日蓮宗的東京池上本門寺，可是當我初次見他，不信他是泰國的比丘，他自己也說已經不是比丘，為了適應日本的環境，他做了日本和尚，穿了在家服裝。他是由泰國的佛教大學和日本的立正大學交換而來的留學生，他若保持比丘身分，便不能住進日本的寺院，好在泰國比丘的還俗是不成什麼問題的問題。

還有一位尼泊爾比丘，名叫 Sumangala，住在橫濱孝道教團的孝道山，該教團不但供給他食宿零用，還供給他學雜等費。好的是物以稀為貴，尼泊爾從來沒有僧人到日本留過學，整個尼泊爾國內也不過幾十名比丘，孝道教團正在希望以國際上的地位來提昇其國內的聲望，所以接受了這位來自佛陀出生地的異國比丘，尤其這位比丘是在錫蘭受的戒，魚肉之類對他不成問題，即使如此，他也有苦衷，孝道教團把他當作向國內外炫耀的裝飾品，每遇各處集會或外客到訪，必然要把這位穿黃色袈裟的比丘帶著同行，或請出來陪客，以致使他無法用功，乃至常找機會溜到學校的圖書館去「避難」。

說起孝道教團，我總覺得也可以為我們留日僧尼，向它做一點補助的要求，目前該教團每月給陽明山文化學院的三、四十名留日學生，每人補助五千日圓，乃是由於張其昀先生的交際有方，與佛教毫無關係。我想，假如我們也有人願開口的話，留日的僧尼也很可能得到一些補助。我個人和該教團亦算熟識，奈我自己也是留學僧，不便開口。

更有一位印度學生，他不但不是比丘，而且不是佛教徒，名叫 Naresh Mantri，他是印度教徒，吃素吃得很淨，連蛋類也不吃，但在印度教中，酒能通神，所以他很好喝酒。他住在日蓮宗派下的日本山（是寺院的名稱），原因是日本山有廟在印度，印度也供給日本山的日本僧人讀印度大學，他是在交換的條件下來到日本，研究大乘佛教，請不要以為印度教徒不能研究佛法，他說釋迦世尊也是他們崇拜的對象之一，不過與佛教徒的信仰不同而已。事實上，近世以來，印度的佛教學者幾乎很少是佛教徒，而是印度教徒，正像近世以來歐美的佛教學者，好多是天主教或基督教徒。再說這位 Mantri 先生所住的日本山，在日本佛教界是極少的例外之一，該寺是素食的，看來不像是為戒律，因其既然素食，卻不戒酒，因在五戒之中沒有戒葷腥，倒是要戒酒的。也許日本人太喜歡酒了，他們把酒稱為「般若湯」，日本無論男女，不喝酒的比率很少，好多僧侶竟會無酒不能過日子，有個老僧還把不喝酒的人視作異類。這位印度留學生，倒是得其所哉了。

看了以上的幾個例子，除了高野山，我似乎還可一試之外，其他的寺院，至少在我而言是不相宜的。假如要住寺院，不是沒有地方，但你亦得照常繳納房租及伙食費，可是，除非寺院所經營的出租公寓，准許個人自己炊煮之外，不會允許你自行炊煮。

日本寺院，除了大本山之外，均已家庭化及家族化了，縱然是他們本宗本派的人，也很少有甲寺的人到乙寺去掛單借宿的事，他們出外，不是住旅社便是住寺院經營的旅客招待所（規模完全和大旅社、大飯店一樣）。我有一位同班同學，他是日蓮宗的僧侶之子，並已取得了僧侶資格，自己的廟在神戶附近的兵庫縣，在東京借住本宗的寺院，每月照常繳納房租伙食費。所謂「十方道場十方僧」，在今天的日本佛教界已經用不上了。道場不是十方的，僧侶則是道場的，也非十方的。

最近也有一位日蓮宗某大寺院的住持對我說，他歡迎中國派送幾個十二、三歲的沙彌來日本留學，住在他的寺院中，一切由他負擔，培養到大學院為止。這話聽來很舒服，細想起來，問題卻很多。他為什麼願意培養中國沙彌而不成就中國比丘？除了可能利用少年為他的寺院服勞役雜務之外，將來這些少年成年之後，由於耳濡目染，全是日本的東西，對於中國的佛教毫無痛癢之感，他們如果成了人才，也不會想到中國佛教的復興問題，充其量是中國血統的日本人。這是很明顯的，不用說是沙彌出國，以往有些比丘出國，也會如此。凡在國內有了學養基礎的人，出國之後必有成就，例如法尊、法舫等人。否則當在國內之際，了無基礎，出國後縱然努力，也是無多益於中國佛教。所以我不贊成派沙彌出國。此不僅日本，在泰國也曾盼望我國派送沙彌去留學。

二、日本寺院的種種

前面說過，今天的日本寺院，除了大本山之外，均已家庭化及家族化了。所謂大本山是什麼呢？這是源出於德川幕府時代所頒行的一種「寺院法度」，因在此之前，地方派閥勢力，往往利用佛教各宗之間的矛盾，形成武力的抗爭，德川幕府使佛教各宗派，依其所握勢力的大小而分別組成大本山、本山、末寺；一宗之內，以一個大本山為中心，統領全國的本山及末寺。又使全國人民，悉數納入寺院及神社的「檀信徒」之內，名之謂「檀家」，人民的出生、死亡、結婚、就職、旅行、遷居、移動，均須取得所屬寺院的證明，也就是將宗教信仰納之於幕府的封建制度之下。按寺院的大小，分配來的檀信徒數字也有多少不等。寺院的信徒，不是由於寺僧的德化而來，乃是出之於政府的配給而得。於是，寺僧攝檀信，本山攝末寺，大本山攝本宗各寺，幕府則統攝全國各宗的大本山。這樣一來，既可防止地方派閥利用佛教，又可使得全國人民不致有越軌的行為；最主要的是由於基督教徒謀反幕府統治，德川幕府為了根絕基督教的流行滋長，所以使得全國百姓一律成為寺院或神社的「檀家」。

看起來，日本佛教徒應該感謝德川幕府的提攜，實則此一提攜，未必是福。神聖的宗教信仰，要用政令來硬性強制，豈不失去了信仰的價值；寺院的僧侶，不用為了爭取信施的教化，自己不必用道德感召，信者之對寺僧也不要求精神的救濟，僧侶也就漸漸形成俗化，失去了宗教師的莊嚴和神聖；最後，所謂佛教的信仰，不過是一種風俗習慣，至於佛法的普及和人間的淨化，遂不為大眾所知了。

所以，當我初到日本，看到除了已成遊覽觀光中心的大寺院之外，一般的寺院都把大殿的門閉得緊緊的，平常根本無人進香祈願。有一次我到金澤市去，該市有一條街，名叫「寺町」，全市的寺院，都集中在這條街上，各宗各派大大小小，共有二百多座，在京都也有一處地名叫作寺町。這兩種現象，在我初到日本的中國僧人看來是很難理解的。例如說，寺院沒有香火、沒有信徒，怎麼維持呢？那麼多寺院集中在一起，教化的對象是些什麼人呢？寺院與寺院之間，會不會因了信徒的問題而產生不愉快的事呢？

其實，如果知道了日本寺院的歷史背景之後，也就不會覺得奇怪了。因為這些寺院，大多從德川幕府的江戶時代（西元一六〇三—一八六七年）以來，代代相傳，寺院的住持換了很多人，寺院的檀家雖也換了很多代的很多人，但因他們的祖先是某寺的檀家，他們祖先的子孫，也就生來是某寺的檀家。原因是日本人對於祖先的崇拜和敬仰，甚至比中國人的意識還要強，檀家的祖墳或祖牌，供在寺院中，如果逢到「彼岸」及「御盆」（相當中國的清明及盂蘭盆）、「開山忌」（建寺者逝世日），久久不去寺院，寺院中為了新到者需要位置，就很可能把久久無人奉祀的墳墓及名牌，當作「無祀孤魂」處理掉，這在日本人是極不願意的事，這也正是日本之所以很少有人信仰基督教的原因之一。寺院和信徒之間的關係，不是建立在信徒的信心或寺僧的感化，乃是基於祖先崇拜的結合。所以，德川幕府的統治，雖已結束了一百多年，寺院的「檀家」制度，仍在維繫著與寺院的關係。也因於此，這種狀態的寺院佛教，被知識階層稱之為「葬式的佛教」或「墳墓佛教」。現代的許多新興教派之不建寺院而設教會，並且把寺院的佛教當作攻擊的目標，原因也在於此。

日本全國的寺院總數，在八萬座上下，大多均擁有墓地，以東京而言，擁有墓地的寺院，即占百分之八十五點三，東京寺院之建於江戶時代及其以前的，占百分之七十九，明治以後新建的占百分之二十一。這是為了適應人口的增加而增加了寺院的建設，這些新寺院的僧侶，多係老寺院中分張出來，新寺的檀家，也多是各該宗派老檀家的後代，雖無政令規定他們成為某寺的檀家，在習慣上若到了新的地方，在祭祖季節，他們自然地會到就近的屬於老家同一宗派的寺院去。因此，新建的寺院漸漸地也就有了固定的檀家。

我們從東京的寺院史看來，明治（西元一八六八年）開始以來一百多年之間，只增加了百分之二十一，可知其新建寺院的速度並不太高，原因是日本佛教通常是一寺一僧制，長子繼承寺產寺職，接下父親的寺院，成為第二代的僧侶，幾已成為定規。如有兄弟數人，除長男而外，總是另向寺院之外求發展。而且，由於寺廟生活安定，擁有財產大多在中產的俗人之上，故而寺院的長子殊少願棄權，特別是淨土真宗及日蓮宗系的寺院為然。不過，在天台宗及曹洞宗等已在日漸衰微的鄉村寺院，也有發生乏人繼嗣的現象，甚至只要有人願做該宗的僧侶並終身照顧寺院者，便可奉送給你，可是，那些沒有前途可觀而且收入很少的鄉村寺院，除了老年人，誰願意去呢？

日本建寺的人，有些是從俗人子弟，自願成為僧侶而且有些家產背景或社會背景的人，以自資或募化方式集得經費，興建寺院。建成之前，寺主必已在某一宗派的大本山，取得了合格的僧侶身分，寺院落成，便是寺主所屬宗派的「末寺」之一，對於本山及宗內的各種共同事業，有負起經費捐助的義務，也可享受該宗的各項權利，出錢愈多，寺院的地位愈高，權利也愈大。所以，日本寺院的經濟，原則上是各寺獨立的，屬於各寺寺主支配的，在其各宗之內，卻是有無相兼相通的、互惠互助的。不過，出身在小寺院的僧侶，除了為宗內事務有特殊貢獻者外，便無法掌握到宗內的大權。因此，小寺院出身的僧侶，如果資質優秀的話，便向學術上求發展。和他們談起來，他們也覺得這種制度不平等、不合理。

難得的是日本民族重視歷史遺跡，他們所建的寺院，幾百年乃至千百年後，縱然被毀於天然災害及人為的兵火，也會很快地重修起來，哪怕是小寺院在二次大戰中被炸毀的，現在早已修復。所以不像我國的寺院，容易建，也容易毀。即使他們的寺院大多已非修行的道場，而是生兒育女的家庭，他們的佛殿仍有神聖不可侵犯的莊嚴。現在一般的日本寺院，僅有定期的「法要」如「大般若」及「施餓鬼」之時，通知檀信徒前來參加念誦，平時則唯有檀信徒的喪儀佛事假寺院舉行，大多數還是請僧侶到檀信家去超度。可是，像中國那樣，在佛殿上開飯及喧嘩的情形，我還沒有見到過。他們的佛殿，也不許穿了鞋子進去，殿內是榻榻米，也有鋪了地毯的，殿前設有放鞋子的格子櫃。殿內僅燒檀香，一般人的線香均燒於殿外天井中的大香爐內。

三、各宗的大本山

再說日本各宗的大本山，便是各宗宗祖的根本道場，經過歷代的整建擴充，便成了各宗的領導中心，大本山的寺主，即是各該宗派的領袖，由於宗派不同，名稱亦各異，例如管長、貫首、貫主、門主、座主、燈主、法主等。此等領袖的產生，各宗的方式亦不盡相同，大致上說，是採用民主的選舉制度，被選或候選者的資格限制則很嚴，他們皆有僧階，必須是最高階的僧侶，在一宗之內，能到最高僧階者中，必須又是具有最大實力一派的人，才有機會登上管長的位子。因此，管長的人選雖以德學兼優為準，實則學術界的人是無望的，唯有大寺院出身或在宗派事務方面有大影響力量的人，才能當選。明治乃至大正時代，規定管長必須是獨身的僧侶，昭和而到了戰後，在獨身僧侶之有資格當管長的人愈來愈少的情況下，也就不能不以有妻有室的僧侶來充任了。以致今日有些宗派的管長，不但有太太，而且不止一個或兩個。

不過，當我參觀了日本各宗的大本山，例如密宗的高野山、天台宗的比叡山、臨濟宗的京都妙心寺、曹洞宗的福井縣永平寺、日蓮宗的身延山、淨土宗的京都知恩院、淨土真宗的京都東本願寺及西本願寺、黃檗宗的萬福寺，以及鎌倉的建長寺及圓覺寺，發覺在其三門之內，尚多是清淨莊嚴的，每日的鐘板殿堂、威儀作法，仍如昔日各宗宗祖所制的遺範。寺主及諸職事，雖皆來自家庭化的寺院，大本山內則沒有他們妻室的臥寢之所。他們雖都是「酒肉不避」的俗僧，在大本山內則多戒禁。因此，在各宗的僧侶及其信徒，仍將各宗的大本山視為聖地。年輕的僧侶要去大本山接受養成教育的生活訓練，現在多於暑期及春假中報到，依宗派的不同，每人要受三或兩個月的訓練，有的分為二年或三年的分段受訓。一般的信徒，也以朝拜本宗的大本山為畢生的心願。目前的各大本山，均已建設成了觀光中心，寺前固已建滿了街市，除了專賣紀念品及飲食的店鋪，尚有許多的日式旅館和數家西式的觀光飯店。有的大本山本身，也建築了十來層高的所謂「信徒會館」之類的觀光大廈，例如永平寺新建的所謂「參拜休憩所」的「傘松閣」及「吉祥閣」，日蓮宗池上本門寺的「朗峰會館」，真言宗成田山的「信徒會館」（且有兩所）等，都是觀光大飯店的氣派，建築費用均以億圓日幣以上來計算的。這些經費從哪裡來的呢？也有像中國一樣，靠信徒及大財閥的捐獻，但有的是自派下各寺的奉納，最主要的是本山自己的產業經營而來。他們經營寺院，類似經營公司，當作企業來做，雖在戰後的日本寺院，經濟不太景氣，且有許多土地也因政府的土地改革而被分解，但仍留有足夠的用地及房屋。房屋及土地不論多少均可用來賺錢，如移作出租停車場、辦幼稚園等，再有一點，可用土地向銀行信用貸款建築出租的或分別讓售的公寓。結果，日本全國的經濟繁榮，也為寺院帶來了繁榮。

從原則上說，大本山的地位是永遠不變更的，但到江戶幕府結束之後，政治上的規定便失去時效，尤其到了二次大戰以後，好多有名有利的寺院派系，即行脫離原屬的大本山，自行成立一派，獨立門戶，另向政府申請為新的合法宗團。原因倒不是在於另有了新的宗義，或出了偉大的祖師，乃是為了不願讓大本山來分享它們的利益。例如奈良的法隆寺，原屬於法相宗的藥師寺及興福寺管下，但在實力上已超過了大本山，故到昭和二十五年（西元一九五〇年），即脫出所管而自成一派「聖德宗」。鎌倉的建長寺與圓覺寺，皆係中國高僧所建，然在派系上屬於臨濟宗，因其實力強大，便成立了建長寺派與圓覺寺派。再如東京的淺草觀音寺，本屬於天台宗，由於它的財

少年手冊》六千部，以及其他手冊每年發行五次。

2.教學研究則有：⑴天台宗教學大會，⑵B．S．指導者講習會及研修會，⑶學校教職員研修會，⑷社會福祉指導員研究會，⑸寺庭婦人中央研修會，⑹中央布教教化研修會。以上都係每年一回。

3.互助會及學校則有：⑴天台宗寺院共濟組合，⑵大正大學，⑶叡山學院。

（二）臨濟宗妙心寺派

1.布教活動有：⑴親化布教（每年由管長到指定的五個教區，每一區做三日以上的親修授戒會），⑵定期巡化（每年春秋兩季，派遣布教師遊化全教區巡化，春天在二月和三月的兩個月間，秋天則由各地決定），⑶各教區設置教化本部，⑷花園會（以全國信徒組成，策勵奉行花園法皇〔西元一三〇八—一三一八年在位〕的遺敕，妙心寺即為花園天皇的離宮改成者）。

2.所辦的學校有：⑴花園大學，⑵正眼短期大學，⑶常葉女子短期大學，⑷尚有六所高等中學。

3.研究機關及雜誌有：⑴禪文化研究所，⑵布教研究會，⑶法式梵唄研究會，⑷《正法輪》月刊，⑸《花園會報》季刊，⑹《妙心寺派社會福祉連盟》季刊等。

（三）曹洞宗

1.布教活動有：⑴法座活動的指導推進，家庭教化的推進與研究指導；⑵以寺院經濟研究會，確立寺院經營的方法，例如農村寺院問題、都市寺院問題及人才的發掘培養問題的研究改進；⑶農村巡迴傳道車有七輛；⑷電台廣播。

2.教育機構有：⑴駒澤大學，⑵駒澤短期大學，⑶駒澤大學北海道教養部，⑷岩見澤駒澤短期大學，⑸苫小牧駒澤短期大學，⑹愛知學院大學，⑺栴檀學園東北福祉大學，⑻尚有七所高等中學。

3.集會活動有二十多種。

4.印刷物有：⑴《宗報》月刊，⑵《禪之友》月刊，⑶其他不定期書刊有二十多種。

（四）淨土真宗本願寺派

1.布教活動有：⑴在本山舉行者分成兩種：一是總會所布教，每日三次，終年不息，每週日有週日演講。二是特別演講，於春、秋兩期的法會之際舉辦。⑵在地方者分為三種：一是常例布教，二是駐在布教，三是一般布教。⑶視聽傳道則分為電台廣播（全國共被利用了十二家電台）、錄音傳道、電影傳道及音樂傳道。

2.學校教育有：⑴龍谷大學，⑵京都女子大學，⑶武藏野女子大學，⑷相愛女子大學，⑸九所短期大學及二十所高級中學、十三所初級中學。

3.佛教學院有中央、東京、高岡、行信、廣島、福岡等六所。

（五）日蓮宗

1.布教活動有：⑴特派布教，每年七十次，聽眾八十萬。⑵常任布教，每年三百五十次，聽眾四百五十萬。⑶特殊布教，至醫院、療養所、監獄、工廠等處，每年三百八十次，聽眾不可計。⑷街頭布教，每年四千回。⑸傳道車巡迴布教，每年三千五百次。⑹文字布教。⑺視聽布教。⑻地方講習會等。

2.學校教育有：⑴立正大學，⑵身延山大學，⑶東京立正女子短期大學，⑷奈良立正女子美術學院，⑸立正學園女子短期大學，⑹立正大學短期大學，⑺尚有四所高級中學及一所初級中學。

3.研究機構有：⑴日蓮宗教學研究所，⑵日蓮宗現代宗教研究所，⑶法華文化研究所，⑷日蓮宗布教研修所。

4.日蓮宗的修行道場有：⑴日蓮宗信行道場，⑵日蓮宗修法道場，⑶日蓮宗布教院。

各宗派的大本山或總本山，即是各派的中心樞要，但是，我最欣賞的，則為高野山和身延山，若以修行而言，身延山更好於高野山，日蓮宗的信行道場所修的「荒行」（苦行），為臨濟、曹洞之所不及，而且不限於僧格的養成者所受的生活訓練。

因此，也許日蓮的思想最符合日本民族的性格，以我所見的日本僧侶之有宗教情操和強烈的宗教信念者，亦以日蓮宗的較多，真宗的創祖親鸞，即自稱是個非僧非俗的愚禿，而在今日的真宗派下，即有不少名學者。

四、僧侶與信徒之間

當我初到日本時，對於日本僧侶與信徒的不同之處，實在分辨不出。他們所說的出家和在家，也使我感到迷惑不已。比如說父親是僧侶，他的長子便說是出家的，他的次子以下的子女，又算作在家的，同樣是出身在寺院中的孩子，竟有在家和出家的不同。原來，唯有準備繼承寺院住持的兒子，始可名為出家，並且隨同他的父親學習誦經，為信徒家的亡魂追薦。其餘的子女，一旦成長之後，即須離開寺院，別覓枝棲，所以名為在家。

也有雖住在寺外，依舊自稱是出家僧侶。這是由於住持的父親尚未告老退休，兒子則已另在寺外找到教書等的職業，所以將妻兒搬出寺外，成立一個小家庭。等到父親退休或者亡故之後，需要兒子接管寺院，繼任住持，便再把他們的家小撤回寺院。也有因了父子或婆媳間的年齡差距，意見相左，兒子先行離寺，等待父親老去，再返寺院的。立正大學有一位副教授，就是一例，他的寺院在橫須賀，離學校單程快車約一個半小時，所以另在東京租房子住，我初以為他是在家人，但在今春，其父退休，他便搬回寺院當了住持。

一般的僧侶，他們的職業、生活、衣著、飲食等，完全和俗人一樣，除了法會或誦經時穿上僧服，誰也看不出他們是僧侶。因此，我問了一位有僧侶身分的日本朋友，請他說明日本僧侶與俗人之不同，究竟在何處？他說：住於寺院而為信徒誦經祝福，並且具有僧侶資格者，名為僧侶；不住寺院而亦沒有僧侶資格者，即為俗人。僧俗之分，不在於修持或誦念，但在於是否住寺與為信徒舉行喪葬等的佛事。

日本僧侶資格的取得，已如前述，是到各寺的大本山接受僧格的養成教育的生活訓練，不像中國或南方國家之有戒律的傳受。日本佛教自傳教大師最澄（西元七六七—八二二年）以來，即已不傳比丘戒，故其只有受持所謂「圓頓大戒」的菩薩僧而無比丘僧。可是，日本佛教的傳承，即是靠著這樣的菩薩僧，唯在明治以前，除了淨土真宗，各宗僧侶多還是獨身與素食主義者。

今天的日本僧侶，雖在宗教精神上已不是「人天的師範」，但因他們尚非無知之徒，以其素質而言，平均仍高於一般的俗人，故在日本社會中，和尚仍被大眾尊稱為「先生」（老師或夫子的意思），絕不會像我國的廣東人，如果早上出門見到和尚尼姑，即以為不吉利。而且，由於寺院生活優於一般的俗人，許多女孩子為了要嫁大寺院的僧侶之子，特別去攻讀佛教學或各宗的宗學，今年立正大學佛教學部第一名畢業的某女生，最近便嫁給了日蓮宗的僧侶。大寺院的僧侶，為了寺務的發展，固然要好好地培養兒子，也要物色通曉佛學的媳婦。

寺院的經濟情況，大致都算不錯，寺院收入的來源，乃是多元性的，根據佛教徒文化交流會的調查，有如下的一個結論：1.儀式法會占百分之五十六點九；2.財產收入百分之八點八，事業收入百分之九點二；3.兼職（如當教員等）收入百分之九點九；4.護持會（相當我國寺院的護法會）收入百分之三點二；5.附屬設施（如辦語文補習班等）收入百分之二點五；6.其他收入百分之四點二。

一座日本寺院，如果擁有一塊五百坪以上的墓地，並且經營得法的話，是相當富裕的。現在舉一實例如下：湘南地方的某寺，在市內擁有二千坪的寺基，每月收入約有二百萬日圓，每年的葬禮收入有一百五十萬日圓，不動產的收入五十萬日圓。該寺的住持，身兼宗內宗教事務的數職，並為當地好多家公司的顧問或董事。住持的太太於寺內經營幼稚園，每月收入也不在一百萬日圓以下。因此，太太每月要上東京三次，均投宿於最高級的帝國大飯店，他的女兒就讀於東京的一家貴族化女子大學，所住公寓的月租是兩萬八千日圓，並且有一輛汽車代步。

當然，日本寺院並非都是如此闊綽，我有一位朋友的寺院，就只有二百坪寺基，一家五口，孩子們讀大學，尚得靠各自去工作，因它僅有三十多家信徒，而且多非富有，每次到信徒家去誦經，通常僅得二、三百日圓的供養。因為日僧誦經，只有一人，每次不超過半小時，但也絕不議價，如果誦了經當然不會不給供養，但是「檀家」請求檀寺僧侶誦經是一種權利，即使不給供養，也得有請必到。他們除了為死者誦經，也得向活人說法，他們稱為「說教」。

在寺院中舉行比較大的法會時，也有集合了好多寺院的好多僧侶來做的，特別是七月間的「施餓鬼」，各寺僧侶互相協助，輪流著分日舉行。我們知道，中國的「焰口」並非來自印度，乃由中國先賢們依據密教的咒文及顯教的經義，編集修訂而成，故在日本的「施餓鬼」，各宗所用的名目雖同，所誦的內容則各異，例如淨土宗誦《阿彌陀經》，日蓮宗則誦《法華經》，七月齋孤的信仰乃與中國一樣，同是從《盂蘭盆經》的孝道思想而來。法會之時，信徒到寺院參加，沒有飯菜招待，卻有一份點心可領。

雖在各宗的布教計畫之下，每年花費的宣傳經費不少，例如有一小寺院，每年總收入為二百二十萬日圓，用以教化的則達四十萬日圓。但是，一般的寺院殊少舉行講經說法的活動，不是僧侶不會說，而是無人去聽僧侶說法，像新興教團的那種常有成千成萬人的信徒集會，在寺院佛教中是絕難見到的。他們與現代的、動態的社會大眾之間，是脫了節的。因此，若非已成觀光地區的寺院，僅賴信徒所供給的葬儀費、誦經費、寺院護持費、墓地使用費、特殊助捐費等，已無法維持寺院的門庭，必須仰賴經營旅館、結婚禮堂、賣藥、製材、保險代理業、出版事業、醫院、診療所、公寓、各式補習班、幼稚園、保育園、托兒所、停車場等副業，僧侶們則以兼任教職員居多。因為一個寺院的開支，也著實可觀，例如地產稅、宗派及教區的常年費、佛教會會費、寺院交際費、寺院修繕費、環境整理費、信徒會議費、教化費、寺務辦公費、寺內水電香花供果費、寺眾日常生活費及薪水、徒弟教養費等等。

僧侶本當是專業的宗教師，今日日本的僧侶所做的宗教師事業，在比率上是很少的，他們僅以宗教的寺院做為生活處所，沒有利用寺院來發揮宗教的信仰工作。他們將寺院家庭化了之後，僧侶無力以道德感化群眾，反被世俗的群眾所同化。說得好聽，他們是隨俗化俗，實則已被世俗所化。這一點，在日本僧侶自身也不否認。但是，我們不用為日本佛教擔心，由於他們的教育普及，並在繼續要求僧侶素質的提高之中，根據十年前的一項調查，寺院住持的學歷統計，百分之七十九點五是大學畢業以上的程度，現在當要超過此數，故在各宗之內，均在盼望有了碩士學位的人來當寺院的住持。而且，僧侶多從事教書工作，在各級學校中影響青少年，佛教之在教育界的力量，已到了能夠影響文部省教育方針的程度。所以，日本僧侶失去了寺院的感化力，卻在另外一面找到宣揚佛化的出路。

五、教團制度與僧階

前面所說有力寺院個別獨立的現象，現在已無法繼續增加了，依照現行的「宗教法人法」，寺院之獨立需取得文部省的批准，文部省要根據各寺所屬大本山宗務廳的許可，宗務廳要依據各教區區長的文件，教區區長則在召開了教區的寺院大會之後，由大會議決，假如自教區區長至文部省的過程中，有一關通不過，就達不成獨立的目的。事實上，各寺住持雖然討厭層層管轄，卻也樂於接受重重宗團保護，反正每年所繳的「宗費」為數不會太多。

最值得注意的，日本政府的政令和宗教教團的行政權是相當配合的，絕不會如臺灣省的民政廳和中國佛教會之間，常常採行相背的措施。

原則上，日本政府非常維護佛教教團，沒有故意排斥宗教教團的傾向，對於民主政治而言，這是非常開明的現象。

日本的僧人，繳納宗費或「宗稅」，是依據僧階的高下為準的。天台宗及淨土真宗的僧階分為十三等，自高至下依次稱為：大僧正、權大僧正、僧正、權僧正、大僧都、權大僧都、僧都、權僧都、少僧都、權少僧都、大律師、中律師、律師、權律師。不過，全日本各宗派之中，以天台宗的大僧正最多，凡是經營寺院及宗務得法者，即視為有功勞，而予以「特進」為大僧正，同時對於本宗的行政總機構宗務廳，納獻最高額的宗費。曹洞宗的僧階分為八等，最高算起為：大教正、權大教正、大教師、權大教師、正教師、一等教師、二等教師、三等教師。曹洞宗規定，唯有大本山的貫首才是大教正，大本山的副貫首才是權大教正，該宗有永平寺及總持寺兩個地位相等的大本山，所以只有大教正及權大教正各兩名。另有須加說明的，僧階本以表示德位的，現在的日本僧階，不論何宗何派，除了表示出錢多少之外，並無其他意義，唯在宗教行政職位的選舉上，僧階是主要條件。故有一個日僧說，從前中國的君主政府出賣度牒，以實國庫之虛，現在日本佛教的各宗，則售僧階以資經營宗務。

日本佛教的各宗大本山與各宗的宗務廳或宗務院，也有區別的，他們的制度與君主立憲類似，大本山的管長相當於天皇，一宗之內，地位至高，但他除了育訓宗內僧侶及宗教儀式的主持而外，不管行政業務。在管長之下的宗務長，相當內閣的總理大臣，在宗務長之下，分設各部部長及課長，例如庶務、財務、教學、社會、總務、法會、山林、法務、海外等各部。有的宗派，分設幾個局，各局之下分設數部，部下再設數課。參觀幾個大宗派的宗務廳時，儼然如政府的省級機構。

正由於政府與教團配合，並以法令授權教團，教團的宗務院或宗務廳有權執行派內的行政方策，組織運用也很有力。假如僧侶違犯了各宗的法規，例如不納宗費、不受命令，或犯了國家的刑法之時，輕則降階，重則取消僧侶資格，由政府協助，敕令退出寺院，其所遺之寺院則由宗務院另行派人接管。因此，日本寺院雖已家庭化，仍與一般的家庭不同，政府不能沒收或查封。因為當違法的僧侶被逐出寺之際，他的家族亦必須遷出寺院，家族無權繼續居住。說到僧侶的家族住寺，也有一定的限制。唯有住持的父母及妻子兒女可以住在寺內，兒女成年之後，若不結婚，尚有居住權利，一旦婚嫁，若其尚未取得僧侶資格者，就得遷出寺外了。僧侶之子若預定要做繼承人者，自十歲起，便成為和尚爸爸的「徒弟」，並可將教育「徒弟」的教育費列入公帳。實則，從表面上說，每寺均有帳目，真正向各寺查帳的事太少了。

（《菩提樹》月刊二二六、二二七期）

東京的佛教大學

一、前言

近年以來，到日本留學的僧俗佛子，不乏其人，能為中國佛教帶來新希望的，卻並不多。正像元朝以後，日僧留學中國者甚眾，對於中日佛教文化之溝通，有大影響力的卻又極少。因此，當我來日之初，心境頗覺沉重。

我又明知日本的佛教人才極多，自明治二十一年（西元一八八八年）六月七日以來，迄昭和四十二年（一九六七年），在七十九年之中，出了共計二百七十一位佛教的文學博士，其中僅僅第一位博士南條文雄和第五位博士高楠順次郎，是在英國牛津大學得的學位（編案：兩人皆是獲得牛津大學文學碩士學位），其餘均係日本國內的大學院所授。何以中國佛子一到日本，大多成了進入寶山而仍空手回家的人呢？這是一個重大的問題，卻並非本文的主題，且待有機會時，再做討論。

日本的佛教，是以宗派為中心的，在一宗之下，又分裂出許多教團教派。因此，日本佛教的宗團，又分作舊宗和新宗，新宗大多是由舊宗分出，於是又將各舊宗命名為「既成佛教」。現在的天台系下有二十二個分派、真言系下有五十八個分派、臨濟系下有十九個分派，曹洞、黃檗系下有五個分派，淨土系下有八個分派，真宗系下有二十二個分派，日蓮系下有五十二個分派，另有融通念佛宗、時宗、法相宗、律宗、真言律宗、華嚴宗等的分派很少。其中以日蓮系下的實力最大，日蓮聖人的開教精神，那種激越的宗教情操，頗有類於西方的基督教，故在日蓮宗初創之際，嘗受政治力的壓迫，近代則與西方接觸之後，便與基督教的架構接通。因此，日本人站在民族意識的立場，接受基督教的若干內容，成為日蓮宗復興的營養，發展日蓮精神而抵制基督教的信仰。由於新內容的引入，遂有許多新的日蓮教派的產生；其中最大的是立正佼成會和創價學會；創價學會終於成為能左右日本政治設施的第三大政黨，擁有一千四、五百萬信徒黨員，正像西德之有基督教民主黨。佛教的根本精神，未必要積極於政府的活動，日蓮派下卻出現了佛教的政黨。所以，日蓮宗之在日本，有如禪宗之在中國，同樣是在一個特定地域的固有文化中產生的新佛教，與原始的佛教面貌是不能同日而語的。同時由於創價學會極端地排斥一切的既成原來的佛教教派，各佛教教派也把它視為邪教或魔教。

初到日本，加上語文的隔閡，要想了解日本佛教的全貌是不容易的，致有留日數年的人，對於日本佛教的認識仍不充分。好在我於來日之前，已對日本佛教的歷史和現狀，做了半年的研究，所以初到日本時，雖不免要做啞巴，卻已不是一個瞎子，而且在見到實事實物之後，往往有如遇故人或似曾相識之感，這是值得告慰的事。

我對日本佛教，並無任何偏愛，也不抱任何成見，我的目的是想多多地看和多多地想，優良面固然要看要想，短缺處更該多看多想。因此，雖有人建議我去京都古城，一探往日日本佛教的勝蹟，也有人建議我當選擇東京，因為自從江戶時代（西元一六〇三年）以來，日本的文化中心已隨著政治中心的所在而到了現在的東京都，尤其是在明治維新（西元一八六七年）之後，日本的精華所在根本就在東京都。我在因緣的安排之下，也到了東京，但我對於京都，也想去多看多想，那兒的確有許多可看可想的事物。

我來日本，目的不在於一紙碩士或博士的文憑，乃在於看看他們究竟以什麼樣的方法和什麼樣的環境，維持佛教文化於不墮，且能造就這麼多國際性乃至世界性的佛教人才？以期中國佛教之迎頭趕上世界時代文化的潮流。所以，雖在東京的生活費用高得驚人，舉手投足都得用錢，出外訪問更得用錢，我仍找著機會去許多佛教的道場和佛教的學校訪問。

來日未久，已有文章在《佛教文化》報導，現在，再將東京的佛教大學向國內做一次介紹，以俾國人對日本的佛教大學勿做過高的評價，也勿做過低的物議。

二、日本的佛教大學

現在的日本，屬於佛教創辦的大學，已有如下的二十四所：

（一）東北福祉大學：由曹洞宗創於明治八年（西元一八七五年），昭和三十七年（西元一九六二年）升格為四年制大學。

（二）淑德大學：由淨土宗創於昭和四十年。

（三）立正女子大學：由日蓮宗創於昭和二年，昭和四十一年正式成為四年制大學。

（四）上野學園大學：創於明治三十七年，昭和三十三年成為以音樂為主修的大學。

（五）駒澤大學：由曹洞宗創於明治十五年，大正十四年（西元一九二五年）正式命名為駒澤大學。

（六）大正大學：於大正十五年，將舊有的天台宗大學、真言宗豐山派的豐山大學、淨土宗的宗教大學合併而創立，後來又加入了真言宗智山派的智山專門學校，合稱為大正大學。

（七）東洋大學：是根據佛教學者井上圓了「護國愛理」的精神，創哲學館於明治二十年，明治三十九年改名為東洋大學。

（八）武藏野女子大學：由淨土真宗本願寺派的高楠順次郎，創於大正十三年。

（九）立正大學：由日蓮宗於天正八年（西元一五八〇年）首創檀林，明治四十年改名日蓮宗大學，大正十三年更名為立正大學。

（一〇）鶴見女子大學：由曹洞宗於大正十三年創光華女校，昭和二十八年改為短期大學，昭和三十八年完成四年制大學。

（一一）愛知學院大學：由曹洞宗於明治九年設專門學校，昭和二十五年改為短期大學，昭和二十八年升為四年制大學。

（一二）同朋大學：由淨土真宗大谷派的青木樂聞翁於文政九年（西元一八二六年），所創的佛教研究所為始，昭和二十五年升格為東海同朋大學，昭和三十四年改名為同朋大學。

（一三）日本福祉大學：由日蓮宗創短期大學於昭和二十八年，昭和三十二年升為四年制大學。

（一四）京都女子大學：由真宗本願寺派的大谷籌子，創辦高等女校於明治四十三年，昭和二十四年即成為新制的大學。

（一五）光華女子大學：由真宗大谷派於昭和十九年開設女子專校，昭和三十九年升格為女子大學。

（一六）種智院大學：由真言宗的雲照律師，於明治十四年設立總黌為始，至昭和二十四年成立為種智院大學。

（一七）花園大學：由臨濟宗妙心寺派於明治二十七年創普通學林高等部，明治四十四年發展成臨濟宗大學，昭和二十四年改名為花園大學。

（一八）佛教大學：由淨土宗於明治三十一年創立以宗教為主的高校，明治三十七年改為淨土宗教大學院，昭和二十四年改為佛教大學，至昭和四十二年又增設大學院。

（一九）大谷大學：由真宗大谷派於寬文五年（西元一六六五年）設立學寮，明治二十九年成為真宗大學，大正十一年又改名為大谷大學，昭和二十八年，增設大學院。

（二〇）龍谷大學：由真宗本願寺派的良如於寬永十六年（西元一六三九年）創設學寮為始，至明治八年採用學校制度，昭和二十四年成立大學文學部，戰後改為新制大學。

（二一）高野山大學：由高野山真言宗於明治十九年設立古義真言宗大學林，大正十五年改為高野山大學，昭和二十七年增設大學院。

（二二）大谷女子大學：由真宗大谷派於明治四十二年創立大谷女校為其前身，昭和四十一年設立大學部。

（二三）四天王寺女子大學：此為昭和四十二年新創的一所。

（二四）相愛女子大學：由真宗本願寺派於明治二十一年首設相愛女校，昭和三十三年成立大學。以授音樂為主。

由以上二十四所佛教所辦的大學來看，今日日本佛教的文化主力，仍在舊有的各宗之手，許多新興的教派現僅著重於民間通俗的信仰，尚未及於上層佛教文化的努力。

辦學最多，乃以曹洞宗與淨土真宗相媲美，所出人才也最多。但從佛教學者的博士學位的授予而言，則出於國立的東京大學以及京都大學者甚眾，原因是佛教自辦的大學，設有大學院的歷史不久，迄今也僅駒澤、大正、立正、東洋、龍谷、大谷、佛教、高野山等八家設有碩士和博士學位專攻的大學院。但在幾家著名的一般大學中，設有佛學課程或佛學講座的也不少，而且成績斐然，例如東京大學、早稻田大學、京都大學、國學院大學、東京教育大學、天理大學、金澤大學、九州大學、東北大學、北海道大學、佐賀龍谷短期大學等。

由於佛學極受日本學者的歡迎，「印度學佛教學」早已成為日本攻治文學者的最大寶藏。但是這些佛教所辦的大學，雖均以各宗的特長見著，為了維持的經費，同時也為了服務社會大眾，故亦無不兼設一般的學部或科系，乃至有些佛教的大學是以普通學科為專長。故在二十四所大學之中，研究佛教學的色彩濃厚者，僅是已設大學院的八家而已。

因此，以下我就以東京都已設有大學院的四所佛教大學，做為報導的重點，我不但蒐集到了這四所大學的資料，同時也對其中的三所做了實地參觀和教授的訪問。

三、駒澤大學

駒澤大學是曹洞宗所辦，曹洞宗的法脈雖傳自中國洞山的第十三代法孫天童山的長翁如淨，但在日本而言，則以希玄道元（西元一二〇〇—一二五三年）為其始祖，道元在中國得法之後，一生謹遵如淨的遺訓「不親國王大臣」，所以他的禪風與日本臨濟宗創祖榮西禪師之不拒權貴的接納者，迥然不同。直到今天的曹洞子孫，雖已成了蓄妻生子的住廟俗人，仍在標榜道元的精神。

我在一位立大同學李俊生先生的引導之下，於八月八日去駒澤大學做了一天的訪問，這所大學本在東京的郊區，但自一九六四年的奧運會之後，現在已成為鬧區的一個名勝了。因為奧運會的田徑場、游泳池、器械操館、棒球場等即開設於駒澤大學的近旁，奧運的各項建築物以及環境的布置美化，如今已成了東京別具特徵的一所大公園，加上近年駒澤大學的棒球隊轟動日本，所以駒澤大學的聲望愈來愈高。臺灣佛教界似乎對於駒澤也頗有好感，甚至有一位來自臺灣的駒澤的同學驕傲地說：「只有駒澤的學歷，中國教育部才承認。」這種說法雖然自誇得不切實際，但是駒澤之有名則是事實。

我們在駒澤一位職員御堂前先生的嚮導之下，參觀了他們的教室、禪堂、佛堂、學生寮、體育館。

教室並無任何特色，禪堂則為駒大的特色，因其屬於禪宗，近代也出了一位修禪有成的大德澤木興道，所以，不論你是否研究禪學，乃至是否信仰佛教，凡是駒大佛教學部的學生，坐禪則被列為必修的課目之一，你如不去參加，就會失去這一課的學分。我去之時，一班學生正在坐禪之中，故僅在門口小立，未便進去。

據御堂前的說明，駒大的學生寮是依照曹洞宗大本山的僧寮規制而建，住於學生寮內的也都是本宗派下的子弟，個個都是十八、九歲的光頭小伙子，在寮內過莊嚴肅穆禪人的生活，他們早上起來要上殿，然後要坐禪數十分鐘，威儀行止大致和中國禪林相近，所以見我和淨海法師禮佛的動作，他們便說與他們的大同小異。可惜的是我問起今日的曹洞宗在日本，既有如此之興，究竟尚有幾位出家的比丘呢？他們對於出家和在家的界線已相當含糊，認為住寺的縱然有妻有子，即為出家，一般信徒則為在家，所以他們出家的很多，比丘則極少了，唯其對於中國僧人之仍能維持比丘生活，頗表敬意。因為日本的住寺蓄妻制度是由明治時代的政治力所形成，既已形成之後，很難改轉過來。但他們又說中國在臺灣的僧尼，尚未受到政治的壓迫返俗，何以要跟日本學呢？而且是學不上的。我說的確如此，日僧結婚須在三十歲以上，結婚之後仍住寺職、揚化佛教；若中國僧人結婚，就會離開寺院，乃至離開佛教了，豈不是大為可惜的事！

駒大的體育館，即是他們的大禮堂，禮台便是佛壇，三尊本色的木雕大佛坐像，非常莊嚴，平常時佛像被關在幕後。這也是日本佛教的一個特徵，他們所供的佛像，平時多被關於龕內，唯有舉行典禮或法會時，才打開來供人瞻禮供養。

下午參觀駒大的圖書館，共計四層的一座圖書館大廈，上上下下所藏古典、新書、圖籍等各類專門資料，達十七萬冊以上，尤其關於禪學的古書特多，據說敢向全世界誇耀其收藏量的豐富。定期刊物雜誌，包括日、漢、西洋各種文字的，也達七百種之多，經常供人閱覽。我也看到了我們的《海潮音》和《今日佛教》，被合訂成冊，陳列在地下室裡。我既覺得欣喜，也感到汗顏，因為我們的雜誌，在頁數的分量上是最輕的了，可是我們在國難期間，仍能維持幾種佛教的定期刊物，已該有所安慰了。

日本學者有一種能將自己的全部珍藏獻給佛教的精神，在駒大圖書館中，即藏有好幾種專人的文庫，例如以禪學及佛教學為主的忽滑谷快天文庫、衛藤即應文庫、山上文庫、魯山文庫，澤木興道文庫、保坂玉泉文庫、小柳文庫，以英文學為主的有熊本文庫，以東洋史為主的有岩井文庫，以日本國文學為主的有沼澤文庫，以經濟為主的有笠森文庫等。這些都是當那幾位學者去世時或尚健在時，將個人的藏書捐贈或寄贈給駒大圖書館的。

另有若干絕版已久的中、日文古書和寫本，也在這裡發現了。因此，我有一個願望：當我回國之時，一定要向有識的信士勸募善款，把中國已絕而猶存於日本的文物照相影印了帶回祖國。世界上再沒有比看到自己的東西而自己竟然不備這種事情更痛心、更慚愧的了。

曹洞宗以禪為中心，駒澤大學的建校理想，也根據禪的原則和精神，要做到「行解一如」的境地，要將佛法切合於近代人的思想、文學、藝術，以及社會生活，以期實踐「信、誠、敬、愛」的四大德目為目標，來完成人類理想的建設。故在駒大的圖書館中，除了佛教的專門書籍之外，也備有不少最新的有關地理、歷史、政治、法律、經濟、社會、自然科學、工商業、藝術等的一般圖書。

現在的駒澤大學，擁有教授九十三人、副教授二十八人、講師二百三十人。開有經濟學部（分設商學科、經濟學科）、經營學部、法學部（法律學科）、文學部（日本國文學科、英美文學科、地理學科、歷史學科、社會學科）、佛教學部（禪學科、佛教學科）。

日本大學的「部」，相當中國大學的院，科則相當於「系」。佛教大學，當以佛教學部最重要，該部擁有十六位教授，其中十位有博士學位，最有名的是在世界巴利語學研究中心的權威學者水野弘元，他也就是佛教學部的部長，另有一位哲學博士宮本正尊，也是世界性的佛教學者。我在大正大學的印度學佛教學大會上見到這兩位老先生，均已滿頭白髮。另有副教授四位、講師二十二位。副教授有一位哲學博士，講師之中有兩位博士。博士在中國大學裡至少當副教授，在日本卻不同，甚至有一位六十多歲的老博士，迄今仍在大正大學當講師。立正大學的校長坂本幸男博士兼任東洋大學講師，駒大的宮本正尊博士也兼任東洋大學講師，這在中國是很難得的。

駒大雖以禪為主，對梵文和巴利文、哲學、歷史等也極注重。現在且將駒大佛教學部的課目名稱抄在下面。

禪學科的必修專門科目有十二門：禪學概論、禪學研究、禪宗史、正法眼藏、傳光錄、宗典講讀、禪學講義、禪學演習、禪學實習、禪學概論、哲學史、論文。

禪學科的專門選擇科目有三十九門：佛教概論、禪學特講、佛教特講、佛典研究、禪宗思想史、佛教教理史、印度佛教史、中國佛教史、日本佛教史、佛教文學史、佛教美術、教化法、佛教語解說、論理學、哲學概論、宗教學概論、基督教概論、宗教史、中國哲學史、印度哲學史、西洋哲學史、宗教哲學、詩偈、梵語、巴利語、巴利語演習、梵語演習、佛教民族學、西藏語、青少年問題研究、青少年指導演習、禪美術、哲學史、現代哲學概論、哲學特講、哲學史特講、哲學演習、心理學概論、寺院經濟史。

佛教學科的必修專門科目也有十二門：佛教概論、佛教研究、佛典研究、佛教教史、印度哲學史、佛典講義、禪籍講讀、經典演習、禪學實習、哲學概論、哲學史、論文。

佛教學科專門選擇科目有三十八門：除了禪學概論、禪宗史、各宗特殊研究、各宗綱要等四門與禪學科的選擇科目不同之外，其他大略相同。

從這些科目來看，大致總不會如國內部分同道所說：我們的小學生都能進日本的佛教大學，日本的佛教大學當然不會有什麼東西可供學習的了！但是，我們的小學畢業生進入日本的佛教大學，又是千真萬確的事實，像我本人就是其中的一個，因為我國佛教從未有過僧尼的制度化的正規教育啊！至於能否趕上日本大學的功課，或是否有此接受教育的能力，那又不能一概而論的。

四、大正大學

大正大學，是因為參加第二十屆「印度學佛教學大會」而去的。這個歷史悠久的全國性最大的佛學大會的會員，至少是大學院以上程度的學者，大正的牛場先生希望我在明（一九七〇）年的第二十一屆大會上也發表一篇論文，所以我也成了該會的會員。大會分成八個部分，於六月七日及八日開了兩天，每年由各大學輪流召開，今（一九六九）年是由大正大學做主人。關於這個學術會的組織和性質，有暇時當另文介紹給國內的有心之士。

我和淨海法師是在牛場真玄先生的引導之下，對大正大學做了一番巡禮。牛場先生是大正的退休講師，已近七十歲了，但他對我們中國留學僧卻特別關心照顧，他每週要為我和淨海法師補習兩個小時的日文，用心至誠。這次他也在大會上發表了論文。

大正大學的校舍範圍並不太大，僅有數千學生，最近在擴充之中，這次的印度學佛教學大會，就是在其新建完成的大樓之中召開，大樓上下共三層，課室的各項設備比駒澤的要好得多，然而再去參觀舊有的教室，那就顯得它的「歷史」很老了。

很難得的，是在大正的圖書館中，負責人特別請出了一部西藏文奈塘版的《大藏經》，給我們瞻禮。雖其紙質粗劣、印刷簡陋，是一種橫書的貝葉梵夾式的本子，閱讀、攜帶、觀賞均不甚便利，然其卻是西藏人在物質艱困中完成的一大寶物。比起北京版的《藏文大藏經》，無論印刷、裝訂，它都是落後的。我在臺灣中央圖書館及中央研究院見到的《藏文大藏經》，便是日本根據北京版影印而成的，它的印刷和裝訂，國內尚無這樣高水準的另一種文字的《大藏經》哩。大正大學的這部《藏文大藏經》，是由日本的藏文學者先驅河口慧海氏從西藏請回來，故已成為傳世之寶。今日的日本佛學者，對於藏文的研究學習，已和梵文、巴利文置於相等重要的地位。所以《藏文大藏經》對日本佛學界是相當重要的。因為藏文是由梵文演化而成，《藏文大藏經》的絕對多數又是由梵文譯出，所以從藏文佛典可以校勘漢文佛典，藏文加漢文，便可以還譯成為梵文。

因為大正大學是由幾個宗派合辦的，在性質上是佛教的綜合大學，以培植完美的人格為理想。現任校長是櫛田良洪博士，教授三十四位，副教授十六位，講師七十位。比起駒澤大學，大正的規模是小了好多，但其內容並不貧乏，人才也是濟濟，在第二十屆的印度學佛教學大會中，駒大發表論文的有四十一位，大正也有四十位，在所有的大學之中，出席演講發表的人數也是占第二位。

大正的特色是設的研究室非常多。整個學校分為大學院和大學部。大學部分設文學部（院）及佛教學部。文學部內又分設文學科（日本文學、美英學）、史學科（日本史學）、哲學科（西洋哲學、中國學、宗教學）、社會學科（社會學、社會事業）。佛教學部僅設佛教學科（佛教學、梵文學、天台學、真言學、淨土學）。大學院的佛教學不另開設，乃屬於文學研究科，包括碩士及博士學位的專攻日本文學、宗教學、佛教學。

佛教學部設有五個研究室，那就是：

（一）佛教學研究室：開有七門課程，那是由該室主任長澤實導博士擔任佛教學概論，佐藤密雄博士的佛教教理學，關口真大博士的佛教史，塚本善隆博士的中國佛教特論，勝又俊教博士的印度哲學，宮林昭彥的佛教學特論，竹田暢典的日本佛教史。其中的塚本善隆與關口真大等，都是國際性的權威學者。

（二）梵文學研究室：此室係以印度的宗教、哲學、文化、歷史等為其研究的中心，目的在於訓練學者對於梵文、巴利文、西藏文原典的徹底研究，例如聞名於世界的荻原雲來博士的《梵和大辭典》的刊行，就是此一研究室的成果之一。西藏文學者河口慧海博士亦曾在此一研究室繼續研究。現開有八門課程，那就是由該室主任壬生台舜博士擔任西藏語學、文學及梵語，佐藤良智博士的巴利語，松濤誠廉博士的印度哲學特論，另有真野龍海的梵文學特論，石上善應的梵語，齋藤光純的梵語，佐藤良純的巴利語，北條賢三的梵文學特論。

（三）天台學研究室：此室以比叡山的學問為中心，而由此中心開出法然的淨土宗、親鸞的真宗、榮西的臨濟宗、道元的曹洞宗、日蓮的日蓮宗。若做系統地研究，日本佛教的根本思想在於天台學。要理解整個的日本文化和日本佛教，天台學是最最重要的基礎。此室開有九課，便是主任多田厚隆的天台學概論，平了照博士的天台學演習，鹽入良道的天台學演習，大久保良順的天台學特講，三崎良周的天台學特講，木內堯央的天台學演習，村中祐生的布教法，吉田道稔的實踐佛教，樋口亮榮的實踐佛教。

（四）真言學研究室：日本真言宗的教理及弘法大師的思想與信仰，賴瑜僧正的倡導加持說，便構成日本密教的發展和流傳，但所謂新義真言之確立，則由江戶時代以降，以智積院及長谷寺之二山為其代表。這個研究室便是以此二山為主的學術研究者，故與高野山一派不甚相涉。但其除以弘法大師的真言教學為主而外，對於真言密教的源流也做深入的探究。此室開有十二門課，那是該室主任龜井宗忠博士的真言學概論，芙蓉良順的真言學特講，小野塚幾澄的真言學演習，佐藤隆賢的真言學演習，松崎惠水的真言學特講，栗山明憲的真言學演習，布施正夫的真言學演習，長谷川興信的布教法，淺井堅教的布教法，高橋宥順的實踐佛教，神中降裕的實踐佛教。

（五）淨土學研究室：日本學者以為真正的屬於日本民族佛教的時代，乃為鎌倉時代，該一時代則以淨土宗的法然上人的思想為其先驅，所以要了解日本佛教，淨土學的研究乃為一大重要，由淨土宗而出淨土真宗，真宗終亦成了明治時代復興日本佛教舞台上的第一主角。大正大學此一研究室的初代主任是望月信亨博士，聞名世界的《望月佛教大辭典》便是從該室編集完成的。此室開有八課，那是主任服部英淳博士的淨土學概論，小澤勇貫的淨土學演習，戶松啟真的淨土學演習，阿川文正的淨土學特講，金子真補的布教法，大谷旭雄的淨土教理學，福西賢兆的實踐佛教，岡本圭示的實踐佛教。

大正大學的大學院的碩士和博士課程，分設佛教學專攻的碩士和博士，日本國文學專攻的碩士和博士，宗教學專攻的碩士和博士。擔任佛教學專攻的教授和副教授，有長澤實導的《瑜伽師地論》菩薩地解讀，佐藤密雄的《大智度論》卷十講義，塚本善隆的中國佛教史講義及中國佛教史通說，關口真大的有關宗學之本質，佐藤密雄的教團論講義，壬生台舜的梵文二萬五千頌般若及 *Prasannapadā*，服部英淳的《往生論註》研究、印度淨土教及《觀經疏》研究，小澤勇貫的淨土各派比較及淨土經典研究。擔任宗教學專攻的教授，有竹中信常的「宗教心理學の學說史なるびに方法論を中心にう——マを選びそれをゼミ形式ご發表れる」，中村康隆的 *Reader in Comparative Religion* 之輪讀，竹中信常的 *A Van Gennep Rite of Passage* 之輪讀，增谷文雄的 M. Buber, *Ich und Du* 之輪讀，加藤章一的 E. O. James, *Prehistoric Religion* 之輪讀。

在此必須說明的，以上的幾位宗教學教授，都是佛教學者中的宗教學者。佛教學者之研究宗教學，在日本已被認為極其重要，而且必須懂得各宗教原典的文字。

當我正在大正大學跟著牛場先生到處參觀之時，被該校的總務長安居香山先生知道了，一定要找我一談。他在去（一九六八）年曾到臺灣訪問，於善導寺拜訪時，有過一面之緣，他在返日寫了一篇報導臺灣佛教現狀的文章於《中外日報》的一六八四

○至一六八四三號連載發表，由於他未能與臺灣的全面佛教接觸，僅由林錦東及曾普信等幾位先生引介，所以所見未必全部如其實際。他在該文中雖也提到了我的名，但他特別賞識林錦東先生。日本佛教學術界之對於臺灣佛教的聯絡及資料的蒐集，大致也是由林先生所提供。這一點我們要多謝林先生的國民外交工作，同時盼望臺灣佛教界和中國佛教會，也應該經常和國際性的佛教學術機構謀取聯繫。否則人家不了解我們，不唯不能有助於我們，而且要誤會我們；我們也當多了解他們。

當我和安居先生交談之後，他才明白臺灣的佛教真貌，並且要求我為大正大學演講一次臺灣的佛教。可惜我的日語程度無法勝任，又找不到適當的翻譯人選，我只好婉稱當我把日語說得更好時，一定願意向他們請教。

五、立正大學

立正大學是我現在所進的一所佛教大學。有些留學生把自己的大學說成是最好的，把他人所進的大學說成是次等的，以便用來抬高自己的身價。其實那是不必的，例如王雲五沒有進過大學，他卻做了大學生的祖父教授，臺灣大學每年畢業的學生，未必人人都成為第一流的學者，我的教育過程前後不足七年，卻在臺灣的好幾個大學做專題演講。所以，我不想把立正大學說成比任何佛教大學都要好，只想就其實際來做介紹。

追溯立正大學的起源，可說比任何一所日本的佛教大學為早，於西元一五八〇年由日生初創檀林（相當今日中國的佛教學院吧），後經幾度變革，至明治四十年改名為日蓮宗大學，到了大正十三年，根據政府所頒的大學令而更名為立正大學，設置文學部預科及研究科。至昭和二十四年，成為新制度的大學，至昭和二十五年增設經濟學部。至此，共有日間部和夜間三個學部，計開十一科，並且又設二年制的短期大學。到了昭和二十六年開設大學院研究所的碩士課程，昭和三十一年又開博士課程。因為校務日益擴展，至昭和四十二年，又在埼玉縣的熊谷市建立分校，將一般課程的大學養成教育部分遷至熊谷分校，同時又新闢一個經營學部。目前學生人數已達一萬四千多名，在所有的佛教大學中，能有這個數字的並不多見。

立大的圖書館，乃是新建的一座六層大樓，第一層為開架式的閱覽室，進入該室不必辦任何手續即可任意探取架上的任何一本圖書，就是不許帶書進出。二樓為自由閱覽室，桌椅設備均是最現代化的，可以同時容納數百人而毫不擁擠，並且鴉雀無聲。這樣規模的圖書館，在我尚屬初見哩！

立正大學之得名，是由於日蓮聖人（西元一二二二—一二八二年）於一二六〇年所著的〈立正安國論〉而來，日蓮鼓吹《法華經》信仰，以《法華經》是一切經教的眼目、是諸宗的中心。同時我在前面說過，日蓮對於自宗是由宗教經驗而產生如基督教的狂熱信念，日本民族的自尊精神，日蓮藉佛教信仰而表露出來。所以日蓮攻擊他宗的言詞極端地銳利，說什麼：「念佛者無間地獄業，禪宗天魔所為，真言亡國之惡，律宗國賊妄說。」此後又有一位日親（西元一四〇七—一四八八年）造了一部〈立正治國論〉，態度同樣地激越。所以日蓮與日親均曾遭受當時環境的迫害，日蓮於西元一二七一年被判斬刑，後減判流刑；日親坐牢先後達五百零三日。可是又正如基督教之在西方世界，愈受迫害愈能激發一般群眾的風從，故也愈發激動了日蓮宗徒的狂熱信仰和民眾的擁護。這種情形，到了江戶時代以後，始漸平靜，至於今天的日蓮宗學者，除了主持自宗的法會時強調自宗而外，研究討論時，已看不出有何宗派色彩的偏執了。所以我在日蓮宗的大學院，接觸到的多半是日蓮宗徒，他們都是很客觀的。尤其對我們外國人，不但不存使我們成為日蓮信徒或傾向於日蓮宗的人，倒常承認中國的比丘生活要比他們更好，有一次，校長坂本幸男博士在大學院的新生歡迎會上，見我們中國僧尼不吃他們的葷菜，他便大為激賞地說：「最好我們也能素食就理想了。」另一位正在攻讀博士學位的三友君說：「我們日本和尚的蓄妻食肉，是墮落的佛教型態；受持二百五十條比丘戒的中國和尚，才是真的比丘生活。」

立正大學大學部及大學院的教授共有六十位，副教授三十五位，講師一百三十六位。

現在的大學部分，設有佛教學部、文學部、經營學部、經濟學部、夜間的短期大學部。

文學部設有哲學科、史學科、國文學科、英文學科、社會學科、地理學科。佛教學部分設日蓮宗的宗學科和佛教學科。

立正的重心在於文學部及佛教學部，尤其是佛教學部，校長坂本博士曾對我們大學院佛教學專攻的同學們說：「本校辦學的目的，唯在於佛教學部造就佛教的人才，將來凡為佛寺的住持，若沒有碩士以上的學位，即受一般人的輕視，佛教也就沒有了前途；所以只要佛教學部有前途，其他科部都是陪襯著辦的。」

文學部的哲學、史學與佛教學的關係密切，佛教學部的學生也可自由到哲學、史學科去聽課，但不算學分而可得到學問。

哲學科的課目共有哲學概論、倫理學概論、心理學概論、論理學、西洋哲學演習、哲學特殊講義、心理學演習、心理學特殊講義、心理學實驗、印度哲學史、中國哲學史、基督教思想、基督教教史、中國佛教史、日本佛教史、印度佛教史、倫理學史、社會思想史、宗教哲學、宗教學、宗教心理學、社會心理學、發達心理學、原書講讀、畢業論文演習、拉丁語、希臘語、新聞學特講、西洋史概說、歐洲文藝思潮、科學方法論、精神衛生、佛教倫理等四十五門。其中有兩位博士僅是講師的地位，那就是擔任中國哲學史的山田勝美博士和講基督教思想及教史的熊野義孝博士。擔任哲學概論的菅谷正貫，沒有博士頭銜，卻是名教授，也是前任的立正大學學監。

史學科的課目共有史學概論、史學史、史料講讀、史籍解題、日本史概說、東洋史概說、西洋史概說、考古學概說、日本史演習、東洋史演習、西洋史演習、考古學演習、日本史特講、東洋史特講、西洋史特講、考古學特講、古文書學、古文書學實習、考古學實習、宗教文化史、社會經濟史、歷史地理學、民俗學、歷史教育等四十五門。其中任課者有十七位文學博士。

再說佛教學部的兩個科。

宗學科以日蓮宗的教學為研究之重心，日蓮聖人雖然態度激越，但其也有確當之論，例如〈立正安國論〉中有謂：「汝早改信仰之寸心，速歸實乘之一善。然則三界皆佛國也，佛國其衰哉！十方悉寶土也，寶土何壞哉！國無衰微，土無破壞，身是安全，心是禪定。此言此詞，可信可崇矣。」這是一種純主觀的唯心思想，以此思想而激起末法眾生對於自甘卑微心理之提攜和振作，所以日蓮對於日本佛教確有其不可磨滅之貢獻和建樹，至於能否用之於中國和其他區域，當然又是另外一個問題了。然其建校的目標是在：「求真實奉至誠，尊正義除邪惡，為人類祈和平。」這是毫無宗派及地域色彩的觀念了。立正大學為了研究其自宗之學，設有一個日蓮教學研究所，所長由影山堯雄博士擔任，此已成為日蓮教派的最高研究機構，並已刊行了坂本幸男博士所編的《法華經的思想與文化》、望月歡厚博士所編的《近代日本的法華佛教》等書。

然而宗學科並非僅授日蓮宗的東西，所以除了宗學概論、宗學史、宗學演習、宗史演習、祖傳研究、祖書學概說之外，尚有《法華經》概說、法華教學史、日本佛教通論、天台學、佛教概論、印度中國日本佛教史、初級及中級梵語、宗教學概說、宗教史概說、宗教學特講、哲學概論、倫理學、宗教哲學、印度哲學史、佛教文化史、佛教美術、宗教社會學、宗教心理學、社會心理學、禪學特講、淨土學特講、真言學特講等。

佛教學科乃是在日蓮宗之外，以包羅全部佛教之研究為目的。唯其本校校長坂本博士是《法華經》及天台教的權威學者之一，所以在佛教學科之下特設「法華經文化研究所」，由他兼任所長。故在佛教學科，也有點偏重於《法華經》文化。且看其所開課程：由坂本校長、勝呂信靜教授、日比宣正博士任講佛教學，中村瑞隆博士擔任佛教學概論、法華教學史、上級西藏語，野村耀昌博士擔任中國佛教史、佛教學演習、西域史研究，塚本啟祥博士擔任印度佛教史、印度哲學史、印度哲學演習，高木豐教授擔任日本佛教史，田賀龍彥及佐佐木孝憲兩位副教授分別擔任初級梵文、中級梵文、初級巴利文，松濤誠廉博士擔任上級梵語，石津照璽博士擔任宗教學概說、宗教史概說、宗教哲學，淺井圓道教授擔任《法華經》概說，兜木正亨教授擔任法華文化史，石田茂作博士擔任佛教文化史，望月良晃及久保繼成兩位講師擔任佛典概說，茂田井教亨教授的宗學概說，宮崎英修博士的宗史概說，渡邊寶陽副教授的傳道法，執行海秀教授的日本佛教通論，矢崎正見副教授的初級西藏語，金倉圓照博士的高級梵文，室住一妙講師的宗學特講，榑林皓堂博士的禪學特講，服部英淳博士的淨土學特講，龜井宗忠博士的真言學特講，菅谷正貫教授的哲學概論，村野宣忠教授的海外布教研究。共計二十八位老師，其中有十三位是博士。

再看大學院碩士及博士課程的佛教專攻者，有執行海秀教授的宗學特講（日蓮正宗教學研究），茂田井教亨教授的宗學演習（《觀心本尊鈔》講讀），影山堯雄博士的宗史特講（近代日蓮教團史研究）、宗史演習（近世教團史史料講讀），坂本幸男博士的佛教學演習（《大乘止觀》）、佛教教學特講（《摩訶止觀》），金倉圓照博士的佛教學演習（梵文《法華經》講讀），松濤誠廉博士的佛教學演習（印度巴拉克語研究——與梵文對照）及東洋哲學特講（高級德文哲學概論），布施浩岳博士的佛教史學演習（《法華經義疏》——道生，及《出三藏記集》輪讀），宮崎英修博士的宗史演習（日蓮聖人的真蹟研究），野村耀昌博士的佛教史學特講（《唐高僧傳》輪講），中村瑞隆博士的佛教學演習（西藏語譯的《法華經》講讀），石津照璽博士的宗教哲學（宗教哲學之範圍及其基礎），石田茂作博士的佛教考古學。

有趣的是大正大學的校長椫林皓堂及其淨土學研究室主任服部英淳、真言學研究室主任龜井宗忠，均到立大來當講師，正像立大的校長去東洋大學當講師，我的梵文教授松濤博士也在大正大學當講師，此在中國恐怕是難見的了。

立正的名教授當推坂本幸男、金倉圓照、布施浩岳、石津照璽、石田茂作等人。

坂本是昭和二十九年的博士，著有《華嚴教學之研究》等書，今年已是七十歲的人了。

金倉博士是今日梵文學界少數的權威學者之一，已七十多歲了，看來仍像五十上下的人，一次上課能夠連續講四、五小時而無倦容，真是令人敬佩。他是昭和六年的博士，距今已有三十八年，與他先後的同輩學者境野黃洋是昭和五年的博士，卻早已作古，如今他已成了碩果僅存的日本佛教之寶。

石田茂作是昭和十六年的博士。

布施浩岳是昭和十八年的博士。他在上課時，最愛找我談話，第一次上他的課，一開始就和我提起印度、中國、日本佛教的演變，說中國的已不像印度的，日本的也不像中國的，但有一個原則，如果不假以實際的修持，尤其是禪定工夫的體驗，一切的經教法相都是無用的，他說他看我的樣子一定很有修持，更盼我能在禪定上多用工夫。在兩個小時的課堂上，幾乎和我一個人談了一小時。原因是當他知道我是中國比丘，而今日的中國大陸已沒有了佛教。同時我也告訴他，我在三年前就已拜讀他的博士論文《涅槃宗之研究》，他把滿頭的白髮擺了幾擺說：「很難懂吧？」可惜他住京都，否則倒可以多多向他學點東西了。

石津照璽是昭和十八年的博士，他是現在日本少數知名的宗教學家之一，他與另一位大正大學的增谷文雄教授同是日本宗教學會的重要分子，也都是佛教界的名教授。

佛教學部部長野村耀昌博士，是中國佛教史專家，他的博士論文是寫的《周武法難之研究》，周武法難為時很短，資料也並不多，他竟寫出了一本厚厚的書。最近他又和野上俊靜、小川貫弌、牧田諦亮、佐藤達玄，合編了《佛教史概說》的中國篇，做為各佛教大學的課本。這也是值得一提的，過去各大學的課本均由各大學各別編寫，固尚不免有宗派色彩，現在則已由幾個大學擔任同一課程的教授共同執筆了，這也是日本佛教學界的一項進步的表現。但到目前為止，日本尚無一套完整的佛學教科書可供所有的佛教學校來遵行採用。

六、東洋大學

東洋大學在東京都的文京區，原來是一個哲學館，後又改為哲學館大學，到了明治三十九年才叫作東洋大學。因此，它不屬日本佛教的某一宗派，而是與佛教有關的一個大學。它設有文學部、經濟學部、法學部、社會學部、經營學（商學）部、工學部，雖有文學部中的佛教學科，卻未設佛教學部。因此，在印度學佛教學會的一百二十三位評議員中，立正大學有八位教授，駒澤有七位教授，大正有五位教授，東洋僅有西義雄博士一人而已。然由東洋大學培植出來的佛教人才，現今已在擔任佛教界的要角者也不少。因其不將自己局限於某一特定既成的宗派影響之下，故與其他的佛教大學有所不同而使其引以自豪。

現在的東洋大學有教授一四三人，副教授八十九人，講師三二五人。

它也設有大學院文學研究科的佛教學專攻。開設的講座有：西義雄博士的梵文文獻研究（華嚴《十地經》）和俱舍哲學，坂本幸男博士的佛教學特論，田村芳朗的法華原典研究，勝又俊教教授的《中邊分別論》研究，宮本正尊的印度哲學特論，金岡秀友的西藏文《入中論》，玉城康四郎的印度哲學演習，結城令聞的佛教學特論。

在文學部的佛教學科，開有佛教學概論、印度佛教史、中國佛教史、日本佛教史、佛典學、宗教學概論、初級梵語、印度哲學史、原始佛教研究、法華原典研究、真宗學、《大乘起信論》、俱舍哲學、《金光明經》之研究、《中論》研究、印度哲學演習（P. T. Raju, *The Concept of Spiritual in Indian Thought*）、真言學、巴利語、西藏語、上級梵文、宗教社會事業、宗教法概說、阿毘達磨之研究、巴利語佛典講讀、禪學。

我們從其所授課目而看，就讀這個大學的人，確實可以學到一些重要的學問。

七、教學研究

日本的佛教大學，和普通大學沒有什麼不同，在學程上，必須完成了小學六年、中學三年、高等學校三年，計十二年的學歷，而且取得了卒業文憑及成績單之後，始能報考大學部。大學四年的學分及學年修畢之後，始可報考大學院的修士（碩士）研究，如果兩年之中完成了修士的學分和論文的撰寫，便可報考博士課程。修士是不太困難的，要得日本的佛教學專攻的文學博士就很難了，如果修完學分之後，不再繼續於研究工作的努力，那是永遠得不到的。假使繼續研究著述，也許要到十年、二十年後，才會得到博士學位；有的人縱然一生不離教學崗位，也無法獲得博士學位。

由於佛教的大學必須合乎日本的大學制度，所以凡能進入大學院的人，在學問的工具和方法上均已有了一個基礎。所以當教授在講梵、巴、藏、漢的各種原典之時，只要是選修某一課學分的學生，必定能夠接受。我初到日本，連日語尚未完全聽懂，便選了巴利文、梵文、德文的課，結果只有瞪著兩眼發呆，好在我雖不全悉其語言，卻能明白其語意。其他的日本同學卻聚精會神地振筆疾書——他們筆記的速度之快，並不亞於臺灣各大學的學生。他們不但當堂記，而且預先做了逐句的抄錄，事後還要整理。他們對任何一課，均極重視預習與複習，大多數的問題均已在預習之際由學生自己解決了，故在上課時有的教授根本不講解，僅指導或糾正學生的錯誤而已。這對於聽慣了大座講經的中國人而言，實在覺得不高明，中國的講經法師那種滔滔辯才的氣魄，在日本的佛教大學中是找不到的。

最妙的是教授常會對著課本或經論的某些字義，向學生們說：「對不起，這個我還不知道哩！」這在中國，一位法師在講某一部經論時，如果也說出這麼一句話來，實在是很難相信的，但在日本則視為平常。

這是由於中、日兩國學風的不同所致。中國重於廣涉博覽和融會貫通，可以說是重於直覺性的頓悟法門。日本則重於精細綿密和追究源頭，可以說是重於思辨性的漸進法門。若以學風而言，今日中國佛教相似於印度後期大乘的學風，今日的日本佛教倒近於印度部派時代有部論師的學風了。

考究起來，此均有其優劣之處，如果一味地接受中國佛教的學風，所謂籠統真如、顢頇佛性，就會形成滿街都是不切實際的冒充聖者的局面。如果一味地接受日本佛教的學風，所謂尋章摘句、鑽牛角尖，就會形成盲人摸象愈摸愈不像的迂曲不經的局面。

老實說，今日中國佛學的研究，尚是為信仰、為實行而做的工作；今天的日本佛學，已在漸漸脫離宗教信仰的本位而將自成一個學術文化的立場了。然而，僅重信仰而不能切乎事實的現象，此一信仰便無法使得高級的知識階層接受；若是僅為學術文化而對佛教做各方面的考察研究，豈不又與佛陀應化人間的本懷相背了嗎？

這也正是我們要努力來為之彌補完滿的一大課題。

最後我要補充一說的，是中國僧尼之在日本留學，無一不值得敬服，大家都以私費到日本讀書，國內教界卻還有人抱著懷疑的態度在想：他們在日本究竟做些什麼？告訴您，我們是在認真地讀書。從一個不同語文的國家到另一個國家留學，必須努力地學，始能真的留學而真的學到東西。否則，如果基礎不好或者語文不通，那就根本別想學到什麼了。日本大學對留學生雖然略有優待，但是教授不會免除你的心得報告和考卷。假使我們在日本住了幾年之後，沒有東西帶回祖國，或者無有可為祖國教界增光的話，那

日本的印度學佛教學會

我到日本兩年半，已經遇上了三次的印度學佛教學大會，前（一九六九）年六月在東京的大正大學召開，我初到日本，便躬逢其盛。去（一九七〇）年在京都的花園大學召開，因為路途太遠，我沒有趕去。今（一九七一）年六月又在東京召開，由東大的印度哲學研究室主辦，借國立教育會館為大會會場。我從前年開始，即已成了該會的會員，既然人在東京，當然不願放棄這個機會了。

此一學術大會，既是日本全國性的，也是世界性的，它在會員的數字上，雖不是學會之中的首位，但在組織上和內容上，乃是日本佛教學界最龐大的一個學術大會。它是在第二次大戰終了之後，於一九五一年十月十五日，在東京大學的山上會議所召開成立大會，第二年十月即於東大召開第一次學術大會，迄今年為止，已經舉辦了二十二屆學術大會。因其目的在於聯絡對於印度學佛教學之研究者——有關的團體及個人，以期促進印度學的發達與普及。所以此一學會的範圍極廣，凡是涉及印度哲學、宗教、文學、考古、語文、佛學,以及以佛教為中心的哲學、宗教、藝術、歷史、民俗等的問題,無不包羅。此一學會既由日本人士發起和主辦,當亦以日本人為主要的成員,但在每次大會中,均有外國人來參加發表,除了中國、韓國、印度、越南等的亞洲國際學者,也有美國、加拿大,乃至比利時等的歐美學者。故在舉行會員大會的儀式之時,日本政府的文部大臣、外務大臣、總理大臣,均有祝賀大會的電文於會中宣讀。可見日本政府對此大會不僅是視為國內的學術活動,更被視為國際的學術活動。

該會的個人會員,是攻讀碩士學位程度以上的學生、研究員、教職員和各種行業的人,也就是說凡為大學院程度以上,不論何人,均有申請入會的資格,入會的目的,除了發表和研究,不可能有其他作用。現有會員一千五百多人。中國人會員則有楊鴻飛、釋慧嶽、張曼濤、吳老擇、林傳芳、葉阿月以及筆者,其中以張曼濤、楊鴻飛、林傳芳、葉阿月等發表的論文次數較多。

它的加盟學校,也就是團體會員,有三十七個,其中除了佛教主辦的大谷、高野山、駒澤、立正、大正、龍谷、佛教、花園等各大學,尚有國立的東京大學、京都大學、大阪大學,以及早稻田、明治、慶應、東洋、法政、日本等各大學。

個人會費每年每人一千五百日圓，有大學院的團體會員學校每年負擔五萬日圓，佛教學關係大學每年負擔二萬或一萬日圓，一般加盟大學則為五千日圓。除了會費的收入，尚有來自佛教各宗派的捐助以及學會紀念會的補助；文部省也以「科學研究費補助金」（研究成果刊行費）的名義，撥給三十萬日圓。費用的最大支出是學會雜誌（會中發表的全部論文集刊），去年用了四百五十九萬多的日圓。會員均有享受免費受贈此學會雜誌年刊兩厚冊的權利。

由此可以了解，這一日本的學術會議，雖屬佛教性或民間性組織，它卻是結合了政府的、整個教育界的、全體佛教界及印度學佛教學界的精神力和經濟力的一個組織。該會沒有硬性規定誰非得參加不可，但是，凡為與印度學佛教學有關的學者，幾乎沒有一位不來參加。它的現任理事長是宮本正尊，理事則有東大的中村元、平川彰、玉城康四郎，京都大學的長尾雅人、松尾義海，大谷大學的野上俊靜、橫超慧日，立正大學的坂本幸男、野村耀昌，駒澤大學的榑林皓堂、藤田俊訓，龍谷大學的石田充之、中野義照，大正大學的櫛田良洪，早稻田大學的福井康順，東洋大學的西義雄，日本大學的古田紹欽等四十六位。學術大會的評議員一百二十二位。有許多年長的學者，好多年來已不再在大會中發表論文，但是，他們參與大會的研究精神和熱誠卻不讓於年輕學子，他們的希望是讓年輕的學者們多發表，他們雖不發表，卻是每會必到，絕不倚老賣老，那些白髮蕭蕭的老學者們照樣擠在一般的青年群中，趕著選聽他們想聽的發表會場。

不過，每次大會對於發表論文的人數並無限制，只要充分準備，報名發表，必可為你安排在發表的日程之中；人數多，即增加發表會場的教室，人數少，也可減少。例如一九六八年在京都的佛教大學，分為九組；一九六九年在東京的大正大學，分為八組；一九七〇年在京都的花園大學，亦為八組；今年一九七一年在東京，則已增加為十組。每組在兩天的日程之中，有三十四個人發表，十組便是三百四十人，除了少數臨時缺席的之外，仍有三百二十多人，所以今年是這個學會有史以來最盛大的一次了。分組的原則，是沿著歷史的路線而做系統地劃分，從印度學而至佛教學，佛教學則自印度的原始佛教、上座部佛教（南傳巴利語系的上座部佛教也包括在內）、大乘佛教；又到中國系的大乘佛教——西域——中國——韓國——日本；經過日本的本土發展之後，又產生了日本民族所特有的日本佛教（包括淨土宗、淨土真宗、日蓮宗）。今年關於印度及印度佛教學部分的有三個半小組，中國佛教學部分的占兩個半小組，其餘除了五篇論文是關於韓國的佛教學之外，幾乎都是日本佛教學的東西了。

日本佛教的獨立，是在鎌倉幕府時代（西元一一九二——一三三三年）開始，所以他們研究的重點，也多置於那個時代的幾位名僧，例如對於法然、親鸞、日蓮等人的探究。

但是，日本佛教的源流是中國佛教，儘管他們不再需要今日的中國佛教，如果放下了中國佛教，日本佛教也就無從談起，例如法然的淨土宗是本於中國的善導，真宗的親鸞本係法然的弟子，而且不論是法然、親鸞、日蓮的哪一位，都曾出身於日本的天台寺院，日本的天台宗固然是從中國傳承過去，他們任何一宗所用所依的經典又無一不是漢譯本，他們的教養根據也不能離開中國古代高僧的註疏。直到現在，依然如此。所以，他們在中國佛教方面所下的工夫，占的比率極重。同時，在日本佛教學術界，如果僅係一個宗派學的專家，不管如何優秀，也不可能成為第一流的學者，事實上凡是第一流的優秀人才，絕不甘心自限於日本佛教的所謂「宗學」的小天地中。

明治以來，日本佛教學術界的趨勢，是靈活地運用佛教學的語言學——梵文、巴利文、西藏文、漢文等，做原典的異本異譯的比較研究。據我的藏文教授中村博士說，當他在碩士第二年時，即有能力將藏文和梵文做對譯的工作。可是，今天存於人間的佛典，乃以漢文的最為豐富，故其不論當在研究梵、巴、藏的任何一種佛典之時，均須參考漢譯的佛典。因此，遂使他們由專注於印度原典的梵、巴佛典，轉而再來重視中國的佛典。使得日本學者追索日本佛教的根源之時，需要重視中國佛教；當在追蹤印度佛教的發揚之時，也要歸結到中國佛教。於是，在小組的區分上，若要嚴格地劃成印度、中國、日本的部分，勢將不可能了。我在前面所說兩個半小組的中國佛教學部分，乃是指的對於中國人的中國思想研究。如果把對於漢譯經典之研究計算在內，那麼，所謂印度學的部分僅有一個小組而已，中國佛教學的部分，則有五個小組了，正好占了整個大會內容的一半。再何況講到日本的凝然（華嚴宗）、道元（曹洞宗）等人時，必然也會牽涉到中國佛教，因為他們都是留華的學僧。

可是，以前研究中國佛教的人，未必要求懂得印度原典的語文，例如中國的天台智者大師，便是不曉梵語的人，直到目前的中國佛教界依然如此，認為中國已具備大、小乘的三藏教典，毋需另作外求；同時在佛教中國化之後，早已形成了中國本位的佛教，至於有沒有其他語文的佛教聖典之存在，對於中國佛教而言，已是不關輕重的問題了。但於明治以後，將近一百年以來的日本佛教學界，由於接通了西洋的治學精神，並且對於中國佛教，也沒有日本的本位問題，所以能夠站在時代的角度，給漢譯的經典以及中華古德先賢們的註疏，做客觀的再認識的努力，他們所憑藉的東西，主要的便是語文工具。因此而更為明確地發現，哪些觀點是出於中國人的構想，哪些觀點是源出於印度的佛教。這種工作，迄今為止，仍在繼續開發之中，正由於此，縱然是研究中國佛教問題的學者，也得具備基本的語文知能。

當然，世間沒有絕對可靠的東西，學者們的研究結論，不過是提出比較可信的看法，假如有人提出更可信的看法時，前一看法便成為不可信。所以，在日本佛教學界的成名學者或前輩學者，無不重視他們的後繼者之培養，以期他們所研究的主題或主科，繼續有人接棒。最可喜的是日本的學者先進，雖受後學者當作權威來恭敬，卻不會迫令他們的學生接受他們自己的見解，所以，他們的學術成果，均能日新月異地向前邁進。比如我的指導教授坂本幸男博士，主張《大乘止觀法門》這部書是出於曇遷之手，而我卻提出許多證據和論點，主張是出於南嶽慧思禪師，結果他不但不反對，反而給了我很多鼓勵。因此，在日本學術界中，我從未發現晚輩攻擊前輩的事，也沒有見到長輩賣老的事；即使在一般的學者之間，只有心平氣和、虔敬誠懇地相互討論，火辣辣的筆戰場面，至少我還沒有見到過。

日本學者看來很笨拙，他們實實在在，絕少偷竊取巧或沽名釣譽。他們都是從大學院時代開始參加各種學會活動，如想成為學有專長的名學者，必定要盡其努力的所得，爭取在學術大會中發表論文的機會，經十年、二十年的奮勉，如果已有了獨特的專長，學術界中也不會不知道他的大名了；假如是個庸才，能夠爭取發表的機會，能夠為其個人增進學問，但卻不可能被公認其學術上的價值和地位，像這一類人，除了聽他們稱道別人，殊少聽他們詆毀別人，這大概也是日本優良學術風氣的一面吧！

再說日本學者對於中國問題的研究，在魏晉南北朝以迄隋、唐階段的研究成果，已相當豐富，如今乃至以後，仍將有增無已；對於宋朝尤其南宋以後的研究成果，便愈往後愈少。這有正反兩重因素：一是中國佛教到了宋朝之後，由於經過唐武宗及後周世宗的滅佛運動，元氣大傷，因之一蹶不振，僅有禪宗及淨土教流行在民間，保守尚感乏力，遑論繼續發揚，故在內容方面，比之以往，頗為失色。第二是日本的鎌倉時代，相當我國南宋光宗至元朝文宗時期，正當中國佛教衰微，日本自身便產生了具有日本民族特性的日本佛教，所以不再重視中國佛教了。可是，從那之後的中國，佛教並未滅亡，值得研究的問題還是很多，因此，在這一次的大會中，有兩個人以明末的雲棲袾宏為題提出論文。然由於近代中國文字，在日本學者讀來頗為困難，真正以研究近代中國佛教為主的人，還是相當地少。

凡是會員，均有報名發表論文的資格，但在會場之中，面對著專家聽眾，不但不能信口開河，而且還得準備與主體有關的其他問題，以防聽眾發問。發問的情況有兩種：因為凡來聽你發表的人，若不是與這個問題有關聯的專家，便是對於這個問題希望得到某一疑問之解答的學者。前者為了求證他自己的看法，便會舉手發問，甚至和你當場辯論；後者為了所得答案之不滿意或不充分，也會舉手發問。答不出來或解答錯了，當然不會怎麼樣的，然在學術神聖的前題之下，誰願意馬虎呢？所以，大多數參加發表的人，在大會之前的數星期，即把論稿念得滾熟，還得查閱許多的參考資料，是以準備應考的心情去參加發表的，且此不限於年輕的學者。

他們極重視榮譽，印度學佛教學會自第八屆大會開始，即成立了學會獎的制度，凡在學術大會中，提出了高水準的論文數篇之後，即有接受學會獎賞的可能，受獎人的學術地位也就因此自然提高。類此的學會組織，假如中國也有幾個的話，該是多好？因為這也是提攜人才和促進人才之養成的方法之一。

（《天聲》雜誌一卷三期）

日本佛教之不同於中國佛教的諸問題

一、前言

不論何種宗教文化，凡從一個區域移至另一個區域之後，必定會因環境的不同而產生變化。佛教從印度，經過五、六百年的傳譯[1]，即產生了異於印度的中國佛教。原因不僅在語文的不同，而更在於文化背景的不同。

在中國佛教形成的同時[2]，此一新生的文化，也輸入了鄰接於中國的朝鮮半島及日本。

二、佛教輸入日本

日本的佛教，是自中國及朝鮮半島輸入的[3]，在佛教輸入之前，只有語言，而沒有他們自己的文字，所以，他們僅將漢文的佛典接受過去[4]，為了理解佛典，始由僧侶發明了代表日本語言的符號，即所謂假名，對於漢文佛典，根據日本語法，加以注音及解讀[5]。他們因此而運用漢文，做為寫作日本一切文書的工具。日本人試著用他們自己的語文，直接寫著的，則晚在鎌倉時代（西元一一九二—一三三三年）了[6]。

於是，佛教傳入日本，不必像從印度傳入中國那樣，他們省去了數百年的翻譯工作。在中國形成的富於中國色彩的佛教著作，他們也照著原樣抄寫了接受過去。因此，便自然而然地給人一個印象：日本佛教，不過是中國佛教的翻版，縱有不同之處，也不致有多大的出入[7]。正像錫蘭上座部（Theravada）系統的佛教，是照著印度的巴利（Pali）語系的佛典的原樣接受過去，雖然離開了印度，仍與印度時代的情形沒有多大的變動。

其實，日本的情形頗有不同。

三、文化背景的不同

從文化背景上說，日本不像中國。在佛教傳入日本之初，雖也有過贊成及反對的兩派做了激烈的抗爭，反對的一方把佛視為「蕃神」——外邦人的神，若拜祭外神，恐將導致國神之怒[8]。其實，那只是出於兩個民族之間的權力之爭。從那以後，佛教在日本，乃是一帆風順的。不像佛教傳入中國之際，中國在各種文化上均已有了高度的成就，產生於先秦時代的諸子百家之中，降及漢代，則以儒家為中心，而以道家及法家為輔助。當時需要從西方引進的，不是宗教文化，而是西方的各種商品。佛教最初是隨著西方的商隊，從中亞細亞傳到中國的，並且僅受西方的商人們信奉[9]。嗣後被中國的王室中人接觸到了，漸漸在中國人的社會中擴展開去[10]。可是，一開始便受到中國原有文化的排拒，經常是來自儒家及道家的彈壓，歷一千數百多年，這種情勢仍未改變[11]。儘管佛教在中國的思想文化及民間信仰中，已經根深柢固，並已與整個的中國文化無法分割，從正統中國的知識人的立場看，佛教仍是外來的事物[12]。在中國的政治史上，以儒家思想做為統治人民的張本乃是常法，偶爾採用法家或道家的思想，做為朝廷施政的原則[13]。至於佛教，從來未被考慮到做為政治思想的準繩。

縱然在許多的大乘經典之中，強調王臣護法[14]，而將護持佛法的責任委託給國王大臣，此一理想的最佳標榜便是轉輪聖王[15]，可惜，此在印度佛教史上，僅出現了一位阿育王（Aśoka），而他到晚年卻極悲慘。在中國曾有一位梁之武帝（西元五〇二—五四九年）在位護持佛法極虔誠，晚年時也很不如意⑯。至於其他中國史上的君王們，對於佛教不是出之於權力的統制，便是用作收攬民心的工具而已。

再看日本，在佛教傳入之前，除了原始信仰的神話傳說之外，沒有任何高度的哲學和宗教，當時的神道（Shinto）教，僅是宇宙的開闢神話結合著祖神崇拜的信仰而已⑰。故當接觸到佛教之後，便接受了佛教的信仰，當然，做為開發日本文化第一位功臣的聖德太子（西元五九三年二十歲被立為攝政），在吸收中國佛教文化的同時，也吸收了中國儒家、法家、道家的學說。然而，在其所制共計十七條的憲法之中，第二條即是規定人民必須皈依三寶，而稱「其不皈三寶者，何以直枉」。原因是，日本之能享有大陸文化，主要是靠佛教徒傳入的，佛教徒傳入了大陸的佛教，也將中國固有的學術思想帶進了日本。中國後漢時代的明帝，派遣使節往西域求取佛法的傳說尚有可疑之處⑱，日本政府自西元六、七世紀開始，經常派遣僧人到中國求法則為事實⑲。漢民族的中國歷代王朝，為佛教信仰，重視佛教而派遣僧人或使節出國者，極為罕見⑳。早期由西方來中國的佛教僧侶或翻譯家，均係出於他們自發的傳教熱忱；由政府邀請而至中國的，僅有北方的胡族王朝的統治者苻堅（西元三三八—三八五年）在位派兵邀請鳩摩羅什（西元三四四—四一三年），至於漢族王朝如唐太宗時代的玄奘三藏（西元六〇二—六六四年）留學印度，政府未贊助，且有關卡的禁阻㉑。另外一位鑑真律師（西元六八七—七六三年），在唐玄宗天寶年間，為去日本傳教，經過十一個年頭，五次偷渡出境失敗，第六次（西元七五三年）偷渡始告成功。可見中國環境對於佛教是相當苛刻的㉒。

若說將佛法弘揚託付於國王大臣的護持，此在日本，是理想的地區，從欽明天皇（西元五四〇—五七一年在位）至現在的昭和天皇（Showa Tenno）為止，九十六代之中，剃髮出家的竟有四十代之多㉓，至於王子出家的尚不算在內，故在日本的寺院之中，凡是歷史較久而規模較大的，多少均曾與日本的皇室或公卿大臣、或將軍武士、或分封各地的領主大名發生過關係，有很多寺院稱為門跡（monzeki），意思即是皇子、皇族、攝政家的子弟出家的寺院。所以，佛教在日本，從外來的宗教很快地變成了鎮護國家的宗教。同時也將民族的祖先崇拜，與佛教信仰融合為一㉔。

中國的歷代王朝所採用的是儒家的祭典儀式，並且常用依據儒家的倫理觀念所建立的王法，施之於佛教的沙門，例如規定沙門禮拜父母及君王的法令，在中國佛教史上屢屢出現㉕。故也從未考慮將佛教的儀式，做為國家的祭典。此在日本，因為佛教已融合於其祖先崇拜之中，所以佛教的儀式，從西元七世紀始，便得到了王室的公認㉖。

由於佛教的信仰與祖先崇拜合流，到了西元八世紀末，自然地形成了神佛合一的思想，即是說日本的諸神均係菩薩及佛的化現，名目雖異，實則相同。此在佛教的主要根據，是《法華經．如來壽量品》的本迹二門說，及《大日經》的本地加持說，從佛的本地法身，化現各種身分，稱為垂迹。這樣一來，日本的各種祖神，均被加上了佛菩薩的頭銜㉗，乃至江戶幕府時代的開創者，西元十七世紀時的德川家康，也被稱為東照大權現，意為大菩薩的化現者。佛教信仰與民族祖神結合的結果，佛教便成了日本民族不可分割的一種文化。

在中國早期的佛教徒們，也曾企圖以佛菩薩化現的觀念，來說服中國儒家及道家的信從者，比如出現得頗早的一部《清淨法行經》㉘，即稱佛派了三位弟子到中國教化，其一為儒童菩薩名孔丘，二為光淨菩薩名顏淵，三為摩訶迦葉名老子。可是，在道教方面，旗鼓相當地，也有一部《老子化胡經》，說老子涉流沙，教化胡王，死後轉生為佛㉙。佛教未能以化現的思想說服中國人，反而被道教徒利用這一思想，說印度的佛原是老子轉生。以之與日本相比較，即可見出中國與日本，對於佛教而言，是兩個不同的環境了。

四、宗派與教團的不同

佛教在中國，雖有各種宗派的名稱，也曾有各宗派的寺院和僧侶，但是從未有過行政系統的教團，歷代王朝之統制佛教，雖也曾將佛教寺院及僧尼做過宗派型態的分類，卻未有過各宗自成一個行政單元的局面。所以中國佛教的各宗派，不是教團組織的建制，乃是就教理之研究所依經論的不同而產生[30]。或者如禪宗，則因修行的家風不同而分門別戶。也由於如此，佛教在中國從未引起過武力的暴動[31]。利用宗教信仰結合群眾與政府對抗的，在中國歷史上，只有漢末附於道教的黃巾黨，另有元及明代借彌勒佛降世為名的白蓮教。均與佛教無關。

在日本則不然，西元第六世紀以後的日本，對於中國文化的吸收及模仿如飢似渴，一批又一批的留學者及僧侶，隨著使節的派遣而到中國，學習政治制度、佛教教理以及建築的藝術等。日本民族的特性之一是崇拜成功者，也模仿成功者的作為，並且模仿得非常神似，故當那些學者及僧侶們留學回國之後，政治方面的官制服飾，建築方面的殿宇配置及其形式，佛教方面的各宗教典法物，均盡量地學習吸收，以致直到今天，唐代的殿宇建築的形式在中國已見不到了，卻可在日本的奈良（Nara）及京都（Kyoto）見到不少。雖然那些建築物，大多已經過數次重建或整修，它們的型態依舊保持著原狀。

在佛教方面，亦復如此。西元六、七世紀間的日本佛教，他們稱為古京的六宗，均係由於研究範圍的所依不同的經論而做的區別，與中國佛教相似。到了西元八、九世紀之時，由最澄及空海（Ku Kai）留學中國，傳入了天台宗及真言宗，便顯著地現出了日本佛教之異於中國佛教的現象。最澄雖是日本天台宗的始祖，他在中國留學期間，卻接受了天台、律、密、禪的四宗。此為日本天台宗之開展出天台密宗的重大因素，最澄以為凡是中國的均應該學，所以學了四宗而集於他一身。其實在中國，這種情形是不曾有過的。另外，因他在中國受了菩薩戒，一回到日本，便把他先前在奈良東大寺受的小乘比丘戒捨掉㉜，獨立門戶，倡建大乘圓頓菩薩戒壇，與奈良的舊佛教分庭抗禮。這一來，便形成了天台宗的組織系統的教團。空海與最澄同時，也建立起真言宗的教團。此在氣勢上及型態上，均顯出了新佛教的特殊性格。

教團的體系完成之後，即有了排他性，為了護持自己的教團不受外力侵擾，各教團也擁有了防衛的兵力。到了西元十五世紀，即因各教團的武力相衝突，加上與各地方勢力相糾結，形成了許多次暴動事件㉝。以致到了西元十六世紀後期，天台宗等幾個大宗派，所擁兵力竟可與各地分封領主的大名相頡頏，當時有一位叫作織田信長的大名，有志將割據的領主們統一起來，也把天台宗的大本山——比叡山，當作攻略的對象，結果把該山攻克之後，燒毀了全山所有的寺院[34]，這種事件，在其他亞洲各國的佛教史上是從未見過的。

五、崇拜對象的不同

佛法的本質，是主張依法不依人的，印度的釋迦牟尼佛曾宣布他不是統制群眾的領袖，他只是群眾中的一分子。密宗及中國的禪宗，重視師承關係，那是弟子們對於法的源流相承的重視，並不表示對於某些特定個人的崇拜。尤其中國的禪宗，常用得月忘指或得魚忘筌的比喻開示初學的人，意謂一切可用語文形象表示的教訓或指導，只是指點月亮在何處的手指，當你見到月亮之後，便該把那指點月亮給你看的手指忘掉；魚筌指示你是否已經有魚上了鉤，你當把握的是上了鉤的魚，而不是鉤絲上的那個浮標。所以，佛教在印度、在中國，對於特定個人的崇拜是不受鼓勵的。

日本民族從其對祖神崇拜的觀念連鎖式地推演，便形成了對於若干特定的個人崇拜。他們日本民族是神的子孫，子孫應敬其祖神，天皇是神族直系的代表，故應崇拜天皇，為天皇辦事的公卿大臣，代表了天皇的意志，故也必須服從，地方官吏以及武士，是執行公卿大臣所頒政令的人，庶民對之亦宜如事天皇[35]。此在原則上，是崇拜他們最高的祖神，事實則是崇拜敬事與他們有直接從屬關係的個人。日本人對直屬上司的絕對服從，被視為天經地義，如果被發現有背叛的意圖，那是無可饒恕的行為。正因為他們僅對直屬的上司效忠，如果對於同等或平行地位的人有了猜疑，便將之視為背叛上司的人，如果雙方均有群眾勢力的話，便會引起一場鬥爭。在中國，有兒女替父母報仇的故事，在日本更有敗落武士的部下，為他們的主人復仇的事實[36]。

由於這種特定的個人崇拜的民族特性，佛教傳到日本，也在這個模式之中成長起來。凡到中國留過學的僧侶，無不強調他們在中國所師事或接納了他們的那些特定的個人，將那些特定個人的一言一行，視為至高無上的指導原則，並且相信唯有那些特定的個人，才代表著真正的佛教。比如日本真言宗的創始祖空海，強調惠果的地位，曹洞宗的道元，強調如淨的地位。可是，他們自己的門徒們，又將空海及道元等崇拜為佛教的最高代表者。日本佛教各宗的祖師們，除了日蓮，沒有人自覺地要創出一個門派[37]。他們只為忠實於他們所特定崇拜的個人之見地而做全力的宣揚。弟子對師承的思想沒有懷疑的餘地，平等地位的弟子之間，對於師承思想的解釋，如果發生爭執，便會形成宗派的分裂與再分裂。因此，到一九四〇年，日本佛教共有十三宗十六派之多，每宗之下各有若干派別，均係對於祖師思想所做解釋之不同而自立門戶，但他們無一派不強調，唯有自己這一派，才傳持著最究竟的佛法，才是他們的祖師的真傳。

由於對特定個人崇拜的民族性，日本佛教特別崇拜各宗自家的創始祖師，同時也崇拜各寺的開山建寺的第一代住持。在日本可以發現，各宗的祖師殿要大過佛殿，比如淨土宗的源空、淨土真宗的親鸞等的偶像所在的建築物，均大於佛殿。除了祖師偶像，各寺院也無不供有他們第一代開山住持的偶像。此在中國以及其他國家的佛教中是不會見到的。

基於崇拜開創者之心理，不論是傳自朝鮮半島或中國大陸的各宗派，或者是由於日本人在其國內自創的各宗派，以及他們的根本寺院，雖經過多少次的興衰起落、毀壞重建，迄今沒有一個宗派不是存活著的。

日本的佛教在歷史上曾經過兩次大的改變：一次是西元第八世紀時，天台宗及真言宗的創立，給舊有所謂古京六宗帶來了極大的震撼。第二次是西元十二、十三世紀時，淨土宗、淨土真宗、禪宗、日蓮宗的相繼創立，又使天台宗及真言宗產生了危機的感受，可是每經一次變革，出現了新宗派，也刺激了舊宗派的復甦運動。正像西元十六世紀馬丁．路德（Martin Luther，西元一四八三—一五四六年）及約翰．喀爾文（John Calvin，西元一五〇九—一五六四年）所倡導的宗教革新，也為羅馬的天主教會帶來復興的機運。因為日本人對於創業者的祖師們，抱有極崇高的敬意，不論是由於什麼原因，凡是跟這些祖師中的任何一個發生了關係，縱然是間接的乃至是從文字上認識之後，他便會死心塌地地為這位祖師的理想努力到底。例如源空創立淨土宗的原因，僅是讀到了中國善導大師（西元六一三—六八一年）著的《觀無量壽經疏》。故在日本佛教史上，見有新宗派的生起，卻未見到舊宗派的滅亡。他們對於各宗所屬的古蹟，也無不善加維護及整修。

反觀中國的佛教，則頗令人哀嘆了，以宗派的學術思想而言，曾經有過大、小乘共計十三宗派㊳。到本世紀，華嚴及律宗附屬於禪寺，天台及淨土的專修寺院數目極少，絕大多數是禪宗寺院，其他各宗的僧侶及寺院早已消失了。禪宗在中國，曾有五家七宗㊴，近世所存的，僅僅臨濟及曹洞兩派而已。至於歷時近二千年來，所留佛教的文物古蹟，凡是金屬及木造的，已經很難搜尋，所幸尚有古代的石窟、石崖、石經、鐘塔供人憑弔欣賞而已❹⓪。這是什麼原因？頗值深思。

若照儒家的思想而言，古聖先賢是受尊敬的，但他們是人而非神。法家的思想，則主張「青，取之於藍，而青於藍；冰，水為之，而寒於水」❹①，是後來者優勝的歷史進化論者。故對於古人的情感，很難達到崇拜的程度，加上儒、道兩家，始終把佛教視作外來的事物而加以排斥，所以希望一般的中國人愛護佛教的歷史文物是很困難的。

從中國佛教的內部而言，自西元第九、十兩世紀的唐末之亂以來，知識階層的佛教漸漸消失，殘存下來的是山林的佛教，所謂不立文字的禪宗，他們潛心於樸實的修行生活，無暇顧及殿宇之莊嚴及古物的保藏。他們也建立寺院，卻抱著「空花佛事」及「水月道場」的觀念，隨處隨時建立的寺院，也可能隨處隨時受到破壞，被毀滅了也不會引起任何煩惱。這思想固然是淵源於印度佛教的「無常」的教說，但也是中國禪宗的特色之一。唯有如此，才能適應中國的環境，它不拘泥保守一定的形式。孟子說的「窮則獨善其身，達則兼善天下」，可以用來描寫中國的禪宗。在唐末以來的中國佛教，幾乎經常是處於獨善其身的局面，因為宋、明時代的儒學抬頭，佛教在整個中國文化活動的狀態下，是處於劣勢的一方。所以中國禪宗的本質是積極的，數百年以來的表現卻是消極的，此與日本的佛教是頗有不同的。

六、對於國家觀念的不同

日本的道元禪師，於西元一二二三年到中國求法之時，中國曹洞宗的如淨禪師，尚叮嚀他於回國之後「不可親近國王大臣」[42]。這正說明了當時的中國佛教，是處於孟子所說「窮」的境況下。道元對於如淨的教訓，當然是終身以守的。但是日本民族在祖神崇拜、天皇崇拜的特性之下，國家觀念特別強烈，自奈良時代的古京六宗，而平安時代的天台宗、真言宗，直到鎌倉時代的各宗，無不強調護國的思想。臨濟宗的榮西著有〈興禪護國論〉，日蓮宗的日蓮著有〈立正安國論〉，曹洞宗的道元則著有〈護國正法義〉，奏奉朝廷。道元雖遵守如淨的教訓，不親近王臣，他仍不像南宋初期的中國禪僧。中國禪僧雖也主張報國家之恩，那是四恩之一，其他三項則為父母、三寶、眾生，卻不會單獨強調護國思想的[43]。

在佛教的立場，國家界限、種族界限均不是問題，否則即成了局限於某一國家或某一民族的宗教。在釋迦牟尼當時的印度有十六大國，釋迦成道後，周遊各國，留在他祖國的時間並不多。可是日本人熱愛他們自己的國家，他們不習慣留在外國太久，像中國的玄奘那樣留學印度十七年，日本佛教史上是沒有的。日本僧人到中國求法或巡禮的期間均不太長，他們大多聽不懂中國話，僅能看懂中國書[44]。他們很快地就想回到日本去，所以他們對於國家的愛護及效忠是無可選擇的。

由於日本僧侶，很少能懂中國話，有名的幾位日本佛教史上的留華學僧，無不如此[45]，他們自以為能夠理解漢人佛典的意思，其實是照著他們自以為是的解讀方法來理解的[46]，尤其漢文沒有嚴格的文法軌跡可循，加上日本人對中國人的生活習慣及風土人情的不甚了解，誤解之處是相當多的，此從親鸞、道元[47]，尤其是日蓮的著作中[48]，所引漢文佛典的解釋可以證實。日本僧侶是依據日本人自己的思惟方法，來理解漢文佛典的。故由日本人倡導出來的任何宗派，無一不帶日本氣味。禪宗較為純淨而最切近中國風格，榮西及道元，也極力希望使得他們所傳的禪宗酷似中國的風格，比如他們禪寺的設施配置，音響、法器、衣飾、用具、食器、上殿、過堂，無不模仿得很像，但這些僅是形式的相像，日本禪宗的內在思想及其所產生的影響力，卻是日本民族自己的東西，所以日本的禪，可以為武士階級所接受和利用，而成為所謂武士道的狹隘的國家主義。

因此，禪在中國，其目的在於破除煩惱而明心見性，日本的禪，雖然也以頓悟未有煩惱之前的本來面目為號召，卻在追求這個目標的過程之中，首先做了為其國家，實際上是為天皇崇拜而服務的工具。

（一九七八年七月一日《東方雜誌》復刊十二卷一期）

註解

❶ 梁啟超的《中國佛教研究史》一五五頁云：「佛教為外來之學，其託命在翻譯，自然之數也。自晚漢迄中唐，凡七百年間，賡續盛弘斯業。宋元以降，則補苴而已。」臺灣新文豐出版公司一九七五年影印。

❷ 中國的佛教，最初輸入於後漢時代，至隋、唐而形成了具有中國色彩的各宗，例如隋代的天台、三論、三階等宗派；唐代則有淨土、華嚴、法相、律、密、禪等宗派。

❸ 日本佛教之公傳年代的資料有：1.《日本書紀》（成書於西元七二〇年）云為欽明天皇十三年（西元五五二年）。2.《上宮聖德法王帝說》及《元興寺伽藍緣起並流記資財帳》（西元七四七年寫成）同謂欽明天皇御世的戊午年（西元五三八年）。

❹（一）《隋書》的〈倭國傳〉云：日本「於百濟求得佛經，始有文字」。

（二）中村元的《東洋人の思惟方法》第三冊四頁：「漢文漢字之傳入頗早，在推古之頃（西元五九三—六二八年），部分的記載，已用之，影響及於一般，則甚難想像。」春秋社一九七四年第十一版。

❺辻善之助《日本佛教史》第一冊十五頁云：「關於國字假名，最初是僧侶用來做為經典傍註解讀的，此亦伴隨著佛教而創始之物。」東京岩波書店一九六九年版。

❻中村元的《東洋人の思惟方法》第三冊四頁云：「以日本文寫作的思想性的著作，大約起始於鎌倉時代。」

❼島地大等的《日本佛教教學史》四頁云：「於佛教學中，縱觀日本佛教之地位，大約是中國佛教一個支流的發展。」東京明治書院出版。

❽辻善之助的《日本佛教史》第一冊四十六頁。

❾（一）野上俊靜等人共著《佛教史概說——中國篇》十四頁。京都平樂寺書店一九七四年版。

（二）林屋友次郎著《佛教研究》第一卷九十八—九十九頁。東京三省堂一九三六年版。

❿《後漢書》卷四十二〈楚王英傳〉。

⓫佛教與儒、道二教之間爭執問題之多，可以從《大正藏》冊五十二史傳部第四冊中，收集有關資料

共計十九種一百二十四卷可知。常盤大定所著《支那に於ける佛教と儒教道教》，亦足參考。東洋文庫一九六六年重版。

⑫宋代歐陽修的《新唐書》故意忽略佛教，宋明以來的儒家學者大多主張排斥佛教。

⑬（一）錢穆的《國史大綱》上冊九十九頁：「惟漢室初尚黃老無為，繼主申、韓法律。」臺灣商務印書館一九五六年再版。

（二）塚本善隆的《中國佛教通史》第一卷三十四頁。鈴木學術財團一九六八年版。

⑭與王臣護法及佛法護國的有關經典，有名者是《金光明最勝王經》、《仁王般若經》、《法華經》。別有《梵網經》則強調王臣應受菩薩戒。

⑮《俱舍論》卷十二、《灌頂經》卷十二均詳明輪王以十善法治理其國民。

⑯其他尚有北魏孝文帝、宣武帝，隋之文帝、煬帝，唐之則天武后，乃至清代的雍正帝等，多少均對佛教有所護持，但離佛教的輪王觀念尚極遠。他們無有一人曾以佛教思想治國。

⑰參看拙著《世界佛教通史》上四〇二頁。臺灣中華書局一九六九年。

⑱參考塚本善隆的《中國佛教通史》第二章第一節〈關於後明帝之感夢求法說〉。

⑲日本派僧人到中國求法的最早記載，見於《隋書・倭國傳》中說，推古天皇於大業三年（西元六〇七年）「故遣朝拜，兼沙門數十人來學佛法。」

⑳中國史上，也曾有過政府派沙門西往天竺求法的記載，唯其例子極少。我們見到的僅如下列而已：1.《佛祖統紀》卷三十八，載有北魏孝明帝正光二年（西元五二一年）至四年，宋雲沙門法力等，往西天求經。《大正藏》四十九．三五五頁下。2.《佛祖統紀》卷四十三，載有宋太祖乾德四年（西元九六六年）沙門行勤等一百五十七人應詔，被遣往西竺求法。《大正藏》四十九．三九五頁中。

㉑《慈恩傳》卷一：「於是結侶陳表，有詔不許。」《大正藏》五十．二二二頁下。又云：「時國政尚新，疆埸未遠，禁約百姓，不許出蕃。」《大正藏》五十．二二三頁上。

㉒《宋高僧傳》卷十四的「鑑真傳」，未見禁止其出國的記述。鑑真東征日本的資料，在日本則相當多。參考石田瑞麿的《鑑真之思想與生平》五十四頁之註。東京大藏出版社一九五八年。

㉓（一）中國佛教史上，皇帝終生出家之事例，雖未見過，王室中人出家者，見於《佛祖統紀》卷三八的有如下數例：1.北魏太和十九年（西元四九五年）京兆王太子興，久病，祈佛獲癒，願捨王爵，求出家，表十上，乃許。《大正藏》四十九．三五五頁中。2.北魏太和二十年（西元四九六年），太后馮氏出俗為尼，居瑤光寺。同上三五五頁中。3.北魏宣武帝延昌四年（西元五一五年），太后高氏出俗為尼，居瑤光寺。同上三五五頁中。4.北魏孝莊帝永安元年（西元五二八年），胡氏出俗為尼，居瑤光寺。同上三五六頁上。

（二）日本史上天皇或上皇出家為僧的統計資料，見於辻善之助的《日本佛教史》第一冊三頁。

㉔參考村山修一的《神佛合一思潮》一書。京都平樂寺書店一九五七年出版。

㉕參考道端良秀的《佛教與儒教倫理》第四章及第十章。京都平樂寺書店一九七四年出版。

㉖參考辻善之助《日本佛教史》第一冊七頁。

㉗參考同上書第一冊四三六—四八九頁。

㉘（一）《清淨法行經》的經目，初見於《出三藏記集》卷四，次見於《法經錄》及《歷代三寶紀》。此經雖被疑為中國人撰作的偽經，並且現已不存在，但曾被僧順的〈析三破論〉所引，見《弘明集》卷八，《大正藏》五十二．五十三頁下。又被北周道安的〈二教論〉所引用，見《廣弘明集》卷八，《大正藏》五十二．一四〇頁上。

（二）吳時支謙所譯的《佛說太子瑞應本起經》卷一，亦有：「及其變化，隨時而現，或為聖帝，或作儒林之宗，國師道士，在所現化，不可稱記。」《大正藏》三．四七三頁中。此處的「儒林之宗，國師道士」係指印度的各派學者及各宗教的修行之士。當不是指的中國的儒、道二教的孔孟及老莊之徒。

㉙《老子化胡經》相傳為東晉時代的道士王符所作。除此之外，早在《後漢書》之〈襄楷傳〉，已有「或言，老子入夷狄，為浮屠」之語。又在《齊書》的〈顧歡傳〉，也有「道經云：老子入關，之

天竺維衛國，國王夫人名曰淨妙，老子因其晝寢，乘日精入淨妙口中，後年四月八日夜半時，剖左腋而生，墜地即行七步，於是佛道興焉。」此兩種資料，一在東晉之先，一在東晉之後，可知，老子化胡為佛陀之說，在道教方面，宣傳的時間相當地長。

㉚ 參考湯用彤的〈論中國佛教無十宗〉，刊於中國的《哲學研究》一九六二年第三期。

㉛ 中國佛教史上，由某一宗派的力量激盪而起兵變暴動，絕對未曾見過，然由個別的僧侶或寺院糾合而起的所謂教匪事件，除了白蓮教匪之外：1.北魏時代的一百四十年間，教匪事件迭起。此可參考塚本善隆的《北朝佛教史研究》一四一—一八五頁，東京大東出版社一九七四年。2.《史淵》雜誌三號六十八—一〇三頁所載重松俊章的〈唐宋時代之彌勒教匪〉，一九三一年。

㉜ 根據大乘戒經所示，有出家菩薩及在家菩薩，比丘係受了比丘戒而得名，若加受菩薩戒，則稱為菩薩比丘，未見受了菩薩戒的比丘應捨棄比丘戒的規定。最澄標新立異，捨比丘戒而另創圓頓菩薩戒。所以有人懷疑，他是因為不能守持比丘戒而捨戒，還是為了要與南都的舊佛教對抗而捨戒，頗堪研究。由於最澄的捨戒，以致從他之後凡與天台宗有關的各宗僧侶，無有一人是比丘了。

㉝ 日本的佛教教匪稱為一揆，自西元十五世紀後半期開始，可舉者有一向一揆、永正一揆、享祿一揆、天文一揆、弘治一揆、三河一揆、近江一揆、伊勢長島一揆、天正一揆、法華一揆等。

㉞ 從織田信長的文書中，看到他對當時佛教團體的指控：「不勤於佛事學問，事於奢侈遊樂。組織游

離的武士，兵亂相交結，為國家之蠹蟲。」因此而於西元一五七一年攻燒了比叡山。取材於辻善之助的《日本佛教史》第七冊一—二頁。

㉟ 中村元的《東洋人の思惟方法》第三冊一六七頁說：「上官的命令即是天皇的命令。」像這樣連鎖式的特定個人崇拜，在中國及印度是不存在的。

㊱ 此在日本史上最有名的例子，是發生於西元一七〇一年，赤穗義士為他們的主人報仇。家臣四十七人，於西元一七〇二年擊敗仇家，並將其頭顱割了，祭拜於主人的墓前。後來，四十七人全部被捕，賜死於西元一七〇三年，葬於東京的泉岳寺。日本的名歌劇《忠臣藏》即據此史實改編而成。

㊲ 日蓮的《遺文》集中所收日蓮所寫〈右衛門太夫殿御返事〉（給其信徒的一封回信）中他說到：「日蓮也像是上行菩薩的使者，弘揚此法門的緣故……。務須體會到上行菩薩再生的人。」實際上他雖沒有露骨地自稱他是上行菩薩的再生，他已自覺到他是負起這項使命的那個人。故其有點類似基督教的耶穌，或伊斯蘭教的穆罕默德，他有一股強烈的創教主的自信心。

㊳ 中國的大、小乘十三宗，日本的凝然以為在西元第五世紀初至六世紀後半期之間，已有了毘曇、成實、律、三論、涅槃、地論、淨土、禪、攝論的九宗，再加上完成於隋、唐時代的天台、華嚴、法相、密的四宗，即為十三宗。其實這是大有疑問的說法，因在隋、唐之前，雖有研究諸經論的人，並未有因研究範圍的限定而成立宗派之說。何況律、三論、淨土、禪的形成各別的研究成果或發展

的成果，乃在隋、唐時代。

㊴臨濟、溈仰、曹洞、雲門、法眼，加上再由臨濟宗派生出來的黃龍、楊岐，合稱為五家七宗。

㊵參考常盤大定的《支那佛教史蹟踏查記》序的三—五頁。東京龍吟社一九三八年出版。

㊶《荀子．勸學篇》。

㊷依據道元的傳記資料，西元一二二七年秋，道元歸國之前，向如淨告辭，如淨授給他袈裟等物，並告誡他說：「歸國布化，廣利人天，莫住城邑聚落，莫近國王大臣，只居深山幽谷。接得一個半個，勿令吾宗致斷絕。」取材於辻善之助的《日本佛教史》第三冊二七四頁。

㊸另有：1.律宗的豐安，於西元八三〇年撰寫的《戒律傳來記》中說：「鎮護國家，戒律為首。」2.最澄的《顯戒論緣起》、《守護國界章》。3.空海標榜：「為國家熏修」、「鎮國護法」。此皆強調國家觀念的護國思想。參考中村元的《東洋人の思惟方法》第三冊一四九—一五二頁。

㊹日本佛教史上著名的所謂入唐八家（最澄、空海、圓仁、常曉、圓行、慧運、圓珍、宗叡），在中國期間，不是用筆談，就是帶有譯語的人員。參考圭室諦成的《日本佛教史概說》四十一頁；中村元的《東洋人の思惟方法》第三冊六頁。

㊺《東洋人の思惟方法》第三冊六頁。

㊻同上七頁。

㊼同上九頁。

㊽參看本稿註㊲所引日蓮的遺文。其實，上行菩薩是《法華經》的〈從地涌出品〉及〈如來神力品〉中所見四大菩薩之一，經中並未特別強調上行菩薩的使命。照中國隋代智顗的《法華經文句》卷九之上，是以四大菩薩表示開示悟入的四十位的，唐朝道暹的《法華經文句輔正記》第九，則以常樂我淨的四德來配釋上行、無邊行、淨行、安立行的四菩薩。日蓮卻特重上行菩薩，與漢文的經義是很有出入的。

道教學會與道教學

我在本文之中，將分三個主題，介紹目前日本道教學界的活動現況，以及以歐美道教學界為主流的國際道教學的動態。這三個主題便是：1.日本道教學會，2.二十年來日本道教學界的成果，3.即將召開第二屆會議的道教學國際研究會的實況。

一、日本道教學會

在日本這個國度內，到處都充滿著求知識、求進步的氣象，凡是世界上已有的學問，他們無不希望研究和吸收，日本自身的文化基礎極其淺薄，它卻能夠吸收世界上已有的各種文化的優越點，成為滋養日本民族的補品，所以日本這個國家雖與我國同文同種，確也有著和我國不同的地方。

比如道教在我國的晚近以來，已成了不受注目的民間信仰之一，道徒之中固然無人來做學術的研究，學者之中以道教做為研究之主題者為數也很少，研究成果的發表與出版者更少；至於像「日本道教學會」那樣的學術研究的發表大會之組織活動，根本尚未起步。道教已如眾所周知是中國的宗教，自秦、漢以來，在中國的文化史上，與儒教及佛教三分天下，論戰不已，優劣勝敗，時見起落。但至晚近之際，道教一系，除了老莊思想被列於東方哲學系統而受研究之外，對於道教，似乎是被學術界所忽視了。

日本道教學會，每年召開一次大會，至一九七一年十一月十三日，已舉行到第二十二屆大會，也就是說，這個學術大會的產生，早在二十二年之前。第二次世界大戰結束，日本投降不久之後，道教學會也和其他各種學術性的組織一樣，適應需要，由福井康順博士發起籌組，應運而生。

事實上，在日本民間有其民族性的神道教，未曾見有中國式的道教，在其歷史上曾經傳入了中國的道教，至於現在是否有人信奉道教，不太瞭然，據日本的學者說，縱然是有，為數也極稀少。因此，從事於道教研究的人，沒有一位是道教徒，相反地倒是以佛教關係的學者為其主流。因此，目前的道教學會會所設於我們的立正大學，現任的該會會長也是我們立正大學的教授山崎宏博士，他的兩部代表性的著作《支那中世佛教之展開》及《隋唐佛教史之研究》（法藏館），也都是佛教關係的書。前任是一直當了二十年會長的福井康順，原為早稻田大學教授，現任佛教關係的大正大學的教授，不過他雖為天台宗的僧侶，卻以道教做為其研究的專長，他的代表做為《道教の基礎的研究》（理想社一九五二年出版）。

因為第二十二屆的道教學會大會，在我本校召開，所以我也躬逢其盛，加入該會成了它的會員，在現有的三百五十位會員之中，我是第七個中國人。先我入會的則為現住法國的吳其昱先生，曾任華岡中華學術院研究部主任的陳祚龍先生，澳洲國立大學的柳存仁先生，法國遠東學院的施舟人（K. M. Schipper）先生，以及國立臺灣大學的林灑聰先生，另有一位不知所屬的陶慧廉先生。可是，參加這個學會的外國學者，除了中國人，尚有美國夏威夷大學的 Holmes H. Welch，法國巴黎大學的 Max Kaltenmark，法國遠東學院的 Miss Anna Seidel，巴黎大學的 Michel Soymié，法國的 R. A. Stein，法國學士院的 Paul Demiéville，慕尼黑大學的 Wolfgang Bauer，西德的 Alfred Hoffmann，以及另一位法國人 Léon Vandermeersch 和越南的釋天恩。絕大多數的成員，當然是日本學者，但它已經包括了歐、美、亞、澳各洲的七個國家的分子在內。所以它雖是日本的道教學會，實際上已是具有國際性的學術大會了。

在日本人的會員之中，包括全國著名的大學如東大、京大、東京教育大、大阪教育大、國學院大、早稻田大、慶應大、明治大、日本大，佛教關係駒澤大、立正大、大正大、東洋大、大谷大、龍谷大、花園大、佛教大、高野山大，神道教的天理教大，天主教的上智大等四十多所，有關東方學的研究者三百多人。由於日本學者之研究中國思想，必須通過對於儒、釋、道三教的理解，研究中國的佛教，也必須判明佛教和道教之間的各種關聯的問題，除了相互的排斥與論爭，更有彼此的吸收與融合。於是，今日日本傑出的佛教學者，無不追求對於道教做更多的認識，這便是道教學會以佛教學者為其主流的最大因素。但是，現代的學術界，早已脫離了以主觀立場來研究外教的態度，他們忠於學術的方法，以科學化的考察，排比而做整理和闡明的工作，所以，雖為佛教學者的道教研究，仍是站在純客觀的立場，尤其道教之在日本，沒有宗教的力量可言，由他們處理的道教問題更是可以信賴的。目前研究道教最有成就的日本學者，也是佛教系統的大正大學的教授吉岡義豐博士，他的主要著作有《道教之研究》（法藏館一九五二年版）、《道教經典史論》（道教刊行會一九五五年版）、《道教と佛教第一》（學振一九五九年版）、《道教と佛教第二》（豐島書房一九六九年版）、《永生への願い——道教》（淡交社一九七〇年版）、《道教の實態》（興亞宗教協會一九四一年版）、《敦煌文獻分類目錄：スタイン將來大英博物館藏——道教之部》（東洋文庫一九六九年版）、《白雲觀の道教》（新民印書館一九四五年版），另外，他又和巴黎大學的 Michel Soymié 氏合編了《道教研究》四冊，是將日本學者的重要論文以及歐美學者研究道教的重要論文，編集而成，由豐島書房自一九六五年起出版，至一九六九年已出到第四冊，以後可能尚會繼續出版。所以，若論成就，當以此人最高。他為了研究道教，嘗於民國二十八年至三十五年（西元一九三九——一九四六年）之間，到北平留學了七年之久。

至於日本道教學會的目的，是在於推進道教的研究，以及和此關聯的東方民族之宗教與文化的各種問題之探討，使得相關的學者們在會員的方式下彼此聯絡。它自成立以來，除了每年召開一次為時一天的學術大會之外，尚有適時舉辦的研究會與講演會，同時發行學術性的雜誌《東方宗教》一種，目前每年出版兩期，已經出到第三十八期。會員的資格，最少在大學院以上的程度，經老會員的推薦介紹，並確認是對此門學問之研究者，便可成為正式會員。會中職事，兩年改選一次，由大會選出理事十二人，由理事中推出一人為會長，另設監事一人，評議員的人數已達七十二位，這是榮譽職位，凡是大學的名教授或代表者的會員，均被選為評議員，於學術大會中輪流擔當「司會」一人。我國的柳存仁及陳祚龍兩位先生，也在評議員的名單之中，但在這次的二十二屆大會之時，沒有見到這兩位先生出席。事實上，會員的過半數，是分布在關西方面，這次在東京立正大學主辦的大會上，關西方面的好多會員均缺了席，到會的僅得一百多位。當然，以研究道教為專長的學者都見了面，例如福井康順、吉岡義豐、窪德忠、酒井忠夫、村上嘉實、宮川尚志、佐中壯、木村英一，以及研究緯書的安居香山與中村璋八等人，都在會場中露了面。

這次在大會中提出論文發表的，有東京大學的窪德忠，論題是〈臺灣における道教の現狀〉，他自一九六六八年起，每年都要到臺灣做一次研究旅行，這是因為從一九六六年六月，中國共產黨掀起了所謂「文化大革命」之後，當時中國大陸已經沒有任何宗教可供研究，中國的道教，唯在臺灣尚有一些可資參考的東西。在他這篇論文中，僅有報導，未做考證。他說臺灣的道教比起三十年前華北地區的道教是不同的，北方的道教是全真派，至於臺灣，由於六十三代張天師到了臺北，所以南方的正一派取到了優勢。在臺灣，像北平白雲觀那樣的修行道場根本沒有，甚至道觀的名稱也見不到，而是代之以「宮」及「廟」，最有名的臺北指南宮，以前是以呂祖為主尊，現在則供了玉皇、三清，乃至孔子也在內了。臺灣道教所供的主尊，多係媽祖、玄天上帝、關帝、土地公，最多的是什麼什麼的王爺了。這些廟或宮內，因為沒有道士，所以由俗人組織了管理委員會經營管理。

在臺灣，沒有見到專業的道士，幾乎全是兼業的，道士們住在家中，過著妻室生活，這種家庭多數名為某某壇。道士們受到信徒的要求，在廟中舉行各式的醮祭，或在自宅祈願，當然，特別是喪祭、忌日了。因為道士不住廟，平日也無定時的朝暮課誦，在打醮之際，大多讀誦《三官經》與《五斗經》等。他們平時的服裝一如俗人，也不蓄長髮挽髻，唯在舉行儀式的場合，始穿道服。所以，臺灣的道士不多，道教的教團組織之力極其微弱。不過上廟或宮中去進香的人，倒是很多。由於道士太少，臺南的天壇，在廟會祭日，信徒們就穿了法衣擔當照顧的工作。臺北的覺修宮根本沒有道士，僅有信徒們於廟會或祭日在那兒誦經。

另有一位，是岡山大學的大淵忍爾，論題為〈臺灣における道教禮儀〉，他把臺灣道教所行的禮儀，分成廟中的祭禮（醮）及一般家庭所用道教的葬禮。醮分有火醮、王醮、慶成醮等。他把醮祭的形式、道壇的構成、道士與經典、從祭儀中所見的一般性，做了報告。至於道教在葬儀中，所用的十王與十二地獄、破枉死（血湖、血盆）城、解結等，他也做了調查。這位大淵先生曾出版過《道教史の研究》（岡山大學共濟會書籍部一九六四年版）及《敦煌道經目錄》（法藏館一九六〇年版）。

此外尚有立正大學野澤達昌的〈後漢末荊州學派の研究〉，東洋大學岩佐貫三的〈鬼に關する中國的發想〉，大正大學牧尾良海的〈風水思想の一局面——四神相應について〉，富山大學高瀨重雄的〈青木北海とその禹步偃訣〉，大谷大學三桐慈海的〈僧肇と頓悟義〉，鐵鋼短大服部克彥的〈北魏洛陽にみる神仙思想と佛教〉。由此看來，道教學會之中，實也包含了老莊的道家思想的研究活動。然就全體而言，仍以道教為主。

二、日本的道教學

現在，再把二十年來日本對於道教學與道家學的學術成績，做一概要的報告，以便於國內外的有心之士做參考。

一九五二年，出了兩本很有分量的著作。

一是吉岡義豐的《道教の研究》（法藏館）。這部書的內容，是以：1.民眾的道教，2.自民眾的道教至出家的道教，3.出家的道教，共計三大論點所構成。以往對於道教的研究者，多側重於教理和教典方面，這一部書則在追究道教和民間信仰之間的社會關係，以求對於中國的歷史社會做更深切的理解。

另一部是福井康順的《道教の基礎的研究》（理想社）。此如其書名所示，是對道教做基礎性的研究，是以〈原始道教之研究〉及〈道教經典之諸相〉的兩篇論文所構成，書後附錄了一篇〈牟子の研究〉。

在單篇的論文方面，則有大正大學安居香山的〈中國古代巫祝考〉（《宗教研究》一三一），這篇文字中，很有趣地處理了中國古代祭儀和巫祝的問題。尚有關西學院大學村上嘉實的兩篇論文：一為〈魏晉交迭之際における老莊思想之展開について〉（《東洋史研究》十二—一），他說在曹魏正始之際的王弼與何晏等人，也以為儒家的聖人是老莊之「無」之道的最高的體得者，老莊也及不上他們。到了魏晉的竹林七賢之世，大約是把老莊和儒聖置於同等的格位；從那之後，則以莊子為中心，這是思想史上的一個轉變，莊子思想流風廣被，因而葛洪以仙術之極而被認為位在聖人之上的至人。然至東晉之末與南北朝之初期，儒、道兩流又均被置於佛教之下了。村上氏的另一篇論文是〈老莊的自由思想〉（《史林》三十五—一），他說縱然在古代中國的官僚社會中，也產生了自由精神的處世態度，那便是處士社會的開始，此一意識型態，則為出之於老莊思想，因由殷代的定命思想而轉變為隨順的思想之根幹者，即是老莊：老子的「自然」和莊子的「自適」。村上氏另著有《中國の仙人》（平樂寺書店一九五六年版）。

一九五三年，未見出版專門的書籍，但有數篇論文：

（一）廣島大學池田末利的〈魂魄考——その起源と發展〉（《東方宗教》三）、〈龍神考——祖神の動物轉格の一例〉（《東方學》六）。

（二）駒澤大學中村璋八的〈緯書における黃帝について（《漢文學會會報》十四）。他曾與安居香山合著了一部《緯書の基礎的研究》（漢魏文化研究會一九六六年版）。

（三）東京教育大學今井宇三郎的〈黃帝について〉（同前條）。

（四）大正大學安居香山的〈史記に見る黃帝の問題——特に司馬遷の黃帝の取り扱ひ方を中心として〉（同上）。

（五）東京教育大學酒井忠夫的〈方術與道術〉（東京教育大學東洋史研究室《東洋史學論集》）。他說自秦、漢以來，被稱作「方術、道術」的名詞，到了後漢時代，其內容即起了變化，這是形成道教過程中的極重要的一大因素。酒井氏另有專

著《中國善書の研究》）（弘文堂一九六〇年版）、《近代支那に於ける宗教結社の研究》（東亞研究所一九四四年版）、《中國民眾の善惡觀》（法藏館）。

（六）大阪府立大學佐中壯的〈抱朴子の方法論と現代歷史學〉（《藝林》四—六）。

（七）橫濱市立大學波多野太郎的〈老子王注校正〉（《橫濱市立大學紀要》十五）。

一九五四年則有如下的數篇論文：

（一）池田末利的〈釋廟〉（《甲骨學》三）、〈立尸考——その宗教的意義と原初形態〉（《廣島大學文學部紀要》五）。

（二）大熊充哉的〈莊子研究序說——莊子の形式的構造について〉（《哲學》四）。

（三）追手門大學木村英一的〈老子の新研究——第一部老子の成立に關する考察〉（《大阪大學文學部紀要》三）。這是一篇很結實的考證學上的大作，他將《道德經》及〈老子傳〉的漢初成立說，與先秦的文獻做了細密的比較和檢討；另有一篇〈黃老から老莊及び道教へ〉（《東方學報》二十五）。他說，所謂「道家」的觀念，成立於漢初，其實質是以黃老之學為中心，迄漢武帝獨尊儒學，而使道家之學流向民間，成為與民間的巫覡相混合的信仰，接著又受到外來的佛教的刺激，不久便成立了道教。木村氏尚著有《中國的實在觀の研究》（弘文堂一九四八年版）、《中國民眾の思想と文化》（弘文堂一九四七年版），當其寫完老子的新研究第二部之後，便於一九五九年，由創文社刊行了他的《老子之新研究》一書。

（四）佐中壯的〈葛洪の生涯とその風格〉（《東方學論集》二），他依據《抱朴子・外篇》卷末附載之自敘，認定葛洪的生年為西晉武帝統一之年（西元二八〇年），歿於東晉穆帝永和六年（西元三五〇年），推翻了一般以為葛洪卒於穆帝永和末年（西元三五六年）八十一歲之說。

（五）早稻田大學福井康順的〈葛氏道の研究〉（《東洋思想研究》五）、〈葛氏道と佛教〉（《印度學佛教學研究》二—二）。

（六）笠原仲二的〈莊子に現われた死生觀〉上（《立命館文學》一一四）。

一九五五年，吉岡義豐的《道教經典史論》，由道教刊行會出版，全書分為三編：第一編以《道藏》的編纂史為中心，第二編為道教經典的研究，第三編為古代各道經中所引書目的編製。對於《道藏》研究整理的工夫，在此之前，尚未見有比這更為可取的參考書。

在單篇的論文方面，則有下列數篇為其代表：

（一）木村英一的〈老子の新研究——第二部道德經の原形についての考察〉（《大阪大學文學部紀要》四），在這篇論文之中所做的工作是對有關《道德經》原典之變遷的考察，構成《道德經》之要素的分析，以及將《道德經》正文日譯。

（二）國學院大學山田統的〈老子の生涯〉（《國學院雜誌》五十五—四，五十六—一）

（三）熊本大學松本雅明的〈原本莊子の研究〉（《東方古代研究》六）。

（四）笠原仲二的〈莊子に現われに死生觀〉中及下（《立命館文學》一二二、一二五）。

（五）京都大學福永光司的〈僧肇と老莊思想〉（塚本善隆編，法藏館版《肇論研究》）。他另外著有《莊子》（朝日新聞社一九六七年版）及《老子》（同上一九六八年版）。

（六）夏目一拳的〈道教に於ける符の問題〉（《日本文化》三十五）。

（七）東京大學窪德忠的〈道教と佛教〉（《世界史講座》一）。此人已在前面提到過，有關研究道教的著作很多，例如《道教と中國社會》（平凡社一九四八年版）、《道教百話》（筑摩書房一九六四年版）、《中國の宗教改革》（法藏館一九六七年版），又與西順藏合編《宗教》一書（《中國文化叢書》六，一九六七年大修館版）。他也是今天日本唯一以研究日本民間的庚申信仰知名的學者，著有《庚申信仰》（山川出版社一九五六年版）、《庚申信仰の研究》（日本學術振興會一九六一年版）、《庚申信仰の研究・島嶼篇》（勁草書房一九六九年版）。

一九五六年的單行本方面，有村上嘉實的《中國の仙人——抱朴子の思想》（平樂寺書店的サーラ叢書），作者依據葛洪的《抱朴子》，非常趣味地敘述了中國的仙人思想。在論文方面，則有下面的幾篇：

（一）駒澤大學石島快隆的〈抱朴子引書考〉（《文化》二十—六），他曾著有《抱朴子》一書（岩波文庫，岩波書店一九四二年版）。

（二）戶塚高校宮澤正順的〈抱朴子と張角一派〉（《宗教文化》十一）。他敘述了張角派的道教思想，與《抱朴子》思想的衝突之點。

（三）大淵忍爾的〈抱朴子研究序說〉（《岡山大學法文學部學術紀要》五），他提出論證，證明了《抱朴子》的思想，強烈地影響了〈論衡〉及〈潛夫論〉。

（四）吉岡義豐的〈道藏の成立について〉（《宗教研究》一四七）。他以「道藏」名稱之出現，是成於唐高宗的時代，他的論證是在唐高宗御製〈一切道經序〉、王懸河之〈道藏經序碑〉、尹文操之《玉緯》藏經等。他又有一篇〈初唐における佛道論争の一資料——道教義樞の成立について〉（《印度學佛教學研究》四—一），這是出於道教方面的有關佛道論爭的重要資料。

一九五七年的單行本道學書籍是：山田統的《老子》（角川書店），這本書是以老子為孔子同時代的人物，將其生地、姓氏、名字、生涯等，做了平易的敘述；有一位上原淳道氏為作書評，說是一冊相當出色的書。在單篇論文方面則有：

（一）名古屋大學大濱皓的〈老子の論理〉（《名古屋大學文學部研究論集十八》），他以一位老子思想之追求者的看法，以為老子的道是不可分割的渾然一體。

（二）山下實的〈莊子の至人思想について〉（《鈴峰女子短大研究集報四》），他以為莊子的〈齊物論〉，乃是「現實」的主張。

（三）松本雅明的〈原本莊子の研究補遺〉（《東方古代研究》八）、〈戰國後期における道家の諸學派〉（《東洋學報》四十—一）。

一九五八年未見出版單行本的書籍，論文則有：

（一）木村英一的〈莊子妄言一則〉（《石濱先生古稀記念東洋學論集》）、〈莊周說話を通じて見た莊周の死生觀〉（《東方學》十七）、〈莊子の卮言〉（《東方宗教》十三、十四合刊號）。

（二）安居香山的〈道藏に於ける黃帝傳の考察──特に廣黃帝本行記を中心として〉（同上）

（三）吉岡義豐的〈斯坦因將來敦煌文獻中の道教資料〉（同上）。

（四）窪德忠的〈全真教團成立に關する一考察〉（《宗教研究》一五七）。

（五）弘前大學秋月觀暎的〈全真清規責罰榜考〉（《文化》二十二─五）。

一九五九年度，吉岡義豐出版了《道教と佛教》第一冊（日本學術振興會），此在《東方宗教》十五期中，酒井忠夫氏寫了一篇書評，可資參考。在單篇的論文方面有：

（一）東北大學金谷治的〈漢初的道家思潮〉（《東北大學文學部研究年報》）。此人著有《秦漢思想史研究》一書（日本學術振興會一九六〇年版）及《老莊的世界》（平樂寺書店一九五九年版）。

（二）早稻田大學的小林昇的〈魏晉の政治と老莊家の生活態度〉（*Philosophia*

三十七）。

（三）早大的福井文雅的〈竹林七賢についての一試論〉（同上）。

（四）大淵忍爾的〈三皇文より洞神經へ——道藏成立史論（一）〉（《史學雜誌》六十八—二），他對自從《抱朴子》的〈三皇文〉追蹤至《洞神經》的成立的經緯，做了明細的分析。

（五）大淵忍爾的〈老子道德經序訣の成立〉（上）、（下）（《東洋學報》四十二—一、二）。

（六）福井康順的〈老子道德經序訣の形成〉（《日本中國學會報》十一）。他與大淵氏，對於被學界推為定論的武內義雄之說做了重新的檢討，武內氏曾於一九二六年出版《老子原始》（弘文堂），又於一九四七年出版了上、下兩冊的《老子の研究》（改造社）。此兩人對於曖昧不確實的道教經典，運用了科學方法，切實地做了史料的批判。

（七）大淵忍爾尚寫了一篇〈鮑靚傳考〉（《東方學》十八）。

這一年在角川書店出版的《圖說世界文化史大系》十六（中國二）之中，也由現為京都博物館長的塚本善隆博士，寫了一篇〈佛教と道教〉。

（八）李獻璋氏的〈宋廷の封賜から見た媽祖信仰の發達〉（《宗教研究》一五九），這位李先生可能是中國人，他對原為福建莆田縣的一個鄉土神的媽祖信仰，自南宋而至元代，成了全國性的航海的保護神，且在歷朝的官府文書之中，發現了封祭紀錄的資料，做了研究的說明。

（九）塚本俊孝氏的〈雍正帝の儒佛道三教一體觀〉（《東洋史研究》十八—三）。

一九六〇年，酒井忠夫氏出版了《中國善書之研究》（弘文堂）。同時他還於這一年出版的《福井博士頌壽記念東洋思想論集》（此書殊有價值）中，寫了一篇〈明の太祖の三教思想とその影響〉。他說明太祖的三教思想，與從來的三教一致平等鼎足三分之見不同，明太祖是以佛、道之陰補助儒教之陽，乃是站在助成王政的三教歸於儒的立場，他引用了明太祖的文字做為他的論證。

一九六二年，關於中國古代宗教的有：

（一）伊藤道治的〈殷以前の血緣組織と宗教〉（《東方學報》三十二）。他將新石器時代的社會組織和祭祀，通過當時人民的住地及墓地的發掘成果之考察與分析，對於由殷以前展現到殷代的史跡，做了研究的報告，是一篇很有學術分量的文章。

（二）池田末利的〈告祭考（上）——周禮大祝を中心とする祈禱儀禮〉（《廣島大學文學部紀要》二十一）。這是繼續前年所寫〈告祭序說〉而來的，他從周禮大祝所見祈禱儀禮的六個告祭，做了個別的檢討。

（三）東海大學的澤田多喜男，以為莊子思想的原初型態，不是日常的世界觀，寫了一篇〈莊子內篇考——その原初的思想について〉（《文化》二十六—二）。

（四）東海大學宮川尚志的〈六朝時代の社會と宗教〉（《東方學》二十三），他在歷史與宗教的接觸點上，發揮了獨創的見解。他另外著有《六朝宗教史》（弘文堂一九四八年版）、《六朝史研究・宗教篇》（平樂寺書店一九六四年版）。

一九六一年中最足注目的活動有：

（一）酒井忠夫與野口鐵郎的〈中國宗教史研究の發展〉（《歷史教育》九—九）。

（二）谷田孝之的《中國古代喪服の基礎的研究》（廣島大學文學部中國哲學研究室油印）。

（三）公田連太郎的《莊子外篇講話》（明德出版社）出版。

（四）池田末利的〈古代中國の地母神に關する一考察〉（《宗教研究》一六八）。

（五）木村英一的〈老莊の無と佛教の空とについて〉（《塚本博士頌壽記念佛教史學論集》）。他以佛教的絕對之空與道家的絕對之無做對比，以為佛教是解脫的哲學，道家是養生的哲學。

（六）板野長八的〈老子・莊子・韓非〉（《和田博士古稀記念東洋史論叢》）。

（七）芝木邦夫的〈谷神不死考——先秦生存觀の研究・其一〉（《北海道中國哲學》創刊號）。

（八）安居香山的〈漢魏六朝時代における圖讖と佛教〉（《塚本論集》）。

（九）宮川尚志的〈六朝時代の巫俗〉（《史林》四十四—一）、〈宗教史から見た中國古代末期〉（《福井論集》）。

（一〇）村上嘉實的〈清談と佛教〉（《塚本論集》）。

（一一）窪德忠的〈宋代における道教とマニ教〉（《和田論叢》）。他說當初傳來之時含有佛教色彩的摩尼教，經過會昌年間的禁止之後，即與道教混合，至南宋末期，形成了一派新的道教。

一九六三年在宗教史方面，有池田末利的〈告祭考（中）——周禮大祝を中心とする祈禱儀禮〉（《廣島大學文學部紀要》二十二—一）以及〈古代中國に於ける土地神祭祀——序說〉（《東方宗教》二十一）。此外尚有：

（一）內山俊彥氏的〈漢初黃老思想の考察（二）〉（《山口大學文學會誌》十四—一）。

（二）澤田多喜男的〈《莊子》の知と命について——主として內篇の思想の一側面〉（《集刊東洋學》十）。

（三）山口大學天野鎮雄的〈莊子逍遙遊本文整理私案〉（《東洋學報》四十六—一）。

（四）窪德忠的〈金代の新道教と佛教——三教調和思想から見た〉（《東方學》二十五）。他以全真教開祖王重陽所作〈立教十五論〉，考察到全真教具有禪的傾向。

（五）富山大學間野潛龍的〈明代の武當山と宦官の進出〉（《東方宗教》二十二），這是一篇很好的論文，他從《明史・食貨志》的「採造」條下，見到了鎮守內官與明朝道教信仰中心的武當山的關係，即是大嶽太和山，當永樂宣德之頃，受到內官的信仰與護持。並且兼帶貢獻飲食物品，宣德之初，武當山所用的香蠟亦由中央的京庫支給。

一九六四年在宗教思想史方面，有池田末利的〈中國に於ける至上神儀禮之成立——宗教史的考察〉（《日本中國學會報》十六）。他對中國古代做為最高神的上帝、帝、天的祭儀，成為王者之特權之過程，從史料的博搜上，做了分析與討論。同時他在這年，也發表完了〈告祭考（下）——周禮大祝を中心とする祈禱儀禮〉（《廣島大學文學部紀要》二十三—一）。

這一年中，最足注目，是兩本書的出版問世。一是宮川尚志的《六朝史研究——宗教篇》（平樂寺書店）。從宗教史的角度看六朝時代，乃是儒、釋、道三教相互關係的時代，且自漢代以來，又加進了薩滿教的成分。所以宮川氏的這一本書中，涉及的範圍乃以道教、佛教、薩滿教，乃至民間的祠廟為順序，實際上他在道教方面用力較多。另外他還發表了〈六朝正史佛教・道教史料集（一）〉（《岡山大學法文學部學術紀要》十九）以及〈南朝正史道教史料稿（上・中）〉（《東方宗教》二十三、二十四）。

另一部為大淵忍爾的《道教史の研究》（岡山大學共濟會書籍部）。此書共分三篇：1.〈中國における民族的宗教の成立〉，是以研究五斗米道及太平道為主題。2.〈抱朴子研究〉。3.〈道教經典史之研究〉，這也是本書的中心點，他把孤立分散的前兩篇，到第三篇中連結起來。即是初期的道教，到了東晉末葉和南北朝時代，受到佛教教理的影響，尤其佛教經典目錄的編纂，刺激了道教，道教即有經典的分類，所謂「三洞四輔」的整理出現。

另在單篇的論文方面則有秋月觀暎的〈六朝道教における應報說之發展——教理展開追迹之一試論〉（《弘前大學人文社會》三十三）。窪德忠的〈宋代の新道教教團——全真教を中心に〉（《歷史教育》十二—八），窪氏又有一篇〈純陽宮の壁畫に見える王重陽傳〉（《鈴木論叢》），這是最近在山西省蒲州地方發現的純陽宮——全真教五祖之一的呂純陽之生地所建道教本山之一，在其壁畫中記下了教祖王重陽的傳記。

一九六五年，東洋大學的渡邊照宏，為平凡社編了一部《佛教の東漸と道教》。池田末利氏發表了〈高禖信仰の成立——古代中國の原始母神〉（《廣島大學文學部紀要》二十四—一）以及〈文獻所見の祀天儀禮序說——郊祭の經說史的考察〉（《中國學誌》二）。同為宗教史的考察方面，另有栗原朋信寫的〈木主考〉（《中國古代史研究》二）。道教關係的則有吉岡義豐的〈道教種民思想の宗教的性格〉（《集刊東洋學》十三），他指出了六朝時代道教的種民思想之由來，是受了佛教的影響。二十五期的《東方宗教》，也刊出了福井康順的〈道教研究の基礎的諸問題〉。

一九六六年，池田末利發表了〈五行說序說〉（《廣島大學文學部紀要》二十六—一），這篇論文是將鄒衍之學說的成立至於限定，從五材、五物的展開，加以考察。在這一年中，「東洋文庫」再版了常盤大定氏的《支那における佛教と儒教、道教》，此書初版發行是在一九三〇年，十六開本七百五十頁，另附索引二十八頁。四十七頁以下專論道教，分為道教和道教史兩篇，道教篇下分論道家與道教、成立為道教的一般要素、道教尊奉的形象或對象、道經。道教史的篇下，分為開教時代、教會獨立的時代（南北朝）、教理研究的時代（隋、唐）、教權確立的時代（宋、元及明之前半）。在四十年前的書，今天看來，當然不夠理想，但是今天研究道教的學者，依舊不能不藉此書來做引導。

一九六七年，關於中國古代宗教神話方面的論文則有：池田末利的〈周初の天に對する不信觀について——その宗教思想史的意義〉（《日本中國學會報》十九），

赤塚忠的〈后稷と列子〉（《日本中國學會報》十九），林巳奈夫的〈中國古代の神巫〉（《東方學報》三十八）——此係對長沙出土的戰國時代的帛書中所描寫的十二神，做試探性的解釋。

有關道家於道教方面者，有如下數篇：

（一）大淵忍爾的〈五斗米道の教法について——老子想爾注を中心として〉（《東洋學報》四十九—三、四），他說《老子想爾注》出於張魯之手，是以勸說遵守道誡為主的書。大淵氏另有一篇〈老子想爾注と河上公注との關係について〉（《山崎先生退官記念東洋史學論集》），他說《老子想爾注》與《老子河上公注》之間，有怎樣的關係，從直接的系譜上查考，證據是不夠充分的。

（二）福井康順的〈天師道と佛教との交涉について〉（《山崎先生退官記念東洋史學論集》），他對大淵氏等所說天師道與佛教沒有關係的主張，提出了批判，並且例舉了「思過」、「義舍」等語為證明。

（三）吉岡義豐的〈太平經の守一思想について〉（同上條），他對《太平經》中心思想之一的「守一」問題加以申論，此一思想在老莊、《淮南子》、《抱朴子》的中間，至西元五、六世紀而大成的上清教說，含有此一思想的成分很多。

座東洋思想》第三冊，編出了《道家と道教》。2.窪德忠的全真教研究成果的《中國の宗教改革》（法藏館）出版。3.馬克斯・韋伯（Max Weber）著，細谷德三郎譯出的《儒教と道教》（清水弘文堂）出版。4.御手洗勝的《抱朴子外篇簡注（二）》（廣島大學文學部中國哲學研究室）。5.佐佐木正哉的《清末の祕密結社（資料篇）》（近代中國研究委員會）。6.窪德忠和西順藏合編的《宗教》（大修館《中國文化叢書六》）等。

這一年在新書的出版方面有好幾種：1.東京大學宇野精一等為東大出版會的《講

一九六八年，池田末利發表了〈春秋合理主義の再検討——無神論への疑問〉（《廣島大學文學部紀要》二十七—一），他對《左傳》及《國語》所見的春秋人物如子產、晏嬰等的言行，或者關於卜筮的言辭等的考察，所抱合理主義的傾向，並不是否定和排除正統的祭祀和儀禮。他這篇文章的主要目的是抨擊所謂某些學者們所持宗教性之否定的立場而發。

去年的《老子想爾注》的討論，引起了學界的爭論，因為此書從敦煌發現了六朝時代的寫本，有人說是張道陵所作，亦有說是張魯所作。大淵忍爾為此發表了〈老子想爾注の成立〉（《岡山史學》十九），他指出了《道藏》中的思想以及和本書中的「道誡」相一致的地方，說明了《老子想爾注》是為宣傳五斗米道的教法而作。福井康順發表了〈老子想爾注考——校箋を主題として〉（《早稻田大學大學院文學研究科紀要》十三），他說本書如是張氏一家之作，不曾廣播於後世的理由不明瞭，如係三張的教法，沒有僅誦《老子》五千文而加注的必要，同時，三張的特色是在章符的功能，但在本書卻未述及，餘如本書中的「道誡」的禁制，亦非當時的教團之所要求。並且例舉了本書中的「太上老君」、「道君」等用語，乃為後世之物，此亦謂出於三張之作的疑問點。

尚有內藤幹治的〈老子河上公注の校本について〉（《集刊東洋學》十九）。石島快隆的〈抱朴子の思想史的考察〉（《駒澤大學文學部研究紀要》二十六），這是將本來的老莊思想、漢代的方技家和神仙道家等做比較的同時，來考察《抱朴子》在思想史上的地位。道家的道，是經《呂氏春秋》、《淮南子》而與漢代方技家的各種著述中的宇宙論相結合，發展成為隨順此一宇宙大自然之運行的所謂養生的人生論。葛洪接受了各種傳統的方士道，予以統一而成為道家的道，此一根本乃為結合了方術的宇宙論與人生論。另有宮城教育大學小野四平的〈呂洞賓傳說について〉（《東方宗教》三十二）。

在單行本方面有：1.大正大學石井昌子的《稿本真誥》（大正大學道教刊行會），2.吉岡義豐的《彌勒地藏十王寶卷》（道教刊行會），3.下出積與的《神仙思想》（吉川弘文館）。

一九六九年，宮川尚志發表了〈謫仙考〉（《東方宗教》三十三、三十四），他從謫仙的許多例子中所見謫仙的觀念，那些罪惡感的發生，多少是和佛教的報應說混合之後，所構成的宗教的罪之自覺感，同時指出謫仙思想是反映當時貴族官僚制的社會型態。

窪德忠的〈北周の通道觀に關する一臆說〉（《福井論集》）：過去的定說謂北周的通道觀是北周的國立宗教研究所，而以道教為其主體者；他說這是依據佛教方面的史料所引出的結論，若依道教方面的史料，所得的結論是全無偏重道教的事實了。橫濱國立大學野口鐵郎的〈明清時代の宗教結社と三教〉，在明清時代代表性的宗教結社為白蓮教，由其崇拜的對象看來，是受佛教及道教的影響，再從其構成的態勢來推斷，也混入了儒教的因素。

自一九六五年以來，吉岡義豐和索迷愛（Michel Soymié）合編的《道教研究》（豐島書房），此年已出到第四冊。同時這一年中，窪德忠出版了《庚申信仰の研究・島嶼篇》（勁草書房），吉岡義豐的《道教と佛教第二》（豐島書房）以及《敦煌文獻分類目錄：スタイン將來大英博物館藏——道教之部》（東洋文庫）亦於此年出版。

另有一位天理教大學的澤田瑞穗教授，給法藏館出版了一冊以《地獄變》為名的書。他將佛教的地獄，道教的羅酆、冥府諸神、閻羅王與冥府、鬼鄉、閻王的判決錄、現世和冥界之關係等，做了詳細的敘說，所以此書的副題，又叫作「中國的冥界說」，此對中國的民俗學及道教信仰的傳說和行事，頗足參考。

一九七〇年，在中國古代宗教方面，谷田孝之出版了《中國古代喪服の基礎的研究》（風間書房），此書分成三個部分：第一部為總論，通過喪葬過程及喪服變除，來考察而知服喪並非為了對於死者表示悲哀或同情，而是為了服喪者自身或其所屬的社會集團。第二部分別論述首服（喪冠）、經帶、衣裳、喪履、喪杖等。其次為補編的〈中國古代の喪における兼服について〉，又附錄了〈禮經の儀禮主義——宗教學的考察〉。

以殷之中期的鬼神圖像做為研究對象，則有林巳奈夫的〈殷中期に由來する鬼神〉（《東方學報》四十一），這是從河南鄭州白家莊、湖北黃陂盤龍城、安徽嘉山泊崗等處發掘而得殷代遺物上所見的神鬼像的考察。

這一年的吉岡義豐，為淡交社的《世界の宗教》叢書，寫了一冊圖文並重的、通俗性的《永生への願い——道教》，分作道教的理解、道教的成立與發展、道教與道士的生活、道教的行程。

在單篇的論文方面，則有立正大學的野村耀昌博士，寫了〈太上中道妙法蓮華經について〉（金倉圓照編《法華經の成立と展開》），他將這部道教的經典與佛教的鳩摩羅什三藏所譯的《法華經》做詳細的對比，發現道經抄襲佛經之明目張膽，且有不知經意文句為何之處。

一九七一年度在二十二屆道教學會召開之前，該會已出了第三十七及三十八兩期的會刊《東方宗教》。三十七期內發表了木村英一博士〈道教と中國の思想〉，這是他在高野山大學召開的第二十一屆道教學會上的講演稿。明年第二十三屆大會，預定到他執教的關西追手門大學去舉行。他這篇論文指出了：1.從史實上認定，道教是中國的民族宗教，不是世界宗教。2.儒教、佛教、道教，對於中國社會的支持，各自擔起了怎樣的工作？3.道教思想的性格和中國的知性狀態的關係何在？

金井德幸發表了〈南宋僧道免丁錢について〉（同上）。神樂岡昌俊發表了〈孫

子と老子〉，他說讀了《孫子》，覺得其中含有極深的與《老子》有關的思想，並且舉了好多對照的例證。

三、研究道教的國際會議

本來，我寫本文的動機，只希望把日本的道教學會做一個簡單的報導和介紹，而且我雖為中華書局寫過一部《比較宗教學》，我自己的專門是佛教而非道教，但當我接觸到了許多的資料之後，又覺得應該全部摘要，向《天聲》的讀者們做一番較為詳細的報告了。縱然寫了一萬數千字，仍然未能把歷年來的所有的道教關係的書籍與論文，做成完整的類似索引或要覽式的東西，僅從日本此門學術活動的波瀾中，撈起了如上所舉自以為是值得注目的一個大概。

可是，就我所知，以研究中國道教為主題的，除了日本的道教學會，從一九六八年開始還產生了另一個世界性的「道教學國際研究會議」（International Conference on Taoist Studies）。第一屆大會是在義大利的貝拉齊（Bellagio），由美國學術團體協會（American Council of Learned Societies）做主辦者。一九六八年九月七日至十四日，舉行了一個星期的會議，共有八個國家的十六位學者參加了此一盛會。最初是由「美國學術協會」中產生了「中國文化研究委員會」（The Committee on the Study of Chinese Civilization），至一九六四年五月，從而又有了一個「中國思想宗教小組委員會」（Subcommittee on Chinese Thought and Religion），由哥倫比亞大學的拜來（W. T. de Bary）擔任委員長，以研究中國道教的方法論為主題，因此提案召開有關研究道教的國際會議。籌備這個會議的責任，交由華盛頓大學的赫爾姆·威爾（Helmut Wilhelm）擔起，他在一九六七年五月病逝之後，則由耶魯大學的賴特氏（Arthur F. Wright）肩負完成，在洛克裴勒基金會的支持下，便在第二年如期開會。

現在將那次與會者的名單，介紹如下：

哥倫比亞大學（Columbia University）的 W. T. de Bary

華盛頓大學（University of Washington）的 W. C. Doub

芝加哥大學（University of Chicago）的 M. Eliade

倫敦大學（University of London）的 A. C. Graham

馬來亞大學的何丙郁

巴黎大學高等研究院（École Pratique des Hautes Études）的 M. Kaltenmark

英屬哥倫比亞大學（University of British Columbia）的 A. E. Link
明尼蘇達大學（University of Minnesota）的 R. B. Mather
榮格學院（C. G. Jung Institute）的 M. Miyuki
劍橋大學（Cambridge University）的 J. Needham
倫敦大學（University of London）的 M. Saso
法國遠東學院（E. F. E. O）的 K. M. Schipper
慕尼黑大學（University of Munich）的 A. K. Seidel
麻省理工學院（Massachusetts Institute of Technology）的 N. Sivin
哈佛大學（Harvard University）的 H. H. Welch
耶魯大學（Yale University）的 Arthur F. Wright

他們在七天的會議中，討論了如下的十個問題：

（一）莊子——由 A. C. Graham 氏提出了〈齊物論〉的譯註問題。

（二）後漢以後的道教——由 Mather 氏提出了六朝時代關於名教與自然的論爭之問題。

（三）道教與佛教的相互影響——由 A. E. Link 氏提出了釋道安的般若本體論和

道家的來歷。

（四）道教的救世主運動——由 Anna K. Seidel 小姐提出初期道教的救世主（彌賽亞）運動，來給大家討論。

（五）鍊金術——由 N. Sivin 提出了中國鍊金術的理論和實踐的種種考察為主題。

（六）宋元的道教——何丙郁氏發表了〈宋元之學教〉。

（七）道教的禪——M. Miyuki 氏發表了〈表現於慧命經的道教之禪〉。

（八）道教的儀禮——K. M. Schipper 氏曾在臺灣住了三年多，經常以道士的身分，參加實際的各種道教儀禮，所以他發表的論文都是這個主題。

（九）道教經典——這是就日本學者大淵忍爾氏向該會所提出論文原稿〈道藏之成立〉為中心而做的討論，大淵氏本人未能到會，這篇論文則載於日本國內的《東方學》第三十八輯。

（一〇）研究道教學的現況及其問題之所在。

這個道教學國際研究會議的第二屆大會，本來預定在香港大學於一九七二年召開。現在因為香港大學不能主辦，故由日本道教學會的理事酒井忍夫博士及木村英一博士，通過會長山崎宏博士的研究接洽，已得到文部省的協助，爭取到了主辦的機會。將於明年九月一日至九月七日，在長野縣的茅野地方一家大飯店中舉行為期一週的學術會議，主題為「道教與中國社會」。日本早就預定了參加的人選為大正大學的吉岡義豐、東京教育大學的酒井忠夫、東海大學的宮川尚志三位博士。中國人則有哈佛大學的楊聯陞、香港新亞書院梅貽寶、唐君毅三位教授，以及侯錦郎先生。歐美學者則有巴黎大學的 Max Kaltenmark 教授、哈佛大學的 B. I. Schwartz 教授、明尼蘇達大學的 R. B. Mather 教授、麻省理工學院的 N. Sivin 教授、巴黎大學的 Anna K. Seidel 博士、華盛頓大學的 Jack L. Dull 教授、慕尼黑大學的 Manfred Porkert 博士、法國遠東學院的 K. M. Schipper 先生等。

在現有的名單中，尚未見到臺灣各大學的學者參加，但是，臺灣並非沒有研究道教學的學者。例如寫了《鄒衍遺說考》（臺灣商務印書館）的王夢鷗，出有《先秦兩漢之陰陽五行學說》（鍾鼎文化出版公司）的李漢三，著有《竹林七賢研究》（中國學術著作獎助委員會）的何啟民，《道家四子新編》（臺灣商務印書館）的嚴靈峯，《道家養生學概要》（自由出版社）的蕭天石，尤其是東吳大學周紹賢的《道家與神仙》（臺灣中華書局）。最近還有一位橫濱市立大學的波多野太郎，在《東方宗教》

日本的神祕宗教

一、宗教的修持

春假期間，我正在忙著查資料寫論文，並且兼寫一部《佛學入門》的書，一位日本朋友突然來信，約我面談有關修持的問題。

在我們國內教界的觀念中，似乎日本這個國家是沒有修持可言的。事實上，並不盡然，只因和外界接觸的佛教界人士，都是世俗化了的事務僧，以及在書城中成長的學者僧，至於修持僧以及修持的居士，大多不和外界來往的。我曾見過一僧，在比叡山一住就是十二年，從未下過一次山，下山之後，因自感修持不夠，立即去印度，在喜馬拉雅山中，跟一位印度的大瑜伽師學了三年，回到日本之後，仍以修禪觀為他的專務。

又有一僧，在臨濟宗的妙心寺禪堂一住六年，然後行腳遍歷全國，現在正在致力於出家佛教的復興運動。這兩個人均係受教育之後，由俗人的身分進入佛門，尋求佛道的。和他們談了之後，知道他們的宗教經驗，已使他們把信仰和修持看成了第一生命。

另有一僧，是日蓮宗出身的人，他從長期的苦行之中，已經發了神通，至於他的神通的境界如何，無人知道，但他足不下山，卻能吸引了無數的信徒，為了求其指點迷津或治病而去參拜的人，使他自己也覺得厭煩起來。

又有一人，家住鎌倉，他雖是個俗人，卻以修持為專業，對於任何一位往訪的陌生人，能夠說出他的家庭狀況和職業近況。

又有一個少女，凡有請教她指點的事，只要閉上眼睛三十秒鐘，就可應答如流，所以還被請到電視台去表演。當然，這和修持是不相干的事了。

可是，做為一種大眾的宗教信仰，如果僅有宗教的儀式和宗教的理論，而缺乏實踐的宗教經驗，它便不能引發懇切的宗教信念。今天日本的寺院佛教，雖然仍是日本佛教的主流，但其不能滿足大家信仰的實際要求，已是極為明顯的事實。所以，在戰後的日本，各色各樣的新興宗教便如雨後春筍般地蓬勃起來，這些新興宗教之中，固有投機分子利用宗教的型態做掩護，而來謀圖私人利益的，但其大多數確是本著各自的宗教經驗來開創教門的。最足注目的，他們無不從神祕的體驗開導信眾的實際生活，並且也教導信眾們自己來體會神祕的宗教經驗。例如日蓮宗系的各教派，均以「南無妙法蓮華經」的經題唱誦，來達成任何所要祈求的目的。據我接觸過的信徒，似乎沒人懷疑這個修持方法的可靠性的。

二、佛道甦生運動

從宗教經驗或宗教信念的尺度上說，日本的寺院佛教在世俗化、世襲化、事業化之後，的確已在節節退潮。雖然，寺院佛教的僧侶之中，也不乏反省和自覺的人士，但他們所努力的方向，多著眼於教育文化等的社會福利事業，在宗教信仰的生命線上，仍有無能為力之感。

從日本佛教的演變上看，在鎌倉幕府時代，亦因日本佛教的宗教生命發生了萎縮現象，所以有親鸞和日蓮起而高呼改革，雖然這兩個人均有其獨特的宗教思想，但也均係站在佛教的立場，活潑了宗教的生命，使得信仰的大眾，都能從簡單而懇切的修持生活中，體驗到信仰的可貴。那就是親鸞提倡「南無阿彌陀佛」的他力往生，日蓮倡導「南無妙法蓮華經」的唱題修行，正因其簡單易行、效力易觀，所以一躍而超越了以往的各宗，成了日本兩個教勢最盛的宗派。

到了近世，親鸞的淨土真宗和日蓮的日蓮宗，也由於時間的風化，在宗教精神上同樣接受了退潮的現象。於是，即有一些尋求神祕經驗的人，出入於神佛之間，雖然從佛教的基礎上出發，卻不顧慮是否是和佛教的教理有了出入；好多新宗教的創始者，甚至也將其本身與佛陀同視；更有進而對於佛教採取批判的態度，並以這種態度自稱為佛道的甦生運動！

春假中，那位約我面談的日本朋友，便是這種運動的推行者之一。最初，是在國際性的佛教徒集會中見了幾次面，表明他是真言宗的僧侶，在高野山先後住了八年，而且於高野山大學畢業後，也取得了相當高的僧階，除了最高的傳法阿闍黎的資格未具之外，在真言宗內，此人已可說是中層以上的僧侶了。因為我也曾經打算去高野山住一段時日，所以彼此交往尚稱密切。不久，他又告訴我，他和幾位志同道合的朋友，在一位高野山派大僧正的支援之下，組織了一個「佛道甦生同志會」，其他幾位朋友均係來自不同的宗派，唯一相同的是大家都是僧侶身分，且以振興日本的出家佛教為宗旨，所以他們均未結婚，也將永不結婚，誓以清淨的梵行之身，為佛道的自度度人而做全力的貢獻。

結果，我在欣喜見到日本出家佛教的曙光之心情下，拜訪了他們的本部和僧房，也見了他們支援者和各位同志，他們的確是以虔敬之心努力於他們的工作，生活也很簡樸清苦，一種為了求道和弘道的信念，使他們精進、和諧、親切。此在我到日本之後的三年之中，尚是首次看到的一個小團體。雖然在這之前，也曾參觀過一所由日蓮宗的青年僧侶十數人組成的僧堂生活，也很好，所不同者，日蓮宗的僧侶終將回寺結婚生子，他們這一群則將以獨身生活終其一生。

這次，那位身為佛道甦生同志會創始人之一的真言宗僧侶，約我面談有關修持的問題，我當然是樂意赴約的了。見了面，他告訴我，他們的同志會即將舉行一年一度的定期修行法會，為期二十一天，在這期間，除了僧堂的日常生活的嚴格奉行，主要是在修持一種名為「正座觀法行」的大法，同時每天有一次座談會，由參加修持的全體同志輪流擔任主席，做為研討問題和詢問切磋的中心。他給了我一份日程時間表，要我自己決定哪一天擔任這項座談會的主席。他又告訴我，參加的人都是有過禪觀經驗者，外國比丘除我之外，尚有尼泊爾、泰國、越南、韓國等幾位熟悉的國際僧侶，也都答允了。尤其難得的，是對外國比丘免收會費，他們日本人，每天要收一千日圓的食宿費，二十一天之中，可為我省下二萬一千日圓的會費，而且保證是絕對的素食。

這樣的修行法會，我當然是樂意參加的，我來日本留學的目的，是學問的，更應該是宗教的，故也可說，如此的學習機會正是我所希求的。

三、正座觀法行

進入修行法會的前一天下午，即去報到，並且聽取「正座觀法行」的修持說明，為了接受一種新的經驗，我是極其認真地，聽了也記了下來。現在我再參考他們發行的一本名為《成聖之道》的小冊子所載，關於這項修持法的說明，分條介紹如下：

正座觀法行，即是以正座的方式，來觀諸法實相的一種修行方法之意，目的在於達成知真我、知神、知真理的目的，最高的境域，便是開悟見性而致於神我一體的統一局面。

（一）行的實踐

所謂正座，不必解釋為日本式的跪坐，只要不失威儀，可以隨著各自的習慣而自由採用半跏坐、胡坐、吉祥坐等的方式行之，主要以感到自然舒適而無痛苦不安的坐姿為宜。但是不能採用降魔坐，用這個坐法便很不易得到靈效。

坐好之後，輕合雙掌，自然置於胸前，自然閉起兩眼，不要著意，一切聽從自然。

正座、合掌、閉目，為這項修法的三個基本條件。特別是閉目最為要緊，睜起眼睛的話，不能進入冥想，精神不能統一，效果不會出現。

閉目之後，雖然也有雜念妄想浮起，但比開眼之時容易收斂，從收斂、寧靜，而進入消除雜念、統一精神的階段，修之日久，即可達到渾然與真我相合的地步。

（二）行的現象

這種修行方法，完全是為了適應一般人的體能而設，不用苦苦地每天拜上數千拜來懺悔罪障，也不用忍飢、耐寒、日曬、水淋，道場之中裝有冷暖氣的設備，經常調節在溫和適中的氣溫之下，進行修持。道場中也沒有手執香板的人梭巡打拍，因為在修持進行之中，百人可有百態，不必求有一定不變的坐姿。

由於各人往昔的善惡因緣不同，修持之際，所感所起的現象也各不相同。當在坐著閉目合掌，經過一段雜念的沉澱之後，兩手即會徐徐鬆開合掌的姿勢，而成為左右揮動或上下抑揚，時而平服地垂於兩膝之上，時而再起動作；不唯兩手，整個身體也會前後左右地擺動，時做曲臥狀，時成端坐狀，時如健身操。這種手的動作是為拔除前業，身體的動作是為治療疾病，故有好多人，患了慢性的疾病，醫生皆謂無望痊癒，然在持這個正座觀法行之後，便漸漸地擺脫了病苦的折磨。

當在自然地動作之時，不要用自己的心意去控制它，不要推動它，也不要抑制它。但這絕對不是自我催眠，因在動作之時，意識清醒如常，可以自覺身體的動作，也對周遭的各種音響聽得清清楚楚。可聽到同在道場中修持的人，有的念阿彌陀佛，有的念藥師如來，有的歌唱，有的哭泣。不要以為那些人的音響是魔障，而是由於因緣的不同，故有不同的現象，這種現象是教主通過神界的力量，以與各人有緣的諸神諸佛諸菩薩，分別擔當各人修持的指導而來，當在動作之時，即是此身與神的靈體相通的表徵。

所以手的動作並非全無意義，往往是極有規則的各種手印的結構和種種方式的禮拜，這些手印大多可從佛教的畫像之中找到依據。有時，行者的口中可以自然說出其他國家的語言，但卻不是行者曾經學過的語言；有時可以唱出自己從未聽過的外國歌來；有的能夠清晰地見到美麗莊嚴的神祕世界，好像在看彩色電視般地看到諸神諸佛諸菩薩；或者也可聽到假自己的口舌，說出諸神對於自己的啟示。

這樣的修持法門，共分六個階段：1.單純的開發靈性的階段，2.消滅罪障的階段，3.成就所願的階段，4.探求真理的階段，5.求道與濟度的階段，6.成道不動或安住於無上菩提的階段。

不用說，要達到最終的階段，須經過長期的修持、不斷的修持。

（三）行的功德

修了「正座觀法行」的人，對於肉體而言，能使細胞的組織變化，皮膚綺麗；內臟的機能變化，促進健康，也即是體質的改善。有病者治病，無病者長壽。活潑精神的機能，使得思考敏捷、行為正確，促成性格的變化。對於心理有煩惱苦痛的人，可使之平靜正常而趨於淨化。所以，這一修持方法能為人們帶來健全的身心和清淨的氣質。更能使得行者的靈體進入淨化的同時，拔除往昔的宿業，糾正惡因緣使不再降臨，奮發靈格的級級向上。

不但能為自己治病，兼能為他人以加持力治病；能夠親見諸神的現前，親聞諸神之聲，獲得天眼及天耳等的神通。在諸神的如實教導之下，從正座觀法的修行之中，能夠所願皆成就、增進健康、福德圓滿、生業繁榮、即身成佛。

（四）行時的注意事項

1.進入道場之前，先當除去眼鏡、手表、指環等一切飾物。2.進入道場門口時，合掌問訊，就位席地而坐之先，當向曼荼羅或神像以兩掌互擊兩次一禮，坐下、閉目、合掌。3.不要著急周遭的音響。4.行中的手印等動作，沒有一定的意義可言，不用思考它。5.沒有尊師的特許，不得獨自於家中修持，以免變成低級的神媒神巫。

（五）行者的日常生活

二六時中，朝起夜寢等的日常生活，無一不是修持的環節。人們在日常生活中的大小過失，經常不斷，應當時加警惕反省和糾正，致力於人格的完成，從小悟的累積，加上正座觀法的修行功德，便可日漸達到最高悟境。

四、畢竟是外道的宗教

我們從其所標神佛不分的觀念看來，便知不是純粹的佛教，但它能有一套方法，使得正統的日本佛教僧侶們來接受和奉行，必然也有它的原因。所以，我在聽完修持法的說明之後，雖想立即離開，經過考慮，還是留了下來。

第二天上午十點起，我和幾位外國比丘，跟著大家照其說明的方式進入道場，因我除去了近視眼鏡，只覺得前後左右都坐滿了認真修行的男男女女，加上一坐下來就把兩眼閉上，場中的景物一點印象也沒有。然於合掌端坐約十分鐘之後，兩手開始動了起來，身體也搖擺扭動起來了，在兩個小時的修行之中，身心感到極其輕快，我從未學過密教所用的手印，像我國焰口中的好多手印，我雖看過，自己卻從未做過，在這個神祕的道場中，我竟不由自主地連續做了十多個手印，其中一個藥師如來印出現後，竟能維持十多分鐘，身心舒暢異常。有的手印在結成之先，會經過七次或二十一次的手勢旋轉。其中有一個手印出現時，眼前見到一片金光。但這絕對不是催眠，更不是夢境或幻覺，而是意識分明、清清楚楚地。

當然，正如在修持法的說明會中所聽到的，在我的周遭，各種各樣的音響都發生了，那些音響對我，雖覺得不習慣，但卻沒有厭煩刺耳的感覺。

經過一次體驗以後，何以能使正統的佛教僧侶，走進這樣一個旁門左道，原因是正因為正統的佛教之中，沒有這種神異顯著的捷徑可尋。

另外幾位外國比丘，初以為這是禪觀行的一種，當他們試了一次之後，除了在道場中見聞了種種的奇形怪狀和哭笑啼唱，什麼也未得到，所以都掉頭走了。

我為了追究佛道甦生同志會和「正座觀法行」之間的關係，故又留了下來，參加了當天下午的座談會。

座談會中先由一位前面已說過的臨濟宗出身，並且修行了六年禪定的僧侶，報告他由信仰佛教，修習禪定，甚至吃過 LSD 等數種求取神祕經驗的藥物，但均不能使他滿意，結果在偶然的機會中，接觸到了「正座觀法行」，才覺得找到了真正的修持法門。因在他的經驗中，過去的參禪，僅能感到生活的清苦和修持的謹嚴，卻未感到身心的愉快，那種修持生活枯燥而不見陽春白雪的生命氣息；雖然從公案和《十牛圖》的追索中，略知禪宗古德的心胸，但總覺得那和自己是兩回事。當他接觸到「正座觀法行」之後，則覺得常有和諸神佛菩薩之間直接交通的感受了，所以他以全心接受了這個行法。

接著他們的支援者，也是高野山派真言宗的一位大僧正，問我的感受如何？我把正座時發生的種種情形，告訴了他，他顯得極其高興地說：「有人坐了數月也不見一點異象，你在十分鐘之後，就發生了靈驗，畢竟是修持有素的比丘了。」後來知道我曾在臺灣的南部山中，閉關修持過五年多，他才說原來如此。於是一定要我在第三天的下午，主持這項座談會，希望我說一點在山中修持的經驗給他們參考。但他依舊肯定地說：「在今天，這個世界上，再沒有比這正座觀法行更好的修持方法了。」他承認在高野山學的密法，除了儀式和誦持，並不能立即見到成效，正座觀法行卻大不相同。

在我的追問下，他們便將一個叫作「大元密教」的新興教派說了出來，同時給了我幾冊這個教派所出的書籍。我仔細地研讀之後，對於這個佛道甦生同志會，愈來愈覺得和正統佛教的距離遠了起來，因為他們所要甦生的佛道，即是大元密教之道，大元密教卻是一個日本土產的神佛混雜的外道宗教，假如真的由大元密教代替了佛教，釋尊所創的佛教也就滅亡了。

五、大元密教

所謂大元密教，在日本各新興宗教之間，算得上晚起的一派。是由一個名叫小島大玄的商人，於突然間，對著一個來訪的婦人，兩手自然結成慈悲說法印，又結了法界定印，口中宣稱：「吾濟度汝等。」當時的小島大玄已五十多歲，在他以往的經歷中，據說僅是一名商人，和宗教了無關係，但在那位婦人面前，結了兩個手印並說了一句話，使得那名婦人和另一位同時在座的僧侶，都發覺小島大玄的相貌散發著金色的光芒，神祕莊嚴如神如佛，所以不期然而然地感激流淚，身不由己地向他一次又一次地合掌禮拜起來。這是發生於昭和二十七年（一九五二年）十月十五日午後二點的事。

此後的小島大玄，每晚於深夜二點，自然地起床，於寒冬之際，僅穿一件睡衣，端坐兩小時，許多的神佛菩薩，在他面前交互隱現，各各為他說法指點，如此連續達十四個晚上。以後，大約在一年之中，無數的神佛菩薩，均於夜間為他現相說法。他把這些教說，加以整理筆錄之後，竟然條理井然地構成了他的一家之說，雖有許多地方和正統的佛教相違，卻也有好多地方的名詞及涵義，和正統的佛教相同。

到了昭和二十九年八月十五日，小島大玄即以神示而設立了曼荼羅，開始了傳教的活動。他不承認與正統的佛教相應或相背，他以他的信仰是「神的親自教導」，是「神自己所說的祕密之教」，稱為大元密教，他的根本主神是「大元太宗大神」，這尊大神是形成大宇宙的根本力量，是森羅萬象一切靈體的總合體，是大元的靈體。大神不是救世主，而是製造救世主的元靈，由萬靈神格化了的諸神佛菩薩，都是他的眷屬，所以，奉祀這尊「大御神」，便等於奉祀了一切的神佛菩薩。小島大玄本人，是神和人之間的媒介，但他本身即代表了根本大神的地位，而在人間開設了大元密教，他是教主，他是神，他也是佛。佛道甦生會的人，即以小島大玄的話，稱為「佛陀的話」。

其實，如要追查這個大元太宗大神的歷史背景，和中國的道教所稱太上元始天尊有關，早在日本的中世時代，即有以「大元神」為森羅萬象的根本元靈、為絕對最初的神，亦名大元尊神或虛無大元尊神，被信為宇宙的統一者，是神中之神。這不過是當時日本神道信仰的一種，但在目前出現的這個祕密教派，已參考了印度教、佛教、道教、基督教、伊斯蘭教等的觀念，所以看來似乎有些新鮮。他把一切的神佛菩薩，納之於大元神下，故也有統一一切宗教的企圖。

遺憾的是，站在正統佛教的立場，根本否認有個神中之神的宇宙大神，佛教的基本思想「緣生性空」，不把宇宙看作實有，也不以為宇宙本身有一個統一的神格之存在，一切現象的活動係基於眾生的業力而產生，所以佛教是無神論者。大元密教，充其量是個幻現於生死道中的外道教派而已。

正因為這是一個外道教派，它雖想把佛教置於大元密教之下，事實上也真的收納了正統的佛教僧侶的依附，但在理論上是不能為佛教所接受的。所以，由小島大玄所說的生死輪迴及涅槃等的觀念，和佛教是不相應的。他雖以《心經》做為每天必誦的無上教典，卻把四聖諦、八正道、十二因緣等的定義，做了歪曲的解釋。

當然，站在宗教的立場，我們不能一口否定大元密教的化世價值，更不能說那是騙局，像這樣的宗教現象，在世界各地的每一個時代都可能產生，但我們除了把它視作民間的低級信仰之外，不必用佛教的立場來衡量它。類此的宗教現象，在我們國內也經常會碰到，只因沒有重視它，甚至是被政府禁止活動而未抬起頭來。

六、佛道甦生的前途

我對於日本朋友們的懇切虔誠、精勤以赴的求道精神，實在感佩，然在「佛道」二字的定義上，仍不得不和他們展開辯論。日本人是相當坦誠的，凡被我指摘之處，他們無不點頭稱是。他們自己也覺得，要想把原有的正統佛教思想來配合大元密教的教義，是很難行得通的。比如真言宗的大日如來和大元密教的大元太宗大神之間的格位關係，是一呢？是二呢？實在不易辨別。

結果，我勸他們回到正統佛教的本位，來從事出家佛教的復興運動，也唯有如此，才有光明遠大的前途，否則，不過是背棄了佛教，投向外道的陣容，還談什麼佛道的甦生。他們聽了，也均頷首稱是，無奈他們對於大元密教的所謂「正座觀法行」已經入了迷；所以告訴我說，他們不能沒有那種修持的方法做為精神的依持，但他們將考慮在思想方面做更進一步的融會。其實，任其如何融會，外道畢竟仍是外道。因此，我在參加

日本宗教的過去和現在

一、新興的日本宗教之成因

數月前，讀到祖國寄來的幾種佛刊之中，對於日本的創價學會，刊出不少的文字，當時很想執筆把日蓮宗、日蓮正宗及創價學會的淵源和區別，加以說明和報導，但恐引起國內誤會和論戰，所以沒有動筆。

我目前在日蓮宗的立正大學大學院，所接觸的多是日蓮宗的著名學者，但他們從不批評其他宗派，也無意說服任何宗派的人變為日蓮宗的信徒。我的指導教授，也是立大的校長坂本幸男博士，就曾當著各國留學生的面宣稱：日蓮聖人生於距今七百四十八年前的鎌倉幕府時代，由於當時的人心，才有那種言論和行動，用以挽救時弊。假如他生於今天的日本，他的思想就可能不是這樣了。菩薩化世，應病與藥，因緣活用，不可執著。可見日蓮宗學者的態度，並無「折伏」的色彩。

現在，我也不想做糾正的文字，僅想就事實的資料所見，把日本宗教的時代動向，為國人做一概略的介紹。因為我國教界的人士，不論曾否到過日本，曾否在日本考察旅行，乃至留學數年的人，殊少介紹日本的近代佛教，有的勤奮而可佩的師友，雖已努力於日本近代佛教的注目，但是寫得恰如其分的，終究不多。其中最具代表性的一部鉅著，便是東初老人的《中日佛教交通史》，特以一章計三十八頁來介紹〈近代日本佛教研究之發展〉，關心日本近代佛教的人，均應一讀。

至於我，未來日本之前，看了若干日本佛教的文獻，便覺得自己對於日本佛教已知曉得不少；當我來了日本之後，發覺自己對於日本佛教的認識不過是一知半解而已。今天我在日本已住了二十個月，竟然發現自己對於日本佛教幾乎是一無所知了，因在我的書架上擺著很多日本近代佛教的資料，大多僅在蒐集之時，翻檢了一遍大致的內容。那些內容以前是很陌生的，假如不準備加以整理和寫成介紹性的文字，它們對我可能永遠是陌生的事物了。

由這「不識廬山真面目，只緣身在此山中」的體驗，也使我聯想到佛門師友間經常掛在口邊的一句話來：「學佛一年，佛在眼前；信佛十年，佛在西天。」此話並非用來譏諷道心不增反退的，而是用來說明初入佛道的人，對於佛法略窺消息，便以為已見佛道的全貌，甚至以為自己業已成佛作祖。但當我們假以時日，真正地切實用功鑽尋之後，始知普通人成佛，要經歷三大阿僧祇劫的長時間中，廣作方便，增福修慧，行菩薩道，通過五十二個菩薩階位，最後方能成就悲智雙圓的佛果，所以要說自己未見佛、未成佛，若想現前見佛，最好的方便是求生西方極樂淨土，面見現在正在彼土現身說法的阿彌陀佛了。

因此，以我留日僅僅二十個月，並且我也不是以研究日本的近代佛教為主的，要我非常明朗地介紹日本的近代佛教，並不容易。

在國內教界，對日本佛教存有兩種偏差的看法：一種是全面肯定的，認為今日要談佛學或佛教的前途，除了向日本學習，便無他路可走，從佛教教義的學術化乃至寺院生活的世俗化，均抱著「捨此莫由」的一面倒的心理。另一種是卑視和反感的，認為日本佛教原來傳自中國，而其竟然數典忘祖，不但脫離了中國佛教的行解並重原則，甚至也藐視我們中國佛教的遺範宏規。

其實，前者屬於自我否定的自卑心理，後者則出於自我欣賞的自尊心理，兩者均非健康的現象。

事實上，佛教在印度，佛滅百多年後，即分裂為大眾部及上座部，此後南印、中印、西北印度的佛教也個別發展其特長。由印度經西域，再由西域傳至中國，西域佛教不全同於印度的，中國佛教也不同於西域的。可見，由於時代及地區的不同，佛教的外貌（事相）即因之而改變，那麼，中國佛教到了日本，即行變質，乃是必然之理。比如中國的天台宗與密宗並不相攝相成。可是，日本的天台始祖最澄傳教大師，他到中國期間，固然傳了天台七祖的法統，卻也在善無畏及金剛智的法孫曉順阿闍黎座下受了密法灌頂，以致最澄返日之後，即以台、密、禪、律四宗並傳而創天台一派（參閱拙著《世界佛教通史》上冊四三五頁）。因而，日本的天台宗自始即與中國的不同。順便一提，國內佛刊抨擊的「日蓮宗」，便是由天台宗徒分裂出來的。

日本佛教的演變，也有點像中國的佛教，經過漢魏兩晉南北朝的吸收翻譯，到了隋唐時代，即就中國本位文化的特色，發展成熟為中國型態的佛教。日本則自繼體天皇即位第十六年（西元五二二年，也就是我國梁武帝普通三年）始有佛教傳入，後來經過飛鳥時代（西元五四○—七○七年）、奈良時代（西元七○八—七八一年）、平安時代（西元七八二—一一九七年）的流傳，到了鎌倉時代（西元一一九二—一三三三年），才真正地產生出以日本本國民情為主流的日本化的佛教。

首由天台教徒源空法然上人（西元一一三三—一二一二年）脫離天台宗而創「專

修念佛」的淨土宗，但他尚是比丘；然而依源空之教專修念佛的另一位親鸞上人，卻因被政府判處流刑的教難期間蓄了妻子，成了非僧非俗，自稱「愚禿」，他的代表作是《顯淨土真實教行證文類》，共六卷，自他五十二歲至七十五歲的二十四年間，不斷地修訂，方告大成。因此，我在《世界佛教通史》上冊四六二頁，對這部書做過如此的評價：「一般人以為源空與親鸞的宗教思想，都很平易淺近，實則，他們在實踐方面固然極為平易，是所謂易行道。但其宗教的體系，絕不平易，乃係經過信解行證的思想歷程而產生的。所以，如果缺乏準備的知識，要想理解親鸞的這部大作，殊不容易。」親鸞雖有妻子，他自己也不以比丘身分自居，但他絕非沒有修證經驗的人，所以他能感化當時，影響後世者極深，他創的宗派便是淨土真宗。

稍後，又出了一位日蓮（西元一二二二——一二八二年），宗崇《法華經》，主倡「南無妙法蓮華經」，以代表釋尊的一代時教，並以唱誦經題為一切行持法門的最上法門。在此必須指出，佛教在中國，各宗派之間雖也時有法義之爭的論戰，但終未見訴之於武力或暴力的事例，然在日本，舊宗與新派之間往往會由於所見的不同，而糾結了政治的武力施以殘酷的迫害，或者參與地方的黨爭，利用地方武力對付異己的宗派。親鸞受迫害，日蓮也受迫害，尤其是日蓮的精神，在某些場合，倒有點像基督教的耶穌或伊斯蘭教的穆罕默德，往往激情奔放，不顧一切威勢權力的壓制，依舊宣揚他自己的主張。當然，也唯有真正有了宗教經驗的人才能如此，所不同者，日蓮終其一生，仍是比丘的本色，行頭陀行而仍博涉內外群籍，鑽究三藏，功力尤勤，我們從數百萬言的《日蓮聖人御遺文》或《日蓮聖人全集》中看，他所注目的問題著實可觀，絕非一般的僧人可與之相比，他的確是一位行解並重，並且是確有所證的一位高僧，故在他的生涯之中，留下的神蹟傳說也不少。因此，我在日本走了一大半地方，日蓮之受崇拜，已出乎我意想的隆盛。在山梨縣的身延山，離開都市甚遠，由於該山是日蓮宗的大本山，因而繁榮起來，國家特闢一條命名為「身延線」的鐵路，直通該山腳下；在東京的池上，由於日蓮在該地入寂，如今也成了日蓮宗的第二聖地，故也特闢一條鐵路，命名為「池上線」。另在神奈川縣的鎌倉古都，日蓮宗的寺院有十多所，在伊豆半島的伊東地方，也有十多座日蓮宗寺院，本為日蓮被流配到該地服刑的，如今卻成了名勝，並在觀光巴士上可以聽到導遊的車掌小姐娓娓地講述日蓮的故事。到九州的福岡縣，在博多市的公園裡，也塑有一座高達數丈的日蓮銅像。據說當元朝發大軍攻打日本，在博多登陸，日蓮未去博多，博多的人卻見日蓮出現以暴風擊潰了元軍，所以該地也成了日蓮的聖蹟所在。事實上，今天的日本，在七千二百三十三萬一千多人的佛教徒之中，屬於日蓮一系的，即占了二千七百二十一萬四千多人；至於親鸞系下的則為一千三百零七萬九千多人，尚不及日蓮系的人數的一半。原因是日蓮比親鸞更像是日本人，日本人崇拜日本人，乃是理所當然的事。親鸞提倡專修念佛，念的是阿彌陀佛，原則與中國的淨土宗無異；日蓮主倡法華經題，與天台宗的止觀法門的修持方法完全是兩回事，乃是他的新創，所以日蓮宗比起淨土真宗來，更加日本化。

日本新宗派的產生，和中國的大、小乘十三個宗派的發生，其原因也不全相同，中國宗派的產生是由於各種經典或論典的專一發揚，或如禪宗之不立文字，教人直探各自的也是宇宙共同的本源性海。這與宗派間的教儀或教團生活的如法與否，不甚相干。但在日本，新宗派的出現，往往由於舊有宗派之與世俗的權勢結合，流於俗化及腐化，便有真正的宗教家出來，呼籲新的觀念及新的風氣，同時也批判舊的觀念及舊的風氣。正由於新舊交涉之際的矛盾衝突，新宗派的萌芽時期，必然會遭受到舊宗派的迫害，舊宗派在道德墮落、生活腐化之下，已不能恪守佛陀的遺教，所以往往出諸於卑劣的手段，糾結政治勢力來打擊新宗派的新人物。但是，像親鸞及日蓮等人，均因本身確有所證境界的宗教經驗，所以對其自身的信念極其堅固，不拒任何打擊犧牲，並且愈挫愈堅、愈堅愈奮，這就引起了一般大眾的同情和風從，因為宗教的信仰是不可用政治勢力來干涉的，否則，最後的失敗必然是利用政治勢力的一方，同時，當一個新宗派受到政治權力的迫害之後，其對民間的吸引力也必急速上升，此正是所謂相反適相成的道理。

再者，當新的宗派勃起之後，舊的各宗派見到大勢已去，為了自求生存，必在各派的內部引起反省和改革，其結果，又是相反適相成。舊宗派促成了新宗派的興起，新宗派也推進了舊宗派的復活。因此，雖有新宗派的繼續出現，舊宗各派仍能繼續存在，縱然彼此之間有盛衰的不同，但到目前為止，日本自有佛教以來的諸宗派，尚未有一個滅亡的例子。

時間是毫不容情的，數百年前的新宗派，到了數百年後，照樣也成了舊宗派，也和所有的舊宗派一樣，道德墮落、生活糜爛漸漸地變成了一種風俗習慣，失去了維繫宗教情操的宗教信念。這是佛陀老早說過的世間相「諸行無常」的寫實。因此，在明治維新之後的日本，社會觀念及人民的思想均受到歐美的強烈影響，發現歐美的新宗教人物，大多紛紛脫離舊日的、專權的、腐敗的教會而各自獨立成派，乃至不信教會而自行對《聖經》崇拜，這一點對日本的若干宗教人物頗有啟發作用。再基於江戶時代德川幕府（西元一六〇三—一八六七年）所遺下的所謂「檀家制度」的不合理，該一制度是為取締基督教徒藉教會的發展而行謀叛幕府，造成日本殖民地化的陰謀，而使全國人口均入寺院及神社的信徒組織之中，無異是扼殺了人民信仰宗教的自由。因此，站在新時代的日本本位立場而出現的神佛混合，或者以佛教為基礎的新興宗教，便如雨後春筍了。

二、主要的新興宗教

日本新宗教的形成，有三大歷史的背景：第一，是在江戶幕府末期，封建制度之腐蝕人民，民間自覺精神的反省，不敢形之於實力的抗爭，故潛之於民間信仰的整理與發展，以求身心的慰藉和救濟；到了明治初期，天皇即是神之化現的思想高揚，江戶以來形成的儒學勢力即為之下降，唯一神權的觀念及期求之熾盛；明治以後，在物質建設的現實生活方面，日本力求歐美化，以期改善現實的人類生活。由此三個因素的激盪，便產生了許多新的宗教信仰。但此三種因素，雖係日本的時代產物，卻未必能與封建的日本政權相融，故在第二次大戰之前，各新宗教幾乎均曾受到政府的彈壓、取締、禁囚等所謂的「法難」。

各新宗教的創始人，大多均有各自的宗教經驗和宗教思想，所以，不論如何地受到政治權力的壓抑禁止，仍能不屈不撓，繼續他們的傳教活動。到了日本戰敗，美軍占領期間，促使天皇自己宣布，他也是人而非神，同時也像美國一樣許可宗教信仰的自由發展，只要不是危害社會人心的淫祀魔說，凡是宗教團體均可受到法律的保障。例如昭和二十六年（西元一九五一年）政府公布了「宗教法人法」之後，遂有「新日本宗教團體聯合會」之成立。但此聯合會中，僅含有立正佼成會、ＰＬ教團、世界救世教、生長之家教團、唯神會、天崇教、修養團捧誠會、天真道等八個團體。此外尚有大本教、圓應教、三五教、天照皇大神宮教、天理教、人道光德教、金光教、黑住教、靈友會、孝道教團、佛立宗、法師會、妙智會、佛所護念會、妙道會、國柱會、創價學會等。若以它們源頭系統而言，大致可分作山岳信仰系、日蓮教系、真言密教系。但其不論哪一教派，總會含有一點佛教的色素在內，正像中國的白蓮教、一貫道、先天、龍華、金幢各教派一樣。

現在，除了創價學會及立正佼成會以另節介紹之外，先來介紹幾個較為著名的新教派如下：

（一）天理教

此教的創立者，是一位女性，名叫中山みき（西元一七九八——一八八七年），出生於農村社會，十三歲時就嫁給了二十三歲的莊稼漢。當她四十一歲之際，兩個孩子相繼死亡，長男又患了惡疾，她便像當地其他的婦女一樣，去向山間的修道者祈願，那些修道者實際上就是神巫或靈媒，也可稱為巫女。中山みき由此而進入巫女之門，有時也代理巫女為人治病，終於也使她自己成了靈媒，但她也變成了精神異常的病人，使得夫家的經濟陷於困境。當她丈夫一死，她便放下家庭，一心致力於神巫的工作了。

到了中山六十一歲之際，傳出了好多種咒術及符籙，協助農產、除病、驅蟲，乃至「無肥多收穫」的咒術等，這在農民群眾之中，非常受歡迎，但到此時，仍未見有教義的理論，直到中山七十歲時，才用「數數歌」（一種歌詞之依次各節均帶有數字）的民歌形式，說出了她的宗教理念及宗教道德。唯其本係巫女，致在她七十六歲時，仍受到警察的取締，活到八十九歲才去世了。

由於中山みき在未成為靈媒之前，和淨土宗的信仰比較接近，同時加入了一些民間信仰的神鬼傳說，對於神佛的觀念並無明確的認識可言。但也因此而構成天理教的混雜信仰，信南無阿彌陀佛，信轉輪王，信中國民間信仰的十殿閻王，唯將十殿閻王名為十柱神，第十位名為轉輪王，由轉輪王改升為「天理王」，又為「天之將軍」，即以天理王做為她的信仰中心。又將「南無阿彌陀佛」六字各配十柱之王，成為六十花甲之數。此乃效法十干十二支的配合，也是受了當時日本民間信仰之以大日如來及藥師佛配置源助星及斯巴爾星的影響而成。

事實上，天理教發生於農民群中，也只流行於下層社會，若要追問其教理如何，實在已屬苛求。但由一位老巫女而能創立一派宗教門庭，當也不無有其價值，例如她在一五一三的數數歌中，說到：「道者，要愛惜期求，貪欲和高慢是塵埃汙垢。」人類應當避免陰謀、瞋恨、怨懟，造成一個無病、無死、無怯弱的理想社會。此等訓語，並非無理。故其今日的信徒已達二百二十萬人，總部設於奈良縣山邊郡，並辦有天理大學。

天理教著重現世利益的安慰，主要可由其信徒之來源中發現，約有十分之七，是因求治病有驗而成了她的信徒。故其前途之不會遠大，乃為必然的結果。

（二）黑住教

黑住教與金光教，同在江戶幕府末葉（一百年前），出現於山陽地方，到了明治時代（西元一八六八—一九一二年），即與天理教等成為日本的神道系的新宗教。迄今已有一個半世紀的歷史了。

黑住教是以它的創教者黑住宗忠的姓氏得名。當黑住三十五歲時，患了嚴重的肺病，自覺死期將近，死後即成為神，並且立志要救世人的病苦。於是在當年冬至的早晨，向正在由東方升起的太陽禮拜，虔誠之心使他體認到自己的生命，原和太陽及天照大神（日本的開國神）為一體的神祕經驗，由於宗教經驗的啟示，自覺已負有「天命直授」的靈力，不久便克服了他的病患，同時也開始了傳教的工作。

由於黑住宗忠原係一位鄉村的神官，所以他的信仰基礎便是他的神宮內所祀的天照大神、春日大神、八幡大神，最高者為天照大神，故其宣說天照大神的神德，基此神而為人類治病、開運的祈禱和咒術。這也就是黑住教之教義的表現成為現世利益的方法。他以為天照大神（即是太陽神）即是創造宇宙和生育萬物的神，人類便是此一大神的一部分。所以，凡人均應委賴於此神，禮拜旭日而吸取其陽氣，以此陽氣入腹之力達成人神合為一體，以健康自己的身心，繁榮各人的家業。

因在整個天照大神之神德的範圍之內，乃應遵守誠、無私、勤勉、感謝，並尊重既成的秩序。其實這些均係日本封建制度下的德目而已，故其對於當時封建的藩士以及既成的舊宗教間的衝突，未見尖銳化，倒是醫師、祈禱師及法華信仰（日蓮宗）的僧侶等，對黑住教的治病活動予以指控和非難。

這是在日本封建制度下成立的最後一個較大的教團，原則是「尊王」思想的產物，幕府末期，民間厭惡藩政，而起王政復古的運動。黑住教以天照大神為唯一神，結果有明治天皇的廢除幕府，因此，黑住創教不過是順應時流的一股神祕之風而已。正由於此，在明治初年，對於日本的「神道國教化」、「神道國民教化」之政策，黑住教的貢獻很大，所以它也是神道教派之中，從政府獲許獨立得最早的一個。它是封建制度的副產品，致到第二次大戰，日本投降以來，黑住教已不受新的潮流所重視，不得不設法改變方向了。但我相信，終將逃不出被自然汰除的命運。

（三）金光教

金光教與天理教、黑住教同屬於神道信仰者，尤其與黑住教的相似處最顯著者，乃為對於天皇制度的重建，所謂尊王攘夷的民眾教化方面，均有不少的汗馬之功。雖然，黑住教成立於西元一八一四年，天理教成立於西元一八三八年，金光教成立於西元一八五九年，然而，到了明治五年（西元一八七二年），「黑住講社講義條目」始獲政府的公認，明治三十三年金光教才被政府公認為獨立的宗教。所以金光教也僅是皇政復古的民間產物。

金光教的教祖，是自耕農出身的川手文治郎，當他四十二歲時，因患嚴重的扁桃腺炎，祈求金神治療，金神乃係陰陽道系的神，做著週期性的遊行人間，如果不知其遊行的方位而觸犯了它，它便成為你的惡神，否則便是保護人類的善神和大神。川手本來對於佛神均有深度的信心，但對此金神之可善可惡感到懷疑而苦惱。結果，通過神媒，解說了金神即是大地的祖神，是愛之神，是生之神，名為金光大神，信徒們對之稱為「金子大明神」，它生育大地，人類也皆是它的化育所成之「氏子」，相當基督之稱人類為神的子民。川手氏由於祈求金神，而理解了金神，並且將此信仰傳給了許多的人，所以得神之許可，也有了神的名號。他的信徒以中下層的農民為主，以治病、消災、農事問題之商量及個人困惱問題之開導，為其信仰的中心工作。故其目前的信眾，也不過十多萬人而已。

（四）ＰＬ教團

這個教派的名稱，用兩個羅馬字母代表，看來似乎是由近世西洋輸入的東西，實則不然。此乃由於明治維新後，歐美之風東襲，自由、民主、平等的口號，也被亞洲人所樂道。此一教團便用時髦的英語「真正的自由」（Perfect Liberty）的兩字的字頭為其名稱。

在我國的民國初期，有一位蔡元培先生，曾經發表過以藝術代替宗教的理論，此一構想之是否正確，姑且不論，蔡元培徒有言論而未見其實現，未免仍是紙上談兵而已，因為蔡氏並無計畫如何使得藝術形成宗教而取代宗教。然而，在我們東鄰的日本，已經有把宗教藝術化的工作做成了，這就是現在所要介紹的ＰＬ教團。

ＰＬ教團之成立，雖晚在昭和二十一年九月，但其源頭則為成立於大正元年（西元一九一二年）的「德光教」，德光教是由其教祖金田德光之名而得名，因為當時僅以大阪的商人群眾為對象，正好趕上第一次世界大戰的好光景，為信徒們在買賣上的振作及身心上的病痛，向神祈願，故其亦為現世利益主義的小教派。因為金田德光，本為商人出身，他曾在高野山及葛城山等處修習密教，又曾向役君小角之流派者學習神教的修驗道，所以他的宗教思想，也成了密教和神道的混合物。他以日本的天照大神為密宗的大日如來之顯現，這原係日本中古時代神佛合一思想的餘習，不足為奇，他則給予哲學理念將大日如來的化現者天照大神，視為宇宙的原理，森羅萬象的內在者，即是此一佛神合一的「大元靈」，它是一切的根源、大自然的靈力，人當對之禮拜祈禱，便受其加持呵護而得平安順利。

可是，到大正八年，由於五十七歲的金田德光之死而解體，他的弟子御木德一及御木德近父子兩人，便另組「人道教團」。從該教團共計二十一條的教訓之中，明白其仍以大日如來——天照大神——日神為其中心的信仰，且將教祖自身視為神人合一，體現神的神祕之力，視教祖為神的化身，代表神的權威。但此教團到了昭和十二年，由於日本政府走上了軍國主義路線，且以天皇為天照大神的神化，該教教祖之被視為神的化身，便觸犯了天皇的權威及天皇制度的一神信仰的觀念，故以「不敬」之罪遭受「法難」，並被指稱為淫祀。

然而，直到戰爭結束，第二代教祖御木德近，被釋放出獄之際，由於天皇不再是神，日本的社會及個人的精神生活均呈虛脫狀態，要求自由的空氣也極濃厚，到了昭和二十六年，漸次形成了「真自由教團」的ＰＬ，仍舊沿用人道教團的二十一條教訓。另外加入了時代的產物「一切均為世界之和平」，並以祈求世界之和平為其主要目標。

ＰＬ教團之成為藝術化的宗教，因其不像佛教及基督教之有重視「生死」問題，尤其不談「死後的世界」是如何，僅著重現實人間的美化，例如御木德近的隨筆集即以「人生是為藝術」題名。目前，該教的大本山所在地羽曳野地方，已被造成了類似中南美洲的新都市那樣地前衛派藝術化，混合各民族、各宗教、各時代的藝術設置，使你看了確能領會到「人生是為藝術」的意味。

ＰＬ教團也同所有其他的新興宗教教派一樣，沒有體系繁瑣的所謂神學，更沒有神學的註釋書，所以與其說它有關神的理論，倒不如說它尚有一些關於人的生活的理論。它以為一切均依神而存在，但要它說明神之存在及絕對性的理證，乃是沒有的。他們所信的「大元靈」，是現世萬物的創造主，自然和人類均為神的藝術品，唯其神的藝術，須藉人的藝術之實踐而被表現出來。因此，人應專心一意地就著神旨而發揮個性，充實每天的生活，如此，便能從疾病、苦痛、災難之中解放出來，生活於真自由中，斯為藝術化的人生。

ＰＬ教團不贊成宗教的修練，以為那是明確的迷信，但也不服從現代的科學，以為如果盲從科學，便又自陷於科學的迷信。

但此仍不出日本的民間信仰。日本崇拜天照大神，ＰＬ教團即以之化為大日如來，且視為法性真如，唯其另加一個「大元靈」的名稱。日本民族的神道，實即是祖宗崇拜，因此，ＰＬ教團訓誡信徒們：必須崇拜大元靈，禮敬金田德光、御木德一、御木德近等之教祖，也得崇拜各人自己的歷代祖靈。教主御木德近，乃是人神之間的大元靈的垂示，比之以報身的如來。又因日蓮宗盛行「法華曼荼羅」（以「南無妙法蓮華經」的經題做為本尊來崇拜），ＰＬ教團即由德近教主書寫「大元靈」三字做為曼荼羅。再因日蓮系的各派之專誦法華經題，淨土教系之專稱彌陀名號，ＰＬ教團則教信徒專唱「祖遂斷」三字（讀成「おやしきり」），據研究おやし就是老頭子（おやじ），日本將老頭子視為四大可畏之物（雷、火、地震、老頭子）的一種。ＰＬ教團之念「祖遂斷」，旨在祈求斷絕盜賊、刀兵、病苦、困難等的可畏事物。

因為這個新教派倡導藝術的人生，且無繁瑣的神學問題，除了習俗的日常生活，也沒有特殊的宗教生活，所以頗能吸引四十歲以下的人們，若以該教的信徒來和佛教各既成宗教的信徒比較，平均年齡要年輕了好多。這也可以見出年輕的人缺乏思想的深度，所以寧願接受簡單的宗教信仰。

（五）大本教

大本教的教主，不過是一位沒有學問的寡婦而已，名叫出口直子，在明治二十五年，五十七歲之際，成為神媒（巫女），開始了她的傳教生涯。但是真正為大本教完成宗教形式的人，乃是這位寡婦最小一個女兒的養老女婿，名叫出口王仁三郎，當時被稱為上田喜三郎，教團成立之後又被尊稱為「瑞月聖師」。然其發展很快，至昭和二十七年信徒已超過了十萬以上，一座七百八十九個榻榻米面積大的彌勒殿，也在那年落成。

大本教的本殿既是彌勒殿，其所信之本尊即是彌勒大神，又名為「艮之金神」，據大正六年出口直子在降神時所寫記載稱：「彌勒大神者，乃彌勒菩薩為做佛事而化現也，日出之大神者，為光明如來所化也。」故在王仁三郎的居室及庭園中，也供祀有觀音、地藏以及其他佛像。又說，佛教的諸佛、各宗教的諸神、世界一切的教典，一切宗教的偉人如釋迦、孔子、耶穌，皆是「木之花姬神」，也就是觀音大士的顯現。故在其「愛善苑信條」中說：「我們基於萬教同根的真理，大家應該共同協力為了實現萬民和樂的地上天國而來信奉。」

因此，大本教實是中國「三教同源」思想的繼續，今日有少數中國的新儒家學者，如唐君毅先生等，也在希望更進一步而使東西的儒、道、基督、釋氏之各大教化，相融並立而不相悖。但是，大本教的思想深度，遠不及中國的三教同源說，中國三教同源說者，則又始終未能形成為一個宗教。

（六）世界救世教

此一教派的教祖是岡田茂吉，原為大本教的信徒，故其仍有大本教的濃厚色彩。自昭和十年一月成立「大日本觀音會」，昭和二十五年始更為現名。這個名稱即是模擬了基督教的彌賽亞（希伯來語 Messiah）而來，所以又稱為彌賽亞教。但是，它的內容主體不是基督教，此從觀音教會的命名可以明白，不過，也非僅是觀世音菩薩的崇奉者，乃將觀音、彌勒、彌陀，乃至猶太教的耶和華（Jehovah）視同一體的東西方合璧的新宗教。此一教派的信徒，每天朝晚所讀誦的「天津祝詞」和「神言」，又與日本神社等的祝詞無甚出入，在其獨特創出的「善言美詞」之中，則謂：「唯敬世尊觀世音菩薩降臨此土，現為光明如來，化為應身彌勒，成為救世主（彌賽亞），滅大千三千世界的三毒，淨五濁，滿百千萬億一切眾生的大願，成光明常樂永劫不壞的十方世界，無五風十雨之不調順，無烈風吹響樹枝，彌勒出世，以無量無邊的大慈悲，降服天魔羅剎，改變諸惡邪法，解脫夜叉龍神，諸善神佛，皆遂其志。」從而可知，此乃神佛混合的一種民間信仰，正像在中國的民間所謂三教（儒、釋、道）合一的信仰。該教的教祖岡田茂吉，自信他是「觀世音菩薩的代言人」，此乃學自猶太教的所謂「先知」的觀念，因此他畫了很多的觀音像，在其熱海地方的該教本部，即懸有岡田筆畫的大幅觀音像，故被該教視為聖物。這倒又使我想起了中國的理教，也是由中國民間信仰轉變成為純一的觀音信仰，但是世界救世教又加入了猶太教及日本本國的神道信仰的成分，就顯得相當地雜亂了。該教所倡的「地上天國」及「光明如來」，又是以前的大本教所使用的口號。

世界救世教的另一特色，就是稱為「淨靈」的一種神媒所用的方術。這種類似指壓療病法的技術，可能是岡田氏的獨創。他最初施行這種「神靈療法」的方術，是在昭和九年五月，不過，在此之前，已有一位從美國回到日本的鈴木美山氏，首先提倡「精神療法」，岡田氏即曾向其學習。不過岡田氏對於他的治病法非常自信，並且宣稱：「我的腹中有一顆直徑二寸的珠子，由此珠放射出無數的靈線，能以此來驅除生存於人體之水分中的毒菌，患者的疾病即被治好。」至於他的神術治病的盛行，乃在第二次大戰結束之後。唯其所謂「淨靈」，除以治病為主之外，尚能做到避免水火天災乃至解決農家的堆肥問題。真是神乎其神了。

（七）圓應教

這個教派的教祖是一位女子，名叫深田千代子（西元一八八七—一九二五年），於大正八年七月十六日，初在大阪成為神媒，此後即常有神的啟示由她傳出，同時輾轉移居於關西及北陸等各地，由於表現了治病、解惱以及災厄的預言等的神蹟，信從者日漸增加。但她死得很早，亡年僅三十九歲，由於她死後，被兵庫縣一個臨濟宗妙心寺派的寺院住持林誠道，為之取法名「圓應智覺大姊」，後來她的這個教派就被命名為「圓應教」了。但此教派之完成法定的手續，則是她的兒子深田長治（現任的管長）於昭和二十三年成了該教的第二代中心人物之後，到了昭和二十七年七月，始受文部省批准立案。所以這是日本新興宗教之中，屬於後起的一個。不過自從深田千代子死後，即由為她取法名的那位林誠道，設立「圓應修法會」，用以呼籲號召深田千代子在各地的信徒，並且在林誠道自己住持的寺院附近建立圓應教的活動中心，故此從大正十四年起，直到完成宗教法人立案的二十七個年頭期間，均在臨濟宗妙心寺派的護羽之下，進行該教的創教活動而未受到什麼阻礙。當時，該教經過林誠道的修法會之後，在教義方面也強化了佛教的色彩，例如該教所用的「日課勤行文」之中，有〈開經偈〉及《心經》等，此與傳統的佛教並無改變。但是，在其「勤行文」的開頭，題名「感謝文」的內容，則有如此的思想：「誠惶誠恐地感戴天照皇大神、八百萬神、釋迦牟尼佛、三世十方諸佛之恩惠，圓應智覺大姊之靈導，並且守護我們的祖先。」其中天照皇大神及八百萬神，均係日本的神道信仰，可見此教是雜糅了神道教、佛教、祖先崇拜及神媒信仰而成的。故在其本部教會的祭壇中央，便是掛著天照大神的繪軸，右側掛的是日蓮宗的「南無妙法蓮華經」曼荼羅，左側懸的是釋迦世尊的畫像。然在該教的各地方支部教會中，又將天照大神、觀世音菩薩、阿彌陀如來配合起來奉祀，故其對於供奉的本尊像，尚無決斷性的定則可循。但在其教義上雖主張萬教一元之說，卻未見其將耶穌像及瑪利亞像拿來供奉。同時在其教祖的言論之中，也未見有關於《新約》、《舊約》的引用。故其所謂萬教一元，僅是指的日本的民族神和佛教的佛菩薩的混合而已。

圓應教的「信者訓戒」第二條為：「一心接受教祖之靈導，堅守愛與誠，從事於靈能的發揮。」發揮靈能，乃是此教獨特的修行法，那是一種以催眠術及巫術混合施行，實際上無法見到也無從藉語文說明的法術，施法者首先進入神媒那樣的癲癇狀態，用一種特殊的音調向被施法者告誡一些關於行為及存心的規則，然後，被施法者便進入自我悔恨的心理狀態，並向神佛宣誓，悔改以往，但此受法的人，僅屬心理活動，並不用語言表達。因為這種修法的成功，須經相當地修練，故在其教團之內，成功的人據說也僅極其少數。乍看其修法的奇異神蹟而被吸引成為其信者的力量，這倒與世界救世教的所謂「淨靈」之法的具有絕對的魅力者，可以相為匹敵了。

在人生行為的教訓方面，以「陰行」為其準則，深田千代子曾說：「一者我之行，雖我獨處時，亦勿使油斷。」❶又說人的行為，像地下之水源暗流活動，人的力量全賴神佛之冥中加持，所以，不得有私利私欲之心，不存高慢不遜之情，要感謝他人，不發怒，不發牢騷。千代子又說：「藥物也是神佛的法器或道具。」所以圓應教的信徒不用藥物，應常用粗物，勿使神佛來處罰，應自守誠實，自受處罰。

這種宗教，不論從哪個角度看，不過是民間信仰的一型，高級談不上，久遠和廣大也是不可能的。因此，縱然在日本，也僅在關西地區的大阪、京都、兵庫及四國地方流行該教，關東地區的東京、神奈川、千葉、埼玉等地，知道有此教派的人就非常少了。

註解

❶ 這是引用《涅槃經》卷二十二的「持正念譬如持油鉢」的一個譬喻。經謂：「譬如世間，有諸大眾，滿二十五里，王敕一臣，持一油鉢，經由中過，莫令傾覆，若棄一滴，當斷汝命。復遣一人，拔刀在後，隨而怖之。臣受王教，盡心堅持，經歷爾所大眾之中，雖見可意五邪欲等，心常念言：我若放逸，著彼邪欲，當棄所持，命不全濟。是人以是怖因緣故，乃至不棄一滴之油。菩薩摩訶薩亦復如是，於生死中，不失念慧，以不失故，雖見五欲，心不貪著。」

（八）踊教

日本語為「踊る宗教」，可以譯為跳躍的宗教或者是舞踊的宗教。它的本部在山口縣的田布施町，又名為「天照皇大神宮教」。在二十年前初創之際，它的本部不過是六個榻榻米大的五個房間的一家農舍，那就是該教教祖的家。教祖北村サヨ，生於夏威夷，二十歲時（西元一九二〇年）回到日本，嫁給北村家的長男。在其玄關裡書寫著「天照皇大神宮教．建設神國．修練精神道場本部」的大幅標語。唯其不像其他教派之有祭壇，故也沒有佛像，沒有敬神祈神時特用的敬語。唯於教主坐床的對面，掛有如下的祈禱詞：「天照皇大神宮，八百萬神，天下太平。全民上飲天地之靈，氣必將與住於神之國土者，六魂清淨。我身者六魂清淨，因為六魂清淨故，祈禱成為金輪。名妙法連結經！名妙法連結經！名妙法連結經！」

由此「祈禱詞」中可以明白，此教也是將神佛混淆著看的。同時，請勿以為該教另有一種叫作「妙法連結經」的經典，實則就是《法華經》，因為日本的讀音「蓮華」和「連結」相同。要知道該教教祖，乃是一位日本的小學教育也未受過的農婦。另稱「名妙法連結經」，「名」字在日本讀音，和「南無」相近，所以她把法華經題的唱誦誤寫成這麼一個形式，不足為奇。六根清淨的讀音，在日本與「六魂清淨」也是相同。但在該教本部，以後發表的所謂《生書》的北村サヨ的言行錄之中，對此卻做了神祕的解釋。說什麼：「昭和十九年五月四日，神在正式的神媒教祖腹中，對教祖說：『サヨ大神，從今日起，名妙法連結經百句啦！』」因此又將此教的神稱為サヨ大神。

該教教徒見面時，也用合掌禮，但在《生書》之中不稱合掌而名為「合正」，此兩字的日本讀音，又是相同。正誤原因當也與經題一樣。在觀念上也主張因果之說，但是「三生因果」而非「三世因果」。此教有一種獨特的儀式，名為「無我之舞」的舞踊，故被稱為「踊的宗教」。實則此在日本佛教史上，早已有過空也上人（西元？—九七二年）的「踊念佛」的先例，即是口中唱念阿彌陀佛的名號，伴之於身體的一種舞踊。

總之，該教是由一位神媒的農婦所創，因其引用了佛教名詞，又寫錯了這些名詞，後來將錯就錯，又為之做了神祕的解釋。對此功勞最大的人，當然是北村サヨ，她在日本傳教，也因她生於夏威夷，故也去了好多次美國，為該教的教義做盡情的宣傳。北村本人也被視為サヨ大神，稱為「活神」，她要將神國的天國淨土建立在地上。

昭和二十一年為該教神國紀元的元年，十六年之後，該教即擁有十五萬三千七百餘人的信徒，他們自稱為「同志」。自那以來又將近十年，人數的激增，當為意料中事。十年之前，日本國內即有它的支部教會一百九十二所，國外也建立了十六所。北村到處傳教，也到處設立分支部教會。此教雖無高尚的內容，但其能有如此熱忱的教祖，便有許多人們受其感動而加入該教。因此，該教的本部，十年前即花了二億日圓的建築費，由名建築師丹下健三氏設計，完成了新穎偉大的修練道場。

（九）三五教

這個教派，被日本學者稱之為「神佛的寶庫」，因為它的內容太複雜了。根據該教本部印發的小冊子的說明是這樣的：「三五之三，是指中國的世界紅卍字會、伊朗的巴哈依教（Bahaism，創於西元一八四四年）以及三五教的三教，五者，是指世界所有的宗教，大別為基督教、佛教、伊斯蘭教、道教、儒教的五教。將這三大教和五大宗教融合而表現出萬教歸一的意趣，故名為三五教。」

但其將「三五」二字讀成「阿那那依」，本為「痲柱」的古語讀音，據說「痲柱」能通神道，所以假之命名。如與其他日本的新興宗教之神佛混合，或者神、佛、基督之合一思想比較起來，三五教是最完備的宗教一元論者了。尤其網羅了中國的紅卍字會，並以林出尋賢為其顧問，又收取了伊朗的巴哈依教，並曾邀請了該教主教及信者，招待到三五教的本部，故在宗教文化的交流方面有著積極的貢獻，並已召開了好多次「世界宗教者會議」。

在此須說明者，是紅卍字會及巴哈依教。紅卍字會源於中國的下層社會，經過滿洲等地的培養而得勢成為一個宗教的型態，以「至聖先天老祖」為其本尊，又以基督、穆罕默德、釋迦、孔子、老子為其崇奉的陪尊，稱其道場為道院，以共計十二卷的《太乙北極真經》為其所依的教典，嚴格地規定了信者的道規及道務。此教本為一種神祕信仰的祕密結社，但在滿洲事變以及中日戰爭的盧溝橋事變期間，教徒們挺身而出，掩埋戰歿者、救護戰病者、救濟戰場的難民，因此而受社會的讚揚。

再說巴哈依教，乃由於西元一八四四年五月，預言者伯勃（Báb 意為神之門，西元一八一九—一八五〇年）出現在波斯（現在的伊朗）的西拉拍市，他預言：「不久的將來，有體驗了神之聖靈的明德的領導者出現，融合世界的所有宗教，在此地上建立神的王國。」但他卻因此而觸怒了伊斯蘭教僧侶以及觸犯官憲，致被處死！至於伯勃所預言的領導者伯哈烏拉（Bahá'u'lláh）的出現，是在西元一八八六年四月，此人的本名為 Mirza Husayn Ali，他自己宣稱即是融合世界所有宗教的領導者，結果也被波斯政府放逐出國，後來又被囚禁於麥卡要塞，終於囚死獄中。但是，由於伯哈烏拉留下了不少的教典，奠定了巴哈依教的基礎，當他的兒子成為第二代領導者時，遊訪歐美各地，始將該教成為國際化的宗教。目前，巴哈依教的信徒，在世界各地已擁有一百數十萬人之多。在其根本信條之中，有這樣的話：「人類是一樣的，各宗教的基礎是相同的，宗教是使人類合為一體的基礎！宗教能使科學與理性一致，男女平等。」從此可知巴哈依教的出現，是由於猶太教及伊斯蘭教之間的世仇宿怨，源遠流長，冤冤相報，無有已時，均由教義方面的互不相容而造成，故有先知先覺的宗教家，挺身出來為之扭轉矯正。這與印度的錫克教的產生，頗為相似（請參閱中華書局出版拙著《比較宗教學》第六章第二節）。

我們從紅卍字會及巴哈依教的宗旨，也就不難理解三五教的內容了，因其將自身和該二教並稱為三教，目的即在顯現它和該二教同樣是世界宗教的大同主義者。三五教的教主是一位名叫中野與之助的人物。若將宗教視界做衡量，以上的各新興宗教中，當然以三五教最為開朗，做為庶民信仰的宗教而言，當不無有其可取之處，但要講到高深博大，對於這些新的宗教來說，就未免要求過高了。

三、日本佛教的現勢統計

首先，在未介紹日蓮宗系的新興教團之前，把日本佛教現有各派系的名目、人數、寺院、傳教師數字，做一概略的介紹如次。

（一）天台宗系

1.天台宗（本宗）：六十萬三千四百七十人。

2.和宗：二百零一萬五千五百五十人。

3.念法真教：四十二萬九千三百零六人。

4.孝道教團：三十六萬五千九百二十人。

其他尚有十七派，共計二十一派，總人數為四百五十四萬五千四百四十三人。其中包括傳教師一萬四千一百零五人，內有四千六百零八名女性教師。寺院、教會、布教所共為九千三百五十八所。

（二）真言宗系

1.高野山真言宗：五百四十三萬三千九百人。
2.真言宗智山派：一百一十七萬三千八百二十四人。
3.真言宗醍醐派：七十二萬八千七百零五人。
4.中山身語正宗：五十六萬六千六百六十人。
5.觀音宗：四十八萬八千人。
6.信貴山真言宗：四十五萬五千二百三十人。
7.真言宗豐山派：二十五萬五千零八十六人。
8.真言宗大覺寺派：二十八萬九千二百二十人。

其他尚有四十派，共計四十八派，一千一百七十四萬八千四百二十三人。其中包括傳教師二萬三千九百四十六人，其中女性教師占四千六百六十九人。總計有寺院、教會、布教所一萬八千零九十三座。

（三）淨土宗系

1.淨土宗：三百五十八萬七千八百六十四人。

2.淨土真宗大谷派：六百七十一萬零四百六十九人。

3.淨土真宗本願寺派：六百三十六萬八千七百四十二人。

4.黑谷淨土宗：四十萬零四百人。

此外尚有二十一派，共為二十五派，一千八百四十五萬九千二百六十九人。傳教師四萬三千一百二十三人，內有女性教師三千零五十四人。寺院、教會、布教所共計三萬一千六百零八所。

（四）禪宗系

1.曹洞宗：五百四十七萬八千二百零一人，寺院一萬四千六百九十六座，僧侶教師數字為一萬五千八百五十八名，內有女性一千四百一十人。

2.臨濟宗妙心寺派：一百七十五萬七千四百五十人。寺院三千四百三十五座，教會七個。

3.臨濟宗方廣寺派：五十八萬八千九百人。
4.臨濟宗大德寺派：五萬五千九百人。
5.臨濟宗建長寺派：八萬九千零二十八人。
6.臨濟宗圓覺寺派：十五萬九千七百人。
7.臨濟宗佛通寺派：十五萬零三百八十人。
8.黃檗宗：十八萬人，寺院四百七十八座，傳教師三百九十人，內含女性二十六人。

其餘尚有十五派，總計二十三個派別，八百九十一萬零七人，內含傳教師二萬二千三百四十四人，內有女性二千一百二十三人，禪宗各派，以曹洞宗的女性教師人數占第一位。寺院、教會、布教所共為二萬一千二百所。

（五）律宗

一萬一千八百七十八人，寺院二十四座，教會十三所。教師六十五人，沒有女性教師。

（六）真言律宗

四十萬零六千五百人，寺院八十三座，教會一所。傳教師九十九人，其中有十一位是女性。

（七）法相宗

三萬四千零六十四人，寺院三十七所，教會五十七個。教師五百二十七人，其中一百四十六人為女性。

（八）華嚴宗

九萬九千八百八十五人，寺院四十八座，教會二十八處，布教所八十八個，總計一百六十四座。教師七百六十七人，其中三百八十九人是女性。

（九）聖德宗

即是奈良的法隆寺派，本為法相宗，到了戰後，由現任的管長脫離了法相宗而獨立成立為聖德宗，信徒一萬二千零三十三人。教師二十七人，中有八位是女性。寺院二十四座。

（一〇）不動宗

七十二萬八千四百一十二人。教師二百五十四位，含女性百名。寺院二十座，教會三十三處，計五十三所道場。

（一一）日蓮宗系

1.日蓮宗：此為日蓮聖人所創的正統日蓮宗，二十五萬人。教師六千三百四十七人，含有四百六十位女性，寺院四千三百一十一座，教會三百四十九處，布教所二百九十一所，共計四千九百五十一個道場。

2.日蓮正宗：這便是為創價學會及公明黨所依附的一個舊派的新宗，等到後面再為詳細說明。人數達一千五百四十六萬七千三百九十名，專職的傳教師卻只有二百八十九人，其中僅有一位是女性教師。寺院也僅二百九十二座，教會九處。這是真的日蓮正宗的傳教師或僧侶，至於創價學會，卻另有組織系統的，不過假借日蓮正宗之名而行罷了。

3.法華宗（本門流）：三十五萬五千三百八十二人，傳教師六百三十二人，內有一百零五人為女性。有寺院三百五十一座，教會一百四十二處，共計四百九十三所。

4.本門法華宗：二十六萬五千八百三十人，傳教師四百一十六人，內有一百四十三人為女性。寺院一百零九座，教會三處。

5.中山妙宗：五十五萬五千七百五十人，傳教師三百八十二人，中有一百三十九人為女性。寺院十八座，教會八處，布教所二百七十九所，共計三百零五個道場。

6.大乘教：五十三萬六千三百五十三人，傳教師二千一百零八人，女性占九百三十四人。寺院一座，教會五十三處，布教所四百九十六個，共計五百五十個道場。

7.本門佛立宗：二十二萬六千六百五十一人，傳教師六百六十九人，中有八人是女性。寺院二百三十九座，教會十八處，布教所七所。

8.靈友會教團：四百二十萬一千四百八十二人，傳教師一千九百六十四人，女性占五百五十一人。但它的教團道場，僅有三處教會為其中心，既無寺院也無布教所。

9.妙道會教團：十五萬四千九百七十八人，傳教師三百四十八人，女性超過半數，占二百一十人。教會四處，布教所三百三十所。

10.妙智會教團：六十六萬四千五百四十八人，傳教師一千三百六十九人，女性也超過半數，占六百九十人。教會五處，布教所五百五十七所，共為五百六十二座道場。

11.佛所護念會教團：八十四萬九千三百八十七人，傳教師三千七百五十七名，女性占大半以上為二千零四十一名。教會四處，布教所二千二百二十二所。

12.法師會教團：十四萬零三百一十二人，傳教師三百一十八人，中含女性一百八十八人。教會一處，布教所五百五十一所。

13.立正佼成會：二百九十五萬零一百五十人，傳教師一千六百二十二人，內含女性一千一百二十人。教會二十所，布教所一百七十三所。

此外尚有二十四個支派，共計三十七派，二千七百二十一萬四千六百零六人。傳教師二萬二千九百九十人，中有女性教師七千七百五十四人。寺院五千九百零二座，教會一千零八處，布教所五千六百九十一所，共計一萬二千六百零一個道場。

此外，以支派數字而言，真言宗系占第一位，計四十八派；日蓮宗系占第二位，計三十七派；淨土宗系占第三位，計二十五派。以總人數而言，日蓮宗系占第一位，計二千七百二十一萬餘人；淨土宗系占第二位，計一千八百四十五萬九千餘人；真言宗系占第三位，計一千一百七十四萬八千餘人。以傳教師人數而言，淨土宗系占第一位，計四萬三千一百餘名；真言宗系占第二位，計二萬三千九百多名；日蓮宗系占第三位，計二萬二千九百多人；其次為禪宗系，計二萬二千三百多人。若以道場的數字而言，淨土宗系占第一位，計三萬一千六百多所；禪宗系占第二位，計二萬一千二百所；真言宗系占第三位，計一萬八千餘所；日蓮宗系占第四位，計一萬二千六百餘所。

從此統計數字的介紹，我們可以明白，今天日本的佛教大勢，乃是左右在日蓮、淨土、真言、禪宗的四大派系之下。

尤其日蓮一系，已執日本佛教之牛耳，日蓮系下的新興教派，甚至不以道場的數字及專職的傳教師數字見長，它的影響力及化導力，卻超過了其他以道場數字及傳教師數字見著的派系。

由此可以想見，今天正在活動於人群大眾之間的日本佛教，並不依賴寺院的、專職的傳教師為主，而是和大眾打成了一片的信仰者的本身，各人皆負起了傳揚佛法並使佛法成為現實生活化的責任。

四、日蓮宗系的新興教團

日蓮宗的大肆活躍於今天的日本，如上所說，並非以正統的日蓮宗為主流，乃以日蓮系下的新教派做為主幹，但它既出於日蓮系下，必然是因日蓮的精神最像日本人，也因日蓮富於創革的性格，所以繼承日蓮系統而使日本佛教走上革新的道路。至於這條革新的道路是否正確？是否也能適合今日世界的其他各國的民族背景和時代環境？當然是個極大的問題。

由於既成宗派的寺院固守，以及其他原因（有時間的話，我將把日本舊有佛教各宗的教勢逆轉的原因，寫一專文報導），脫離了現實社會的人群大眾，故有新宗教的紛紛出現。日本的新宗教，大別可分為新神道運動者，以及新佛教運動者的兩大流（在昭和二十六年，即西元一九五一年申請宗教法人登記的新宗教團體，達兩百多個），前面介紹的九個教派，是屬於新神道運動的較大者。現在要介紹新佛教運動的新教派了。若以活動的勢力強弱而分次第，則以《法華經》系統，主要是日蓮系統的占首位，由日蓮宗分出了「國柱會」、「正法會」、「本化妙宗聯盟」，另外尚有三大流，到以下介紹。其次是天台宗系統，出了「念法真教」（現有信徒四十二萬以上）、「孝道教團」等。再次是真言宗系統，出現了「解脫會」（現有十三萬三千多名信徒）、「真如苑」（現有十四萬人）等。又次為禪宗系統，出現了「一畑藥師教團」（九萬四千餘人）、「洗心教團」（三萬二千餘人）、「如來教」（三萬二千餘人）等。最後是淨土宗系統，出現了「佛教真宗」（三千二百人）等。此等新興的佛教教派，和既成佛教（係指成長於奈良及鎌倉時代的各宗派）的最顯著不同點，便是無不置重心於現實人間的幸福的追求與鼓舞，所以將佛教信仰和實踐，付之於每一個信徒的現實生活，不再仰求寺院僧侶的代為祈福。實則，正由於日本的寺院僧侶，公開地蓄妻生子和不拒肉食之後，已和一般的俗人無異，故致失去了一般信徒的向心和信心。但是，那些新興的各佛教教派，究竟算不算是正統的佛教？能不能被視為是由根本佛教的源頭承繼下來的？甚至是不是可以稱為佛教，在日本的學者之中，即使對此最有研究的人，也不敢斷然地肯定或否定，因為它們相當複雜，變化多端，真有令人眼花撩亂之感。

然從大致上說，這些新的佛教教派，有的是由既成宗派之下分裂出來，大多數則是在其自創一派之後，再引用既成佛教之中某派的宗祖，做為其崇拜的對象，卻不從屬於該宗的既成教團。在今天的日本佛教界，最引人注目的新教派，是屬於日蓮宗系，所以本節選定日蓮系的新教派做為標本，向讀者介紹。

日蓮系下的新教派，大致又可分為三大主流：

（一）身延山的日蓮宗系

以「靈友會」為主，後來又由「靈友會」分裂出了「孝道教團」（此一教派分裂出來之後，即歸比叡山的天台宗系，脫離了日蓮系）、「立正佼成會」、「佛所護念會」、「法師會」、「妙智會」、「妙道會」、「正義會」、「思親會」、「大慧會」、「大慈會」、「希心會」等十多個新教派。身延山是日蓮聖人曾經住了九年，並且是日蓮的埋骨之所，今為日蓮宗的總本山，有機會當以另文介紹。但是此處所謂身延山的日蓮宗系，並不意味著靈友會等的新教派是由身延山的日蓮宗分裂或脫離而來，也不是說這些教派是受到身延山的許可而創立的，不過是在靈友會等方面，自以日蓮聖人為其宗祖，予以崇拜，並去身延山參禮而已。

（二）富士山的大石寺系

此即是日蓮正宗的一系，所謂日蓮正宗，乃是日蓮門下六位大弟子（稱為六老僧）之一的日興（西元一二四六—一三三三年）所創。本來在日蓮臨終前所選六人，均在身延山守墓，後來，其中的日興，因與身延山的護法檀越主不和，便離開身延山而到富士山創建大石寺，並以主張「本勝迹劣」成立一派。明治五年，法令一宗一管長制度實行時，稱為日蓮宗興門派；明治三十二年，改名為日蓮宗本門宗；明治三十三年，再改名日蓮宗富士派；到了大正二年，始改成現名日蓮正宗。以大石寺為總本山，下轄二百餘座末寺。從歷史上看，此派不算新派，但是由於此派派祖日興所主張的「本勝迹劣」等的思想，深受創價學會的欣賞，因此為其依附利用，創價學會也把大石寺視作總本山了。但在組織上，依然各自分立，例如大石寺日蓮正宗的現任管長為僧侶細井日達，大石寺創價學會的現任會長乃是池田大作，名同實不同。

（三）本門法華宗系

此派的派祖是日隆（西元一三八五—一四六四年），所謂本門法華宗，即是將二十八品的《法華經》，判為迹門和本門的兩大部分，並以天台智者的思想是迹門，日隆專弘《法華經》本門的由〈從地涌出品〉至〈囑累品〉的八品，故到明治九年，獨立一派時，稱為「日蓮宗八品派」，明治三十一年，始改為「本門法華系」。由此派開出的新教派，則有「本門佛立宗」、「日蓮主義佛立講」、「在家日蓮宗淨風會」、「本派日蓮宗」、「日蓮法華宗」、「本門經王宗」等。其中當以根本宗派的本門法華宗較盛，也僅二十六萬五千八百多人；新派中則以本門佛立宗最盛，據說現有信徒二十萬世帶（戶口），約四十八萬餘人；在家日蓮宗淨風會，不過二萬四千多人；日蓮主義佛立講，僅得二千餘人。因此，若以活動的力量而言，比起前面兩流的上百萬上千萬的信眾數字來，這一流是不足輕重了。但要講到日蓮宗系在近代做為新興教派的發端，仍得先從「佛立講」說起，其次再說靈友會等各教團。

1 佛立講

佛立講的成立，使日蓮教系進入了新時代的歷程的第一步。佛立講的開祖是長松日扇（西元一八一七—一八九〇年），最初宣傳他的信仰，是在西元一八五七年於他的故鄉京都的蛸藥師地方。據說長松日扇自幼即善書畫，十七歲時學日本的國學（古典學）及歌道（和歌學），嗣後在他布教之中，這兩門學問給他幫助不少，事實上他也遺下了數千首自作的和歌。他雖出生於淨土宗的家庭，但卻與日蓮系的日隆有緣，二十九歲時便到日隆系的本能寺，讀了日隆的遺著，旋於三十二歲那年，在淡路的隆泉寺出了家受了戒。但他的信仰，不在於為求治病，因他自幼喪父，對於淨土及禪深感親切，並在能勢地方做了一週間的歌唱修行，得到了他的宗教經驗。出家後經五年的修行自勵，三十八歲時，便在他的故鄉一個名叫谷川淺七的信徒家裡，開演了他的本門佛立講。那時聽眾，不過四人（淺七夫婦和淺七的下人）而已。後來，他的對象是以德川幕府末期的京都及大阪地方的商人及手工業者做基礎，展開了他的宗教活動。但是，他也和所有的新宗教者一樣，遭到了「法難」，因其信仰的特徵之一的「謗法掃除」之受到誤解，故在開講後第十年（西元一八六八年），即被明治政府逮捕入獄，後來他有「三度入獄，八處驅逐」的慨嘆，但終未能動搖他的傳教信念。

至於佛立講的主要特徵，大致如次：

第一，教義方面的特徵：要理解佛立講，必須先理解日蓮。日蓮出現於日本的中世時代，當時日本的神祇信仰相當複雜，日蓮卻斷然地站在「《法華經》一乘主義」的立場，排擊「雜亂勸請」的神祇崇拜，折伏「邪宗」，乃至說出了「念佛者無間地獄業，禪宗天魔所為，真言亡國之惡，律宗國賊妄說」等激越的話，目的是在一心宗奉法華的純淨化，所以日蓮是一位不妥協、不盲從、不附和時流的宗教家。長松日扇便繼承了這一精神，而主張「謗法掃除」，此後的創價學會，也是這一精神的極端發揚者，對於神道系的「邪宗」以及佛教系的既成教團，不顧一切地加以攻擊與折伏，以證明其信仰之純一和實踐之一貫。佛立講主張將佛教系的諸天神像及菩薩像送出佛殿，禁止禮拜佛像、佛畫，命令燒卻神龕、神位、神具，因此而招致當時通俗信仰者的強烈抵抗，被禁止天主教宣傳活動的當時政府視作天主教徒關了起來，到了昭和初期，又被軍國主義的日本政府強迫他成為神社的信徒，但他忍受了最大的痛苦之後，依然奉行他的信仰。因此而在長時間的歷練之中，也吸收了不少的信徒。

第二，信仰方面的最大特徵：是「唱題行」的徹底奉行。這也是做為日蓮系信仰的當然結果，因在日蓮以為佛法的修持，若捨唱念「南無妙法蓮華經」的經題之外，別無更好的捷徑。日扇雖沿日蓮的路線走，但在讀誦《法華經》時，卻主張只誦〈神力品〉的一節，所以日扇的信仰，乃是走向在家主義的路線了，因為他使法華信仰更進一步地單純化了。

第三，對現世利益鼓吹的特徵：關心現世利益，乃是此後其他日蓮系新教團的共同特徵，但是日扇做了這一特徵的先驅者。因在佛立講的理論，主張「理證」、「文證」、「現證」的三階段。現證即是以現世的利益，促使末法時代的惡人，走進《法華經》信仰的發心之門，用以證實《法華經》的真實不虛，所以又分初心、中心、後心的三個層次進入法華信心的決定階段。此乃由於進入佛立講信仰的大眾，初多為了現世利益的目的而來，例如包圍著他的京都、大阪、神戶等地的商人及手工業者，除了為求現世利益，很少是為了信仰而信仰的。因此，他也為人治病，乃是用的供於佛前的淨水。由於這種現世利益的鼓吹，便使他也像天理教、黑住教、金光教等一般，很快地獲得了不少的信徒。

第四，布教方面的特徵：這是使得日蓮宗走向在家主義的又一創發。日扇本人雖是在法華宗寺院出了家的僧侶，但他自己卻努力於僧俗一體的教團活動。他在廣大的民間，積極地組織不固定的講社，也就是把布教的場所從以前的寺院中遷出來，分散到信者們自己的家中去，這種稱為「御講」的方式，乃是極其別致而且收效廣大的布教活動。不過，此在以前，淨土真宗的蓮如（西元一四一五—一四九九年）的門徒集團，已經用過一種名叫「法座」的方式。日扇適時應用，又為此後的靈友會及立正佼成會開了先風。佛立講的「御講」或「法座」為中心的布教方式，促使每一位信徒均能自發地積極地參加活動，並且訓練自己成為虔敬的信徒，也成為接引初信者的傳教師，以此比起寺院中心及僧侶中心的既成各宗信徒，在宗教的情緒、精神的團結及信心的強固方面，無疑是好得多了。

另有一個特徵，便是「助行」的強調：「講」屬於正行，「唱題」稱為助行。常常為了消災除病，數人乃至數十人聚集一堂，敲擊木魚，齊聲唱念法華經題，往往日以繼夜、夜以繼日地做著集體修行。

正由於日扇本人是僧侶，他的教團雖走在家主義路線，仍許有僧侶（教務員——

辦理教團行政的人員）的存在。這一特色，後來也為靈友會、立正佼成會、創價學會等各大新興佛教教派所採用。

2 靈友會

前面介紹的佛立講，發生於江戶幕府末年的京都，漸次普及於全國，但是，做為日蓮宗系新興教派之雄者，乃是起於大正之末的東京一隅，迄昭和之後，始大肆發展，然在佛立講到靈友會的這段時期中，尚有田中智學（西元一八六一——一九三九年）的「國柱會」（田中於明治十四年，脫離日蓮宗僧籍，主倡在家佛教，明治十七年成立「立正安國會」，大正三年改為現名），以及本多日生的「顯本法華」的運動，活躍於其間，因此，靈友會的創始人久保角太郎，也是經過了此兩教派的媒介或信仰而成立為他自己的靈友會。此也正如佼成會的庭野日敬，也是經歷了國柱會及靈友會，才創出自己的新派。所以，田中智學及本多日生，在近代日本佛教史上也頗受重視。

大正及昭和之間出現的新宗教，似乎有一個相同的模式，那就是由女性擔任神媒的職務，由男性負起教團組織和教義理論的責任。例如大本教的出口直子與王仁三郎，靈友會的小谷喜美和久保角太郎，佼成會的長沼妙佼和庭野日敬，都是在一男一女的相互配合之下，站上了教祖的位置，但他們除了宗教的合作之外，均非夫妻關係。

靈友會的久保角太郎，生於千葉縣的小湊地方，後至東京，跟一位經常出入於宮內省的工匠做學徒，他認真地學精了這項手藝，便被當時一位擔任著「宗秩寮總裁」職務的仙石子爵看中了，使他做了同姓本家老久保家的養子，也使他最初接觸到了法華信仰。此後又接觸到門跡村雲尼公，這是仙石給他的機會，因為仙石就是國家主義中心的「國柱會」系統的信奉者，村雲尼公是當時的會長。角太郎進入了法華信仰的生活圈中，因和他原來的宗教環境不同，在他內心不免產生一種複雜的感受，結果又有一位叫作西田俊藏的奇異人物，使他確定了法華信仰的基礎和熱忱。

角太郎和靈友會的另一女性教祖之最初配合搭檔，是在若月チセ於中山法華經寺，組成的「行者修行」於大正十四年解散之後，便物色到了他的二嫂，那就是小谷喜美的和他合作，使他完成了發展靈友會的第一步。

小谷喜美於神奈川縣三浦郡的一個貧農之家，十七歲時即與一個漁夫結婚，不久夫死，她便到了東京，輾轉謀生，結果在二十五歲那年，又給一個比她大了十五歲並且已有三個孩子的男子做填房，那個男子便是角太郎的二哥，他給小谷家做了養子，所以叫作小谷安吉，在東京的本鄉地方，經營低級旅館，後來因為安吉生病而使喜美和角太郎見面，同時也就成了法華的信仰者。

角太郎的法華信仰的形成，開端於中山法華經寺的「行者修行」，那是一種民間信仰，所謂薩滿的神鬼迷信和日蓮宗末端，如田中智學及本多日生之流的信仰型態的結合。因為這些信仰者星散於東京各地，靈友會便像星群之中的月亮，迅速地成長為光芒四射的新月。甚至有些日蓮宗等各既成教團的分子，也加入了角太郎和小谷喜美的靈友會。這個宗教之所以命名為「靈友會」，原因在於強調對於各自祖靈的崇拜供養。這是從日本神社信仰的歷代英靈的祖神崇拜而來，也是民間鬼神信仰的另一姿態，它之不同於以前的民間迷信者，便是一邊不放棄祖靈供養的要求，同時鼓勵依據《法華經》的教義，對於菩薩道的實踐。這也正是靈友會的高明處，投合日本的民族性，同時更深一層地探求佛法救世的根源。祖靈崇拜是民間的固有風俗，菩薩道的實踐又是著重於社會現實利益的謀求，所以走上了大眾化、世俗化的宗教路線。後來由這系統分裂出來的各宗派，也都共同採取此種方式，例如立正佼成會，直到現在依然遵守著靈友會的這個路線。

靈友會的另一特色，乃是舉出日蓮的〈立正安國論〉等對於國家保衛的遺著，加以宣揚奉行，這在天皇制國家的日本而言，非常適切，以天皇為中心而期待並促成「常寂光土」的在現實的人間實現，這種思想，尤其在明治天皇的「神政復古」的希望之後，使得當時的軍人、官吏和都市的中層人士，投入了靈友會。再從目前靈友會本部的莊嚴的彌勒看來，可知該教派對於將來人間成佛的彌勒的盼望，是如何地殷切。彌勒是誰？便是天皇的本尊，彌勒下生，世界即有仁王以正法治國。若退到此一理想的背後，窺視靈友會的心理，不過是將國家主義及家族祖靈崇拜的佛教化或美妙化而已。

靈友會創始於大正十四年，但在中日戰爭期間，信徒激增，終戰後不久，即擁有三百萬人以上，可以看出，它乃是以日本的軍國主義、國家主義、天皇政制做其精神的後盾之下，成長出來的佛教新宗。但是，正在其長足進展的時期，內部便產生了分裂現象，大多是由該會的各地區支部長宣布脫離該會，另行自創教團。例如昭和十一年，分出了孝道教團；同年靈照會獨立；十三年思親會脫離母會；同年又分出了立正佼成會；昭和二十五年則有法師會教團、妙智會教團、佛所護念會教團等的獨立；二十六年又有大慧會教團、妙道會教團、正義會教團等離開母會而自立門戶。

其中原因何在？乃因靈友會的信仰，除了套用日蓮宗的東西和利用天皇政制及國家主義做為背景之外，別無特長，所以誰都可以自立一派。同時，到了第二次大戰終結之後，民主思想抬頭，崇美之風高揚，美國的基督教徒均可擺脫所屬教會，另行開創一個新的教會，日本的神佛兩系當然也可以模仿著做的。

現在再將靈友會中脫離而來的幾個教派，簡要地做一介紹如下。

3 孝道教團

此一新教派的創始人是出生於關東茨城縣的岡野正道（西元一九〇〇—？年），十九歲時他到同為關東地區的埼玉縣天台宗派下的星野山無量壽寺出家，這是他與日本天台宗思想的結合，後來又參加了靈友會，接觸到了日蓮精神，以及祖靈崇奉的民間信仰，這便使他構成以天台宗為立場、以靈友會為橋樑的新教派的理想。終於在昭和十年岡野正道三十六歲時，脫離靈友會，自創天台宗系的在家佛教教團。但他仍舊極端重視靈友會主張的祖靈崇拜，且以為人的佛教，首應實踐尊祖的孝道，這也正是「孝道教團」之稱為「孝道」的原因。靈友會淵源於佛立講，佛立講導源於日蓮宗，日蓮本人曾經參學於天台宗的比叡山，日蓮以《法華經》為其皈宗的極致，天台宗也以《法華經》為根本教典。到了岡野正道，接受日蓮宗系靈友會的新方式，回過頭來再肯定天台宗的教義，倡導其所謂「事理平衡」的一派，既受新風氣的洗禮，也受老傳統的沐浴，兩方受惠，真可算得極穩當的一條路線。因此，於昭和二十七年，自比叡山延曆寺，請到由最澄傳教大師（西元七六七—八二二年）在中國帶回日本的佛舍利，供奉於橫濱市的孝道山。昭和三十五年，又從比叡山請到了係由最澄傳教大師親自點燃的「不滅之法燈」，據說此燈一直點了一千七百餘年，未嘗熄滅，現在傳給了孝道教團的岡野正道，這對他的聲望幫助很大。

除了在日本國內的活動，岡野正道也極注意向國際發展，一九六一年訪問了印度、錫蘭、尼泊爾、臺灣等地，一九六二年又和其妻訪問美國，同時把他們的兒子帶去了美國，一邊傳教，一邊留學。說起岡野的太太貴美子，乃是新教團中特別的一個例子，夫婦兩人一唱一和，丈夫擔任教團的統理，太太擔任副統理，且在許多重要場合均由貴美子出面講話，她的主要工作是以靈能對教團做教化指導，說穿了即是以神媒或巫術向信徒傳教，這也是日本新興宗教的共同特徵之一。

也和其他新興教團的教祖一樣，孝道教團的岡野夫婦，培植自己的兒子成為繼承法統的人選。例如靈友會教祖久保角太郎的兒子久保繼成，是東京大學大學院出身，專攻宗教學。立正佼成會的庭野日敬的兒子庭野日鑛，是立正大學大學院出身，專攻佛教學。孝道教團統理夫婦的嗣子岡野正貫，是早稻田大學大學院出身，又留學美國的克萊蒙頓大學，專攻比較宗教學，正貫的太太岡野鄰子，也是該校攻讀比較宗教學的留學生。他們這個宗教家族的兩代四個人，我都見了面談過話，覺得鄰子的精明能幹、談吐風度，也不在她婆婆貴美子之下，這個教團的繼續發展似無問題了。以上所舉三個教團的第二代，均在各自的教團中，擔任青年運動的領袖，對於青年的吸收領導、組織訓練，以及種種活動，也均做得相當成功，如果你有機會參觀到他們的青年大集會時，那種上千上萬的青年人會場，便會不由你不信他們的確有一套方法，但是絕對不是玩魔術。說明了也不稀奇，他們以投合青年人心理的各種活動鼓舞青年，這種活動是學自基督教的，在我們臺灣，佛教之中雖見不到，天主、基督等教會老早在做。不過，鼓舞青年運動，是先要有了錢才好辦，因為青年們本身是不會有多少錢奉獻教會的。這就是現世利益之鼓吹的事實證明，他們的確能為青年的身心方面，帶來不少的利益。但此乃是相輔相成的，今日的青年學生，明日就可能成為社會建設的從業人員，投了資，必然有回收。所以，創價學會，特別標出「戰鬥的青年部」，用以強化青年的組織和青年的教育。

再介紹孝道教團的特徵，約可分為四點：

第一，尊奉聖德太子（西元五七四—六二三年）的在家菩薩精神：聖德太子為其姑母推古天皇說法之時，曾於俗服之上披著袈裟，宛如沙門，而以優婆塞自居。並作有《法華義疏》（三卷）、《勝鬘經疏》（一卷）、《維摩經義疏》（二卷）。因此，孝道教團主張以「真俗一貫」的在家佛教姿態化世。

第二，主張「男女同道」：即是男女平等的修行教團，凡在舉行法要儀式之時，所用儀節均以男女各半組成「式眾」（儀隊），服裝劃一、隊形嚴整、儀態端莊，男子獻燈、女子獻花及獻香。孝道教團以「威儀即佛法」的觀點，將男女大眾平等納入教團之中，這在以前的日本是見不到的。

第三，舉行法要（佛事）之際，有導師及副導師各一人：也即是一男一女，導師領導會眾合唱法華經題，副導師接著帶同大眾讀誦三皈依文、《法華經》的〈見寶塔品〉及〈壽量品〉，一則表示男女同一儀式修行，同時也表示了他們以本迹不二的壽量本佛，做為皈命的對象。這與日蓮所說「本勝迹劣」的思想不同。

第四，以藝術的型態表現宗教的信仰：孝道教團將神道儀式中所用的浦安舞，改良為比叡舞，用之於佛教儀式，除了採入舞蹈音樂以美化法式威儀中的氣氛之外，他們的儀服、法衣、服裝也特別講究，凡是參加的人均有規定的服飾，我曾參觀過他們的佛誕節慶典，看他們那些一套又一套、一隊又一隊，花色不同、形式不同的儀服和儀仗，真能令你有置身於兜率宮中，看彌勒道場的繁華景象之感。這四個特徵，歸納起來，不外乎在家菩薩的型態、男女平等的待遇、藝術方式的表現，相加起來，便是適應時代潮流的產物。實則也唯有設法適應時代環境，才能獲得時代大眾的擁護。

孝道教團在教化布道方面的努力，也頗值得介紹。它的總部設於橫濱市的一座山頭上，那也是其關東地區的中心。在東北有六個縣的信徒，則以設於山形市的東北別院為其中心。又以靜岡為中心，伸展到東海、中部、關西、南九州、四國、北海道，以及琉球。國外則分布於錫蘭、尼泊爾、北美、巴西。不是僅僅做流動性的傳教，乃是真的在各地區設立分支部，做長久的傳教活動。

在國內的布教方法很多，自昭和二十八年起，即利用廣播電台播送《熱益正法的正義》，現在發展為六個電台，於每週星期日早晨的時間播送佛陀的無限慈悲之音。

對國外方面，除了在巴西也利用電台播送岡野夫婦的錄音節目《佛法與孝道》外，又運用擴音器、唱片、收音機、錄音帶，裝置於傳道車上，做巡迴布教，同時也運用電影放映機及幻燈機，以畫面宣流正法。

在教團的本身，更有固定的年中、月例、每日的布教及式典的活動，並且要求每一個信徒無論如何得參加活動，同時也要求信徒們勸誘未信者去參加，結法緣，得法樂。

孝道教團的年中行事有：⑴元旦祭（為個人祈幸福，為世界祈和平）。⑵彼岸大法會（感恩祖先的遺德，即是春秋兩次的祖靈祭）。⑶釋尊聖誕之花祭（日本稱慶祝佛誕為「花祭」，孝道教團每年以新曆四月八日為中心，一連活動三、四天，最熱鬧的是在橫濱市內做化裝的花車大遊行）。⑷七月的盂蘭盆會。⑸八月十八日的佛舍利供養大法會。⑹十二月八日的佛成道會。⑺二月中舉行的青年辯論大會（使青年們各抒所見，如何實踐佛法以淨化社會）。⑻運動會（由青年會策畫，使不分老少的全體信徒參加運動，而忘卻彼此間的年齡隔閡。名為運動會，實則是敦睦會的性質）。⑼七五三參詣（十一月十五日是日本的孩子成長節，當男孩三歲、五歲，女孩五歲、七歲時，那天要進神社謝祖）。

每月之中的行事則有：⑴寶藏大黑天御開帳（大黑天是日本人信奉的財神，但是孝道教團卻以每月第一天的早晨，教導大家行孝道、淨化社會、感謝師長）。⑵青年修養會（每月的第一及第四個星期天，教育青年們如何實踐佛的教理）。⑶本部供養會（每月的十二及二十四兩天，教導一般信徒做佛法的供養）。⑷報恩感謝日（每月的第九天，感謝世間給我們生存和幸福）。⑸本部御修行（每月十日，促使人格的向上以及信心的把握和真誠的體驗）。⑹六齋日參詣孝道山，持不殺生戒（實則僅是每月的一日及十五日兩天）。⑺星期日講座（每週星期日早晨，由正、副兩位統理，做定期說法）。另有每日朝時參詣，做一般的會談，指導信徒如何走上幸福的人生坦途。

我們看了孝道教團的各種例行的「行事」名目之後，不難了解他們是遵行著日本的舊時風俗，又加進了《六方禮經》中所示的做人條件，令以修訂分配，便成了孝道教團推展教化的例行佛事。

在組織方面，也有可介紹的：⑴孝道壯年會，此會以已婚的男子為組成教化活動的核心，並做孝道婦女會、青年會、少年健兒隊等活動的支援者。所以這是推動孝道教團各項工作發展的主體，會員均應做到「教行兼顧」，求道及行化並重，每月要舉行一次以上的集體學習，學習教理，同時也對日常的求道生活檢討反省，防止倦怠。經過長時期的這種訓練之後，往往就培養成了下級及中級的幹部，支部及分部的部長。⑵孝道婦人會，此會以教團布教活動之參與，以及青少年的保護和育成為職責。她們以內在的嚴肅與外表的和善，力行菩薩道為本務，街頭的勸募、災害的救助、孤兒的慰問等，均是她們的工作。為了篤信正法，她們可以不惜身命，來對社會做積極的救濟。⑶孝道青年會，這是孝道教團培植第二代生力軍的大本營，教育青年們如何淨化這個混亂的人間社會，如何實踐正法的人間生活，並且教導青年們去向社會呼籲宣揚，對自己要求力行。現在已有十五個地區，成立了青年部的組織。每月召集部會一次，鼓勵教行的鑽研。教他們上街頭說法，驅著弘法車輛，到處傳播《法華經》的法音，已經遍及日本全國。除了學法及弘法，青年會中尚設有合唱部、華道部（插花）、茶道部、棒球部、圖書部、文化部、劍道部等的組織，日本青年所喜歡的各項活動，幾乎網羅無餘，青年會之有聲有色，這是主要因素之一。⑷孝道健兒隊，這是對於少年少女的教育機構，其中分設男童軍（Boy scout）、女童軍（Girl scout）、幼女團（Brownie scout）、幼童團（Cub scout）等四個組織。分別接受佛化的情操教育，每週日則受圖畫、音樂、鼓笛等的訓練。一年的四季，又舉辦四次野外露營訓練的活動。

從這四種組織看來，壯年會的負擔最重，但是，孝道教團卻有方法使得他們為信仰而付出力量來，用的什麼方法？除了以上所舉的四種特徵之外，恐怕就是日本這個民族的特性，以及戰前戰後正在恐慌浮動著的日本民心，做了它的最大後盾罷。

順便值得一提的，在日本二百多個新興宗教之中，與臺灣最友好的，便是孝道教團，曾經邀請臺灣的佛教團體，做過兩次招待訪問。中國文化學院的張其昀先生，特別授了岡野正道的名譽哲士頭銜，現在有三十多名臺灣的留日學生（非佛教的關係而來），正在接受著孝道教團每月五千日圓的補助費，於集中領款之日，除了聽聞佛法，還有一餐招待。但該教團尚未向臺灣政府提出在臺灣設立支部的要求。

4 國柱會

此會由死於昭和十四年的田中智學所創，本部設於東京都的江戶川區，現有教會七十二處，布教所十座，教師僅十八人，會員也只得一萬三千多人，出有機關雜誌《真世界》月刊一種，每期印銷一萬五千份。但它卻為靈友會之出現做過橋樑。田中智學本為日蓮宗的僧侶，後於明治十三年自動脫離日蓮宗，主倡在家佛教的建設，遂於明治十七年成立「立正安國會」，在東京各地宣揚他的宗旨，大正三年改稱「蓮華會」，同年又改名為「國柱會」，他信奉立正大師（日蓮）立教的主義為根本，並且予以實行，但其所依的教典，除了《法華經》，尚有《無量義經》及《觀普賢經》。

每年的二月，行有新年賀拜式、涅槃會、宗祖降誕會。四月舉行佛生會、立正會。七月舉行顯正會，其他尚有精靈迴向和日夕勤行禮拜，每月有青年會及一宿講習會，每週有修行練習會及《日蓮聖人遺文》講義。此外則有身延山日蓮靈墓及鎌倉等地的日蓮靈蹟巡拜。但在今天，不過是一個微不足道的小教派而已。

5正義會教團

本部設於千葉縣的市川市，派祖山口義一，自昭和八年（西元一九三三年）起，本屬靈友會的會員，但到戰後的日本，新興教派紛起之際，他也於昭和二十六年脫離靈友會，自創「靈友正義會」，昭和二十八年，再改為「正義會教團」，是否受了基督教信義會之名稱的影響而稱正義會，則不得而知。在教理方面，立足於《法華經》的基礎上，同時強調並實踐祖先的崇拜供養。每月十七日為本部供養日，月例參拜為每月八日。機關雜誌出有《正義》月刊一種。現有信徒二萬一千多人，教會四處，支部四十五所，布教所四十五所，男傳教師二十六人，女傳教師三十三人。

6思親會

此會係由歿於昭和二十五年的井戶清行所創，昭和十三年脫離靈友會，昭和二十三年完成宗教法人登記的合法手續。本部設於東京都的北區。此會以日蓮所繪的十界互具曼荼羅為本尊（與日蓮宗相同），弘揚《法華經》之教義，以思念雙親及供養祖先為生活實踐的根本（此比靈友會多了「思親」一項），由安心而至精進於立正安國之大業（思親、祀祖、安心、安國，仍是日本民族宗教的心理型態）。每年二月十一日，舉行開教紀念會；二月十五日，舉行涅槃會；四月八日，行佛誕會；十月十三日，行日蓮上人入滅會。每月一日，行感謝祈願會；每月八日，行歸正式；每月十二日及二十六日，行月例法話會；每月二十日，行成鍊。一月中有寒修行、法身入神式、新年祝禱會；三月及九月，舉行彼岸供養（祀祖）；六月有守護大神祭；七月有盂蘭盆會；十一月十五日有七五三祝會。另有地鎮祭、上棟式、生日頂經式及聖地的團體巡拜。出有《思親通信》及《思親月報》各一種。其實，此會乃是神佛混雜的一種民間低級信仰罷了，但它也有五萬信徒，一百五十名傳教師，道場一百零二所。

7 佛所護念會教團

此一教團的創始人，本為靈友會的支部長，名叫關口嘉一，於昭和二十五年十月十九日脫離母會，成立新教團於十月三十日。以《法華經》之真理及其奧義的實踐，奉行祖先供養的在家佛教精神之弘揚為其目的，以期養成高尚的人格、促成家庭生活的幸福為宗旨。本部設於東京都的港區，現有信徒八十五萬，教會四處，支部二千二百一十八所，布教所四個，傳教師男性一千七百十六名，女性二千零四十一名。法要祭典，有四月七日的恩師年忌法要，十月三十日的創立紀念祭，每月八日及三十日為本部供養（祖先祀典）日（五日及第三個星期日為地方支部供養日），十五日為婦人修養會，第三個星期日為青年修養會，每月一次支部及準支部的法座懇談會，每月一至三次的地區青年修養會。出版有機關雜誌《佛所護念》月刊每期印銷二十八萬份，另有《白金》月刊每期印行八萬份。由此可見，這個教團的力量，也不可小視它了。

8法師會教團

這個教團的領導人是齋藤千代，自昭和十六年起，本屬於靈友會，昭和二十五年，靈友會大分裂之際，也就趁勢別立一派，名為法師會。宗旨在於宣流《法華經》的大義，並依據法華之奧義，奉行祖靈供養，以期實現家庭與國土之安穩、人類世界之和平。其實，《法華經》中並無明文可徵，佛子當祀祖靈，若以佛說，眾生生死的原則是六道流轉、永無休止的，祖先死了之後，不可能永遠為鬼，何必永遠要其千百年後的子子孫孫供養祀奉？孝親應在生前，死後追善薦福，也不應永無限期。說明了很單純，這不是佛教的思想，而是原始宗教的宗教意識，不獨日本如此，東、西各民族都是如此的（此情參閱拙著《比較宗教學》第一、二章）。再說法師會的本部設於岩手縣的一關市，另有支部五十處，布教所五百零一所，傳教師男性一百三十人、女性一百八十八人，信徒總數四萬餘人。各地支部及布教所，規定指導會員做布教活動，本部每月的三日、十二日、十八日、二十三日，為主要集會日，每月三日為支部長法座，十二日為一般供養日，十八日為婦女幹部法座，二十三日為法座主修行會。在這些集會之日，做禮拜、讀經、布教體驗、教義解釋、信仰體驗，以及自我反省、彼此指導。以在家佛教為信仰的根本，亦以適應在家的大眾為布教的方針。出有會報《大法師》月刊一種，昭和三十一年刊有一種單行本《現代宗教的呼聲》。

9妙智會教團

此一教派也是從靈友會分裂出來，它的創始人是宮本ミツ，他在大正六年先進佛立講，累有修行，昭和九年又跳槽進入久保角太郎的靈友會，戰後，因不滿小谷喜美會長，故將靈友會的第七支部獨立，昭和二十五年，完成妙智會的宗教法人登記。此派基於日蓮的遺教，根據《法華經》的教說，立足於眾生悉有佛性的思想上，提倡教誡對祖先的供養，做為其在家教團的根本教義。其本部設於東京都澀谷區的代代木，共有教會五處，支部八十六處，布教所五百五十七所，傳教師男性六百七十九人，女性六百九十人，信徒有六十六萬四千五百多人。每月一日為支部長及職員修行會，本部及地方教會以每月的十四日及二十八日為定例的供養會，在各「法區」每月舉行一至二回的「法話會」。每年的四月八日為釋尊降誕會及其會長的誕生祭，七月一日為盂蘭盆會，十一月十四日為大恩師忌。春秋兩次朝禮身延山及七面山（均為日蓮宗聖地），另外尚有青年部研修會等活動。出版會報《妙智會》月刊五萬份，雜誌《みょうち》季刊，發行三萬份。由此可見，它的實力尚在孝道教團之上了。

10大慧會教團

此派是由石倉保助所創，他自昭和八年入靈友會，昭和二十四年被任命為第八支部長，二十五年即脫離靈友會，別設靈友大慧會教團，二十六年改名為大慧會教團，另一個「妙道會教團」，本來也在石倉保助的羽護之下而脫離了靈友會。以《法華經》為其所依的根本教典，以日蓮所規定的大曼荼羅為本尊。實踐祖先供養，以思想之善於誘導、教化社會、促成人類的幸福及世界的和平為宗旨。本部設於姬路，月例行事有三日、十四日的本部供養，二十五日為婦女供養日。尚有五月三日的春天大祭，八月十四日的盂蘭盆祭，十一月三日的秋天大祭。出版有《大慧》月刊一種。現有教會二處，支部二十一個，布教所（法座）七十處，傳教師九十二名（女性占了七十名），信徒約二萬人。

我們看了以上十個教派，他們的共同處約有十點：1.以《法華經》為根本教典。2.祖先的亡靈供奉。3.重視青年及婦女活動。4.以在家佛教為立場。5.不設寺院。6.以日本的舊風俗、舊信仰為骨幹。7.注重對信徒的思想灌輸及教化訓練。8.重視對外宣傳。9.重視宗教的儀式祭典，並以集體商談，達到彼此激勵宗教信仰的情緒。10.教儀重於教義，將信仰簡單化、通俗化、生活化，沒有繁瑣的哲學問題或神學問題讓信徒思考。所以，做為現代下層工農業社會大眾信仰，確有其可取之處，但其畢竟是日本在此畸形發展下的社會中所形成，未必能夠適應於其他國家社會，也未必能在日本永盛不衰。正因他們太單純化、太通俗化了，就像插在瓶中的花，當其開足之時，也正是凋謝的開始，而且謝後永不復活。至於正統的佛教，目前雖因多種因素而一時趨於沒落，但其究竟是深植根基於大地中的長青之木，春風拂動時，又會復甦轉來的。當然，新興宗教的勃起，不能不使正統的佛教面對現實環境，重整旗鼓了。

不過，日蓮系的新教派中，以上所舉者均係小教派，今日最受日本乃至世界人士注目的，主要是「立正佼成會」，特別是「創價學會」。前者強調幸福人間的建立，基於日常生活的實踐力行；後者強調日本民族性的把握，以行動來批判現實的政治。

這兩者，一個菩薩低眉，一個金剛怒目，各有千秋。使我們最感頭痛的是「創價學會」。但我們應以認識來代替憤怒，意氣的攻擊不能解決問題。這些，且待下章做專題介紹吧。

（《菩提樹》月刊二二〇——二二五期）

琉璃文學 38

留日見聞

A Recount of Studying in Japan

著者	聖嚴法師
出版	法鼓文化
總審訂	釋果毅
總監	釋果賢
總編輯	陳重光
編輯	張翠娟、李書儀
封面設計	小山絵
內頁美編	胡琡珮
地址	臺北市北投區公館路186號5樓
電話	(02)2893-4646
傳真	(02)2896-0731
網址	http://www.ddc.com.tw
E-mail	market@ddc.com.tw
讀者服務專線	(02)2896-1600
初版二刷	2021年8月
建議售價	新臺幣480元
郵撥帳號	50013371
戶名	財團法人法鼓山文教基金會—法鼓文化
北美經銷處	紐約東初禪寺 Chan Meditation Center (New York, USA) Tel: (718)592-6593 E-mail: chancenter@gmail.com

法鼓文化

國家圖書館出版品預行編目資料

留日見聞 / 聖嚴法師著. -- 初版. -- 臺北市 : 法鼓文化, 2021. 08 印刷
面；　公分
ISBN 978-957-598-922-4（平裝）

1. 佛教 2. 日本

228.31　　110009916